Christentum von rechts

Johann Hinrich Claussen
Martin Fritz
Andreas Kubik
Rochus Leonhardt
Arnulf von Scheliha

Christentum von rechts

Theologische Erkundungen und Kritik

Mohr Siebeck

ISBN 978-3-16-160005-0 / eISBN 978-3-16-160204-7
DOI 10.1628/978-3-16-160204-7

Die Deutsche Nationalbibliothek verzeichnet diese Publikation in der Deutschen Nationalbibliographie; detaillierte bibliographische Daten sind im Internet über *http://dnb.dnb.de* abrufbar.

Das Buch wurde von Gulde Druck in Tübingen gesetzt, auf alterungsbeständiges Werkdruckpapier gedruckt und gebunden.

Printed in Germany.

Inhaltsverzeichnis

Einleitung

Die politische Landschaft Deutschlands hat sich seit dem Beginn des neuen Jahrtausends offenkundig stark verändert. Am sichtbarsten ist dies dadurch geworden, dass sich eine neue Partei rechts von CDU/CSU zum Teil sehr erfolgreich etablieren konnte. Doch wer genauer hinschaut, kann darin ein Symptom tieferer Transformationen der politischen Kultur erkennen. Vermeintlich allgemein anerkannte Konsense über das, was eine freiheitlich-demokratische Grundordnung oder eine offene Gesellschaft sein soll, sind viel fragiler und angefochtener, als man noch Ende des 20. Jahrhunderts gemeint hatte. Es braucht nur eine akute Krise zu kommen – eine Finanz-, Europa-, Migrations-, Umwelt- oder Gesundheitskrise –, und schon steht das Grundverständnis dessen, was diesen Staat ausmachen soll, in Frage. Die wirkmächtigsten Repräsentanten des Protests kommen dabei – anders als früher – weniger von links als von rechts. Dies ist inzwischen vielfach analysiert und diskutiert worden. Allerdings ist dabei zumeist übersehen worden, dass dieser Protest von rechts auch religiöse Impulse besitzt. Das macht es der evangelischen Kirche und Theologie besonders schwer, sich angemessen dazu zu verhalten. Dabei hat dieses „Christentum von rechts" auch Sprecher, die zu einer intellektuell gehaltvollen Auseinandersetzung Anlass bieten, nämlich die sog. „Neue Rechte".

Die Neue Rechte als Brücken-Milieu zwischen Konservatismus und Rechtsextremismus hat eine religiöse Seite. Diese ist vielgestaltig und reicht von gegenmoderner – katholischer oder lutherischer – Kirchlichkeit über evangelikale oder charismatische Freikirchlichkeit und spirituelles Einzelgängertum bis hin zur Faszination für Neuheidnisches. Von einigen intellektuellen Köpfen werden über die persönlich gepflegte Frömmigkeit hinaus zudem Versuche unternommen, eine eigene – nicht-akademische – Theologie zu formulieren. So unterschiedlich die religiösen Prägungen und theologischen Impulse auch sein mögen, so wirkmächtig sind sie doch, weil sie die politische Kritik und die politische Agenda auf einem überpolitischen Fundament gründen und so stützen. Deshalb genügt es nicht, die Neue Rechte nur historisch, politologisch, soziologisch oder sozialpsychologisch zu deuten oder gar bloß nach tagespolitischer Situation zu beurteilen. Vielmehr ist auch diese Diskurs- bzw. Begründungsdimension ernst zu nehmen, zu deuten und einer theologischen Kritik zu unterziehen.

Das ist bisher nicht ausreichend geschehen. Zwar gibt es eine reiche politikwissenschaftliche und journalistische Literatur über die Neue Rechte, auch gute Materialien von politischen Bildungsstellen sowie eine Reihe von Orientierungshilfen von evangelischen Landeskirchen, Einrichtungen und der Evangelischen Kirche in Deutschland. Die universitäre Theologie hat sich bisher eher zurückgehalten, doch dies beginnt sich zu ändern. So sind inzwischen erste Ansätze einer theologischen Bearbeitung dieses Themas erschienen.

Der von Florian Höhne und Torsten Meireis herausgegebene Sammelband *Religion and Neo-Nationalism in Europe* (Baden-Baden 2020) enthält eine Reihe von gehaltvollen Untersuchungen, in denen Begriffe und Konzepte analysiert, Fallstudien vorgelegt und politische, theologische und ethische Schlussfolgerungen erwogen werden. Vier Beiträge sind dem Rechtspopulismus bzw. der Neuen Rechten und ihrem Verhältnis zu Religion, Christentum und Theologie gewidmet. Die inhaltlichen Berührungen, die es zu den in diesem Band versammelten Beiträgen gibt, werden dort jeweils vermerkt und kommentiert. Von katholischer Seite wäre der von Sonja A. Strube herausgegebene Sammelband *Rechtsextremismus als Herausforderung für die Theologie* (Freiburg 2015) zu nennen, der sich aber stärker mit „rechten" Tendenzen in christlichen Gruppierungen beschäftigt als mit der eigentlich politischen Neuen Rechten.

Wer sich theologisch mit der Neuen Rechten auseinandersetzt, hat nicht nur die Chance, eine zumeist unbeachtete Tiefendimension auszuleuchten. Es bietet sich ihm auch die Gelegenheit zu einer Selbstprüfung. Denn die Neuen Rechten und ihre Theologien sind nicht einfach etwas Anderes, Fremdes und Problematisches, über das man sich lediglich entsetzt zu zeigen bräuchte. Bei genauerem Hinsehen zeigt sich, dass manches der evangelischen Theologie nähersteht, mehr mit „uns" zu tun hat, als „uns" lieb sein mag. Deshalb ist es so wichtig, ihre Texte zu untersuchen. Wer dies tut, dem stehen einige Déjà-vus bevor. Motive begegnen einem, die man aus der Theologiegeschichte kannte, aber längst für überwunden und abgelegt gehalten hatte. Es zeigt sich schnell: Es handelt sich hier offenkundig nicht um tote Archivalien, sondern um vitale und virulente Gegenwartsimpulse, auf die es auch in der Gegenwart eine konstruktive theologische Antwort bräuchte. Wer sich ihnen entgegenstellen oder mit ihnen umgehen will, muss sie allerdings zuvor wahrnehmen, deuten und verste-hen – was ja nicht bedeuten muss, auch Verständnis für sie zu entwickeln.

Das soll in diesem Buch mit den bewährten Methoden einer historisch, politologisch und soziologisch informierten Systematischen und Praktischen Theologie versucht werden.

Offenkundig stellt dies eine besondere hermeneutische Herausforderung dar. Denn die meisten Texte der Neuen Rechten sind „laientheologische" Werkstücke, die einen veränderten Zugriff erfordern, und besitzen eine aggressive Dynamik, die einen nicht unberührt lässt. Umso wichtiger ist es, eine eigene „Lese-Kunst" zu pflegen, d. h. umsichtig die Quellen zu erheben, sie in Ruhe zu studieren, sie in Traditions- und Problemgeschichten zu verorten sowie aktuell zu kontextualisieren, ihre Argumentationen nachzuzeichnen und zu prüfen sowie schließlich am Maßstab dessen, was man für wesentlich-christlich erachtet, zu messen. Dabei ist es hilfreich, sie nicht vorschnell zu beurteilen, sondern sie zunächst kühl zu untersuchen. Außerdem sollte man sie nicht anders als die Texte anderer Autoren behandeln, bei denen man sich immer fragen sollte, ob sie nicht doch auch relevante Fragestellungen und berechtigte Anliegen beinhalten könnten. Denn nur dann vermag man sich ein souveränes Urteil zu bilden, dient die Beschäftigung mit ihnen zugleich der Selbsteinsicht. Es genügt offenkundig nicht mehr, sich über die Neuen Rechten zu empören und sie zu ächten. Dafür sind sie viel zu präsent. Deshalb muss man sie – noch vor der vieldiskutierten Frage, ob und wie man mit ihnen reden soll – verstehen. Dazu gehört, dass man sich Rechenschaft darüber ablegt, was sie mit einem selbst zu tun haben und ob die Auseinandersetzung mit ihnen Folgen für einen selbst zeitigen könnte.

Dieses Buch schlägt also einen sachlichen Ton an, bemüht sich um Klarheit, Differenzierung und Fairness. Es versucht eine Entdämonisierung der Neuen Rechten, um eine sachgerechte Auseinandersetzung zu eröffnen – nicht zuletzt, weil die Dämonisierung dem Dämonisierten mehr Macht zuschreibt, als ihm zusteht. Zudem setzt sich dieses Buch damit in eine gebotene Distanz zu manchen Texten der Neuen Rechten, die durch übermäßige Polemik und pauschale Entwertung anderer gekennzeichnet sind.

Eine vollständige theologiegeschichtliche und systematisch-theologische Kartierung der Neuen Rechten kann hier nicht geleistet werden. Dieses Buch geht exemplarisch vor, untersucht einzelne Hauptakteure und Hauptmotive – aus unterschiedlichen Perspektiven, mit jeweils anderen interpretatorischen Zugriffen. In dieser Offenheit möchte es zu einer breiten theologischen Debatte anregen. Deshalb tritt es nicht als gewichtiges, enzyklopädisches Standardwerk auf, sondern als bündiges, wendiges Taschenbuch. Als solches ist es das Gemeinschaftswerk von fünf Autoren. Gemeinsam wurde ein Gesamtplan entworfen, in Workshops wurden die einzelnen Beiträge diskutiert. So sollte ein Buch entstehen, das sich von den üblichen Sammelbänden unterscheidet. Allerdings vertritt dieses Buch keine einheitliche Position, sondern stellt unterschiedliche, jeweils eigenverantwortete Fragen und Thesen vor. Diese haben ihren Grund in durchaus verschiedenen theologischen Einstellungen sowie persönlichen Erfahrungen der Autoren, die hier auch deutlich werden sollen. Insofern bekennt sich dieses Buch zur inneren Pluralität des aufgeklärten Protestantismus und der Evangelischen Theologie sowie zur Aufgabe einer kritischen Auseinandersetzung mit den Politischen Theologien der Gegenwart.

Martin Fritz unternimmt es, anhand zweier prominenter Sammelbände aus dem neurechten Spektrum eine Gesamtcharakteristik und einen Überblick über theologische Grundmotive eines „Christentums von rechts" zu geben. Dabei rücken auch die affektiven Voraussetzungen sowie die Mechanismen und Strategien der populistischen Verschärfung von klassischen Anliegen konservativer Christen in den Fokus.

Andreas Kubik nähert sich dem „rechten Christentum" nicht unter einem ethischen Gesichtspunkt, wie es üblich ist. Denn religiöse Formationen stellen sich auch durch Praktiken und rhetorische Narrative dar. In seinem Artikel versucht er, einen praktisch-theologischen Aspekt zum Verständnis beizusteuern. Er nimmt exemplarisch eine „Mahnwache" in den Blick, welche namhafte Vertreter der Neuen Rechten anlässlich des Terroranschlags von Berlin durchgeführt hatten. Diese wird liturgisch und homiletisch analysiert und interpretiert. Es zeigt sich: Die Neue Rechte richtet sich vor allem an nationalkonservative Christen sowie zum Christentum hin offene Konfessionslose, die sich von den „offiziellen" Kirchen nicht (mehr) vertreten fühlen und für einen konservativ-revolutionären Habitus empfänglich sind. Religionsdiagnostisch ist das „rechte Christentum" als ein „öffentliches Christentum" im Sinne Dietrich Rösslers anzusehen. Für die Kirchen ergibt sich daraus die sensible Doppelaufgabe, in ethischer Hinsicht sich einerseits klar gegen revolutionäre Tendenzen von rechts abzugrenzen, andererseits seelsorgliche Gesprächsfähigkeit beizubehalten.

Johann Hinrich Claussen untersucht mit Karlheinz Weißmann einen der einflussreichsten Ideenpolitiker der Neuen Rechten, der nicht nur Evangelische Theologie studiert und lange als Religionslehrer gearbeitet hat, sondern in vielen seiner Texte einen eigenen Begriff des Christlichen – als Moment seiner Politischen Theologie des Autoritären und Nationalistischen – zu formulieren versucht hat, mit deutlichen Bezügen u.a. zu Emanuel Hirsch, einem Vordenker der Deutschen Christen.

Arnulf von Scheliha beleuchtet, wie in der Zeitschrift „Sezession" der Begriff des deutschen Volkes gefüllt und verwendet wird. Das Verständnis dieser für die Neue Rechte zentralen Kategorie wird verglichen mit theologischen Repräsentanten aus der sog. Konservativen Revolution der 1920er Jahre, auf die sich neurechte Intellektuelle häufig berufen. Im Vergleich zeigt sich ein Theoriedefizit, das den neurechten Volksbegriff für die gegenwärtigen Diskurse untauglich macht. Am Ende steht ein Plädoyer für ein liberales Verständnis des Staates, das der Kategorie „Volk“ zwar eine grundlegende Bedeutung zumisst, die sie aber nur dann erfüllen kann, wenn sie integrativ und synthetisch bestimmt wird. Dazu gehört wesentlich die Freiheit und Würde der Einzelnen, deren Schutz und Förderung die Aufgabe des Staates ist.

Der Beitrag von Rochus Leonhardt nimmt im Ensemble der in diesem Band versammelten Texte insofern eine Sonderstellung ein, als es ihm nicht um eine *religiös-theologische* Einordnung der Neue Rechten geht. Er wirft vielmehr die Frage auf, wie sich infolge der parlamentarischen Etablierung der AfD die *politische* Kultur in Deutschland verändert hat. Dabei ist einerseits klar, dass die religiöse Seite der Neuen Rechten in Ideologie und Politik der AfD keineswegs eine zentrale Rolle spielt. Andererseits ist ebenso deutlich, dass die am Beginn dieser Einleitung erwähnte und zunächst außerparlamentarisch lozierte Protestkultur von rechts mit der neuen Partei sozusagen einen „parlamentarischen Arm“ erhalten hat. Leonhardt fragt vor diesem Hintergrund aus einer spezifisch ostdeutschen Perspektive zunächst danach, wie bislang sowohl seitens der etablierten politischen Kräfte als auch gesamtgesellschaftlich mit der durch die AfD-Erfolge gegebenen Herausforderung umgegangen wird, bevor er selbst dazu ein Votum aus evangelisch-christlicher Sicht formuliert.

Ein sehr herzlicher Dank gebührt Catharina Jacob, wissenschaftliche Mitarbeiterin im Institut für Ethik und angrenzende Sozialwissenschaften (Münster), für die überaus zügigen und sorgfältigen Korrekturarbeiten sowie für die Erstellung des Registers.

Martin Fritz

Im Bann der Dekadenz
Theologische Grundmotive der christlichen Rechten in Deutschland

1. Christentum „von rechts" – eine thematische Annäherung

1.1 Rechtes Christentum?

Spätestens im Corona-Jahr 2020 sind „rechte Christen" als eine relevante Größe in der deutschen Gesellschaft ins allgemeine Bewusstsein gerückt.[1] Denn immer wieder traten im Zusammenhang von Protesten gegen Corona-Maßnahmen Personen und Gruppen öffentlich in Erscheinung, die mit ihren Bekundungen gegen die „totalitären" Eingriffe des Staates und gegen die „Meinungsdiktatur" der „Mainstreammedien" signifikante Übereinstimmungen mit Äußerungen rechtspopulistischer Parteien und Bewegungen zeigten – und die sich dabei unübersehbar auf ihr Christentum beriefen. Dass das Engagement von Christen gegen die Corona-Politik medial so viel Beachtung fand, lag auch an der allgemeinen Sensibilisierung durch die Berichterstattung aus den USA, wo über Monate hinweg immer wieder ausführlich vom Einfluss der christlichen Rechten auf den Ausgang der Präsidentschaftswahl im November 2020 gehandelt wurde. Die neue Sichtbarkeit von Christen „im Widerstand" gegen die Staatsgewalt ließ nun die Frage aufkommen, ob denn von den Frommen in den deutschen „*bible belts*" eine ähnliche politische Einflussnahme zu erwarten sei. Freilich ist schon länger bekannt, dass es eine gewisse Nähe zwischen bestimmten christlichen Kreisen und rechtspopulistischen Strömungen gibt. Im Jahre 2015, zwei Jahre nach der Parteigründung, wurde die Bundesvereinigung „Christen in der AfD" als institutioneller Ausdruck dieser Affinitäten begründet. Aber auch schon zuvor dürften den Leserinnen und Lesern etwa der pietistisch-evangelikalen Zeitschrift *idea spektrum* oder des katholischen Internetportals *kath.net* die thematischen und positionellen Schnittmengen zwischen AfD oder Pegida auf der einen und rechtsprotestantischen wie rechtskatholischen Milieus auf der anderen Seite nicht entgangen sein. Umgekehrt bekennt sich beispielsweise die neurechte Zeitschrift *Junge Freiheit* seit 2011 in ihrem „Leitbild" zu einem „festen christlichen Standpunkt"[2]. Die Journalistin Liane Bednarz hat diese Zusammenhänge in ihrem Buch *Die Angstprediger* eingehend beschrieben.[3]

Wie aber einen Überblick über neurechte Autoren, Medien und Ideen gewinnen? Das Diskursfeld ist unübersichtlich. Nur anhand ausgiebiger Recherchen und weit ausholender Interpretationen wäre ein wirklich fundiertes und einigermaßen umfassendes Bild davon zu gewinnen. Solches ist in dem vorliegenden Versuch einer theologischen Auseinandersetzung nicht zu leisten. Indessen bietet sich eine willkommene Abkürzung an, die auch dem Außenstehenden und weniger gründlich Eingelesenen exemplarische Einblicke in die fragliche Ideenwelt gewährt. So wurden in den Jahren 2018 und 2019 von dem Publizisten Felix Dirsch und den AfD-Politikern Volker Münz und Thomas Wawerka im einschlägig ausgewiesenen Ares-Verlag in Graz zwei Sammelbände herausgegeben, die den Zugriff auf das Thema wesentlich erleichtern: Mit *Rechtes Christentum? Der Glaube im Spannungsfeld von nationaler Identität, Populismus und Humanitätsgedan-*

ken ist der erste Band überschrieben.[4] Ihm folgte der in seiner (ähnlich blauen) Aufmachung deutlich als „Folgeband" (II,23) ersichtliche Titel *Nation, Europa, Christenheit. Der Glaube zwischen Tradition, Säkularismus und Populismus.*[5] In diesen „blauen Bänden" sind theologische Positionierungen von Intellektuellen aus dem in Rede stehenden Spektrum versammelt – nach Ausweis der ersten Einleitung kurz: „Positionen ‚rechter Christen'"[6]. Ihre Zusammenschau mag immerhin eine relativ konturierte Ansicht davon vermitteln, was in der geistig-politischen Sphäre „rechts" des „Mainstreams" als „rechtes Christentum" propagiert und wie dabei argumentiert wird.

Die in den Bänden entwickelten Perspektiven sind keineswegs „aus einem Guss": „Die Verfasser verstehen sich [...] nicht als Gesinnungs- oder Kampfgemeinschaft. Jeder einzelne der Autoren pflegt einen genuinen Blick auf den Gegenstand seiner Untersuchung." (10) Dieser Gegenstand wird auch recht unscharf gefasst. Es geht um exemplarische Nachweise, dass „rechtes, also nationales und konservatives Gedankengut [...] unschwer mit christlichen Vorstellungen zu verbinden ist" (10), und um Näherbestimmungen dessen, was ein derartiges „rechtes Christentum" ausmacht. Der Chor der Stimmen ist entsprechend polyphon. Das trifft schon konfessionell zu: Katholische wechseln sich mit evangelischen Autoren ab, die teils eher landeskirchlich, teils eher freikirchlich geprägt sind. Ergänzt wird die Riege außerdem durch eine armenisch-orthodoxe Christin.[7] Auch der theologische Bildungsgrad der Autorinnen ist verschieden. Abgesehen von Harald Seubert, Professor für Philosophie und Religionswissenschaften an der Staatsunabhängigen Theologischen Hochschule Basel und Vorsitzender der deutschen Martin-Heidegger-Gesellschaft, der auch evangelische Theologie studiert hat, fehlen Vertreter der akademischen Theologie. Einige Autoren haben ein katholisches oder evangelisches Theologiestudium absolviert, der weit größere Teil hat sich die theologischen Kenntnisse autodidaktisch erworben. Es handelt sich also der Mehrzahl nach um Zeugnisse einer engagierten Laientheologie. Das muss das Gewicht der Bände natürlich nicht schmälern. Das Laienengagement weist womöglich auf theologische Anliegen hin, die im Hauptstrom der Zunft wenig repräsentiert sind, die aber von Zeitgenossen gleichwohl eingefordert werden.

Die thematische und methodische Bandbreite der Beiträge ist ebenfalls beträchtlich. Sie reicht von exegetisch-theologiegeschichtlichen[8] und systematisch-theologischen Fundierungsunternehmungen[9] über ausführliche Interpretationen paradigmatischer Texte[10] und parteipolitische Selbstverortungen[11] bis hin zu fundamentalethischen Erwägungen[12] und kulturmorphologischen Zukunftsspekulationen[13]. Diese Themen werden in ganz unterschiedlichen literarischen Genres verhandelt. Zwischen gediegenen Erörterungen[14] stößt man auf locker Gestricktes: schmissige Essays[15], weitschweifige „Notizen“[16], biographische Schilderungen[17], pamphletistische Ergüsse[18]. Alles gipfelt in einer flammenden Rede wider die moderne Welt, die sich, unter dem Eindruck des Brandes der Pariser Kathedrale Notre-Dame im April 2019, stellenweise zum Gestus prophetischer Gerichtsdrohung aufschwingt.[19]

Die Publikationen zeigen auch markante positionelle Divergenzen. Dabei schlagen die konfessionellen Unterschiede zu Buche – die katholischen Plädoyers etwa zur Wiederentdeckung des Naturrechts oder zur Neubelebung der lateinischen Messe sind mit den protestantischen Berufungen auf Bibel und Luther nicht ohne Weiteres zur Deckung zu bringen. Auch wenn man die allgemeine (obgleich nicht leicht zu bestimmende) Richtungsdifferenz zwischen „konservativ" und „rechts" in Anschlag bringt,[20] sind deutlich unterschiedliche Positionierungen erkennbar. So steht im ersten Band ein Beitrag, der sich gegen die Vereinnahmung des Konservativen von „rechts außen" ausdrücklich verwahrt,[21] neben den scharf rechtspopulistischen Ausschweifungen des österreichischen Publizisten Martin Semlitsch alias Lichtmesz, einem der wichtigen Autoren der Zeitschrift *Sezession* und überhaupt des neurechten Antaios-Verlags. Es folgen die – daran gemessen sehr gemäßigten – Ausführungen von Volker Münz, dem Vorsitzenden des Arbeitskreises der „Christen in der AfD". Wenig später wird man von Caroline Sommerfeld, in der Einleitung als vielleicht „prominenteste Theoretikerin der ‚Identitären Bewegung'" (15) vorgestellt, wieder sehr viel weiter an den Rand geführt: Ihr Aufruf zur Wiederentdeckung antiislamischer Feindschaft als konstitutiven Elements christlicher Identität lässt auch dem Uneingeweihten leicht verständlich werden, warum die Identitäre Bewegung vom deutschen Verfassungsschutz als „gesichert rechtsextrem" eingestuft wird. Man darf die Texte also nicht vorschnell über einen Kamm scheren.

1.2 Der rechte Gegen-Konsens

Trotz aller Diversität stellt sich bei der Lektüre aber bald der Eindruck einer inneren Zusammengehörigkeit ein. Die geistige Verwandtschaft deutet sich schon im Stilistischen an. Denn fast ausnahmslos, wenn auch in unterschiedlich starker Ausprägung, herrscht in den Texten ein polemischer Tonfall, der für theologische Texte sonst eher untypisch ist. Er manifestiert sich in disqualifizierenden Ausdrücken, von denen etliche so regelmäßig wiederkehren, dass es sich unverkennbar um feste Topoi handelt: Man wendet sich gegen das politische, mediale oder intellektuelle „Establishment“[22] oder die „Eliten“[23], die sich in den Augen der Autoren vorwiegend dadurch auszeichnen, dass sie an der Spitze der „Manipulation der Massen“ (II,34) stehen und damit wesentlich den „Mainstream“[24] der Meinungen bestimmen. Sie sind dabei zugleich willige Exekutoren wie willenlose Opfer des „linken Zeitgeistes“[25]. Eine der Erscheinungsformen der allfälligen „Zeitgeistkonformität“[26] ist wiederum die „politische Korrektheit“[27], das heißt die feige Vermeidung von Äußerungen, die bei der sich absolut setzenden Mainstream-Meinung Anstoß erregen könnten. Ein anderes Charakteristikum ist die „Beliebigkeit“[28]. Worin sie besteht, was mithin illegitimerweise ins Belieben gestellt und damit von den eigentlich einschlägigen autoritativen Normen freigestellt wird, muss gar nicht unbedingt gesagt werden, weil diesbezüglich bei der Leserschaft offenbar mit einem gemeinsamen Einverständnishorizont gerechnet werden kann. Dies kennzeichnet überhaupt den polemischen Stil der meisten Beiträge: An vielen Stellen wird nicht kritisch argumentiert – wozu auch die Abwägung von Gegenargumenten, jedenfalls aber der Beleg von Behauptungen gehören würde –, sondern es genügt die Nennung des geläufigen Diskreditierungsterms, um bei den Leserinnen einen scheinbar anderwärts bereits sattsam geklärten Sachverhalt und seine unstrittige Bewertung aufzurufen. Allem Anschein nach haben wir es mit Elementen eines eingespielten Sprachcodes zu tun. Die Polemik beschränkt sich aber keineswegs auf vorgeprägte Abwertungstopoi. Der Ehrgeiz rhetorischer Originalität und der Wille zur aggressiven Verschärfung ist bei den Autoren allerdings verschieden stark ausgeprägt. In beiden Kategorien liegt Caroline Sommerfeld weit vorne im Feld, die der dialogoffenen „Feiglingschristenrunde“ (200)

der Gegenwart eine „tölpelhafte Selbstentwaffnung“ (199) gegenüber dem Islam bescheinigt und vor der „Wehrkraftzersetzung“ (201) durch das fehlgedeutete Liebesgebot warnt. Die meisten Beiträger tönen weniger schrill. Aber auch ein – gemessen am Hauptstrom der Bände eher linksstehender – Autor wie Harald Seubert signalisiert mit abschätzigen Bemerkungen gegenüber „Mainstream“[29] und „Zeitgeist“[30] eine basale Übereinstimmung mit der polemischen Generallinie.

Angesichts dieser durchgängigen Stiltendenz stellt sich bei der Lektüre unwillkürlich das Bild ein, es werde hier gleichsam „mit der Faust in der Tasche“ geschrieben. Die unablässige Herabsetzung der andersdenkenden Mehrheit führt fast unweigerlich auf den Gedanken, solcher Daueraggression müssten starke Marginalisierungsgefühle zugrunde liegen, gepaart mit einem Selbstgefühl der geistigen Exzellenz, das sich mittels der fraglichen Geringschätzungsrhetorik und ihrer Losungsworte zugleich der Hochschätzung der Gleichgesinnten versichert. Es spricht, so scheint es, das Ressentiment an den Rand gedrängter Geistesaristokraten gegenüber einer erdrückenden „zeitgeistigen“ Übermacht, deren „Eliten“ man sich trotz klarer Unterlegenheit in der öffentlichen Repräsentanz in puncto geistiger Substanz ebenso klar überlegen weiß. Der überall bekundete Anti-Elitismus ist also mit einem eminenten Elitebewusstsein verbunden. Dieser alternativ-elitäre Duktus zeigt sich auch in der Berufung auf klassische Gewährsmänner, mit besonderer Berücksichtigung großer Namen wie Platon, Augustin, Thomas, Luther, Herder, Hegel, Comte, Tocqueville. (Dabei fällt auch auf, welche großen Namen fehlen, z.B. Kant.) Man führt eine „Wolke der Zeugen“ für die eigene Weltsicht an und gibt nebenbei Einblick in die gut sortierte Hausbibliothek. Dabei hebt sich bald auch ein spezifischer Kanon von Bezugsgrößen des 20. Jahrhunderts ab: Oswald Spengler, Martin Heidegger, Arnold Gehlen, der unvermeidliche Carl Schmitt, ferner Erik Voegelin und Robert Spaemann. Unter den Theologen dominieren katholischerseits Päpste aus der Zeit vor dem Zweiten Vatikanischen Konzil, nebst Romano Guardini. Protestantischerseits sticht nur ein Name hervor: Dietrich Bonhoeffer.[31]

Fasst man diese Lektürebeobachtungen zusammen, so lässt sich noch vor jeder inhaltlichen Auseinandersetzung sagen, dass der Idee eines „rechten Christentums" offenkundig die Signatur eines *Gegen*projektes eignet, dem nicht nur ein starkes Marginalisierungsbewusstsein, sondern überhaupt eine tiefgehende Krisenempfindung zugrunde liegt. „Rechtes Christentum" versteht sich maßgeblich als notwendige Alternative zu einem (irgendwie „linken") Mainstream-Christentum. Selbiges wird naheliegenderweise vor allem mit den beiden Großkirchen und ihren „verbeamteten" (II,88) Funktionseliten identifiziert. Die in den Kirchen laufend zu Spannung und Streit führenden Differenzen zwischen gegenläufigen Strömungen bleiben dabei unterhalb der Wahrnehmungsschwelle. Das besagte Mainstream-Christentum wird wesentlich als ein Krisen- oder Dekadenzsymptom verstanden, als Ergebnis der „Anpassung" (II,19) an einen herrschenden „Zeitgeist", die von dem eigentlichen, ursprünglichen, wesenhaften Christentum und von einer wahrhaft christlich geprägten Gesellschaft weggeführt hat und die sogar das „langfristige Überleben des Christentums" (146) in Europa gefährdet. Der demgegenüber propagierte Richtungswechsel nach „rechts" aber erscheint als Projekt eines kleinen Geistesadels, den der Furor des Streits für das Wahre und Richtige oder – auch diese defätistische Stimmung klingt hin und wieder an – seine Aussichtslosigkeit zu bald scharf aggressiven, bald mehr zynisch-herablassenden, bald eher verzweifelt-bissigen Invektiven gegen den übermächtigen Gegner verleitet.

1.3 Das rechte Krisenbewusstsein

Auch über diese noch recht formale Charakteristik hinaus sind Gemeinsamkeiten leicht zu erkennen. Als gemeinsamer Hintergrund der Idee „rechten Christentums" zeichnet sich in sämtlichen Texten die Annahme einer tiefen Transformationskrise der westlichen Gesellschaften (unter besonderer Berücksichtigung Deutschlands) ab, die spätestens im 20. Jahrhundert begonnen und sich Anfang des 21. Jahrhunderts noch einmal verschärft habe. Dabei sind vor allem kulturelle und mentalitätsmäßige Wandlungen im Blick, die sich seit den 1960er Jahren vollzogen haben und die oftmals mit dem Symboljahr 1968 assoziiert werden.[32] Sexuelle Revolution, Verhütung, Abtreibung, Legalisierung der Homosexualität, Verflüssigung von Geschlechtszuschreibungen und Geschlechterrollen – der unbestreitbare Wandel in diesen sexual- und genderethischen Fragen wird von vielen als „Kulturbruch" (II,216) empfunden. Ein ähnlicher Bruch wird daneben hinsichtlich der ethnisch-kulturellen Zusammensetzung Deutschlands konstatiert, wo seit der Immigration von „Gastarbeitern" in den 1960er und 1970er Jahren sowie verschärft seit der Flüchtlingskrise um das „Schicksalsjahr"[33] 2015 eine signifikante Pluralisierung stattgefunden hat. Die kulturellen Verschiebungen durch „Massenmigration"[34] bzw. „Masseneinwanderung"[35] werden den Autoren zufolge von den Anhängern einer linken „Multikulti-Ideologie" (66) kritiklos begrüßt und verharmlost.[36] Diese ideologische Affirmation und – als deren Bedingung – die naive Blindheit für die realen gesellschaftlichen Probleme der Transformation wird insgesamt als „Linksruck“[37] der Gesellschaft schematisiert. Er begreift insbesondere auch die massenmedial geformte öffentliche Meinung ein, deren umfassende Prägung durch linke Ideen zu einer ideologischen „Gleichschaltung“[38] geführt hat, welche sich nicht zuletzt im Umsichgreifen vorauseilender „Selbstzensur“[39] realisiert.

Neben der allgemeinen politisch-ideologischen Linksdrift werden Prozesse beklagt, die sich auf einer noch elementareren Ebene des Kulturellen vollziehen, insofern sie nicht nur das gesellschaftliche Zusammenleben, sondern überhaupt „schleichend“ – auch dies ein Lieblingswort der vorgetragenen Kulturkritik[40] – den Charakter des Menschseins verändern. So verwandeln der globalisierte Kapitalismus und der galoppierende technische Fortschritt die Lebenswelt der Menschen von Grund auf und greifen in das innerste Leben des Geistes ein: Er wird zu „Konsumismus“[41], „Materialismus“[42] und „Hedonismus“[43] verführt und mithin zu oberflächlicher Zerstreuung und geistiger Leere. Zudem werden „Individualismus“[44] und „Selbstverwirklichung“[45] befördert, also die Tendenz zu gemeinschafts- und verantwortungsvergessener Selbstzentrierung des Einzelnen. Ansonsten werden unter den beklagten Erscheinungen unserer Zeit regelmäßig auch konkrete politische Umschwünge und Krisen angesprochen, in denen sich diese Entwicklungen noch einmal zugespitzt haben. In Deutschland steht damit erwartungsgemäß die „Ära Merkel“ in der Kritik: Schuldenkrise, Europäisierung, Globalisierung, Atomausstieg, „Klimahysterie“[46], „Ehe für alle“ und natürlich Migrationskrise, so lauten die wichtigsten Stichworte.

Die geballte Dekadenzdiagnose, die dem Leser in den beiden Büchern entgegenschlägt, ist sicher nicht *in toto* als abwegig abzutun. Sie spricht manch Bedenkens- und Diskussionswürdiges an. Dennoch ruft sie kaum Nachdenklichkeit und Diskussionsfreudigkeit hervor, sondern – sofern sie nicht ein Befriedigungsgefühl darüber auslöst, dass all dies endlich wieder einmal in aller Deutlichkeit ausgesprochen wird – eher Ermüdung oder Abwehr. Das liegt auch daran, dass die Problemanzeigen fast durchweg summarisch und mithin abbreviativ vorgebracht werden, was ihnen etwas Phrasenhaftes verleiht. Damit ist ein strukturelles Problem einer konservativen Kulturkritik angesprochen, die sich in dem Bewusstsein artikuliert, auf verlorenem Posten zu fechten: Hadernd mit dem Auseinanderklaffen von Geltungsanspruch und faktischer Geltung, zugleich überfließend von unheilsprophetischer Emphase neigt sie zu polemisch zuspitzender und verkürzender, zu „populistischer" Rhetorik.[47] Diese Rhetorik aber krankt an der inneren Spannung zweier Adressatenkreise: Die verwendeten Empörungscodes verraten, dass der Redner vorwiegend eingeweihte und entsprechend eingestimmte Hörer vor Augen hat, auf deren zustimmendes Nicken oder auch mitempörtes Fäusteballen seine Predigt berechnet ist. Aber zu überzeugen, zu bekehren wären ja eigentlich die Masse der Fehlgeleiteten und ihre Fehl-Leiter. Jedoch, sie hören die Predigt nicht. Und sollte dies doch einmal vorkommen, werden sie diese Kirche ob der befremdlichen Klänge mit Kopfschütteln oder Augenrollen schnell wieder verlassen.

Von all den bedenklichen Entwicklungen in der unmittelbaren Gegenwart ist nun selbstverständlich auch die Sphäre der Religion nachhaltig betroffen. In den Ares-Bänden werden die betreffenden Umwälzungen in Europa und erst recht in Deutschland insgesamt auf eine einfache Formel gebracht. Sie lautet: „Entchristlichung und Islamisierung"[48]. Hauptbeleg für die Entchristlichung ist (sofern Belege gegeben werden) die Entkirchlichung in Gestalt abnehmender Teilnahme- und Mitgliedschaftszahlen sowie in Gestalt kirchenkritischer Medienberichterstattung zu Finanz- und Missbrauchsskandalen.[49] Ungeachtet der immer noch rund 42 Millionen Kirchenmitglieder in Deutschland herrscht bei den Autoren teils das Bewusstsein vor, bereits „in einer säkularen, postchristlichen Gesellschaft" (II,165) zu leben. Andere befürchten die Vollendung der Entchristlichung erst für die Zukunft. Sie alle aber treibt die Sorge um den bedrohten Fortbestand des Christentums in Deutschland und Europa um, zweifellos ein Schlüsselmotiv ihres Einsatzes für ein „rechtes Christentum".

Für die konstatierte „Depotenzierung des institutionalisierten Christentums" (II,69) in Europa werden von den besorgten Christen zu einem Gutteil die Kirchen selbst haftbar gemacht. Abgesehen von den nicht persönlich zurechenbaren Fernfolgen der Aufklärung, die als Beginn der großen Krise des Christentums firmiert,[50] wird den kirchlichen Eliten eine „Linksverschiebung" (II,23) bescheinigt, die dem allgemeinen gesellschaftlichen Linksruck korrespondiert und die das kirchliche Christentum zur *„cucked Christianity"*[51] (zu Deutsch etwa „Weichei-Christentum") hat werden lassen: zu einer sich in Selbstzweifel, Selbstverleugnung und übertriebener Toleranz ergehenden, daher durch und durch schwächlichen Erscheinung. Die wesentlichen Kennzeichen jener Linksverschiebung aber sind erstens die Neigung zur Modernisierung und Liberalisierung der Theologie, zweitens die Moralisierung und Politisierung des kirchlichen Engagements sowie drittens die interreligiöse Dialogbereitschaft gegenüber dem Islam.

Mit der Kritik an einer „modernistischen" oder „liberalen" Theologie beerben die „rechten Christen" die lange Tradition konservativer Aufklärungsreserve. Der Pauschalvorwurf von den katholischen wie von den evangelischen Autoren lautet (nur in je unterschiedlicher Ausführung): konformitätssüchtige und applausheischende Anpassung an die liberale Zeitgeisttendenz unter Inkaufnahme des Verrats an der unüberholbaren Wahrheit und Kraft vormoderner Theologie.[52] Wer die konkreten Agenten der selbstzerstörerischen Modernisierungssucht sind, ist katholischerseits ganz klar. Es sind die Theologen des „Aggiornamento", die für ihre beflissenen „Feigheiten" im Zweiten Vaticanum fatalerweise auch noch konziliare Weihe empfangen haben.[53] Auf protestantischer Seite werden „Kultur"- oder „Neuprotestantismus" und „liberale Theologie" als Modernisierungstreiber ausgemacht.[54] Ihnen wird – etwas überraschend und wohl kaum im Sinne des Angesprochenen – auch die *public theology* des derzeitigen EKD-Ratsvorsitzenden Heinrich Bedford-Strohm zugeschlagen, der sich eigentlich eher an Barmen und Bonhoeffer orientiert, auf die keines der genannten Etiketten passt.[55] Der fraglichen Generalrichtung wird eine „starke Tendenz zu Wellness- und Gefühlsreligion" (möglicherweise ein Verweis auf die Schleiermacher-Renaissance der letzten Jahrzehnte) attestiert, außerdem die „Scheu, Lehr- und Glaubensgehalte wie Sünde, Gericht, aber auch leibhafte Auferstehung zu vertreten" (67). Die inkriminierte liberale Theologie, ausgezehrt durch die historisch-kritische Methode in der Bibelauslegung und durch andere Flirts mit der kritischen Vernunft, leidet offenkundig unter einem davon induzierten „Skeptizismus" (54) betreffs der positiven Entfaltung des Christlichen.

Der zweite Aspekt des in Rede stehenden Linksrucks – in den beiden Bänden noch wesentlich prominenter als der erste – ist die Moralisierung und „linke" Politisierung von Kirchenvolk und Kirchenoberen sowie die damit einhergehende

Verdrängung der genuin religiösen Substanz des Christentums.[56] Es

> lässt sich beobachten, dass ein beachtlicher Teil, wenn nicht der Mainstream der praktizierenden Christen (unter den Protestanten noch stärker als unter den Katholiken) unter ‚Christentum' in erster Linie ein vages Gemisch aus ‚Menschenrechten', ‚Frieden', sozialem Engagement und Dritte-Welt-Hilfe mit etwas Weihrauch und rituellem Hokuspokus versteht. (100)

So, wie immer pointiert, Martin Lichtmesz. Diese „Beobachtung" einer vorherrschenden ethischen Akzentuierung des Christentums, die mit der Diagnose seiner modernistischen „Entkernung"[57] kongenial zusammengeht, wird wiederum bevorzugt mit kirchlichen Äußerungen aus dem Kontext der Migrationskrise veranschaulicht. Wenn sich die Kirchen mehr als „philanthropische NGOs" (104) „zur Flüchtlingshilfe" (117) und zur Beförderung von „Willkommenskultur" (104) begreifen denn als Horte der Gottesbegegnung, dann geht mit solcher Selbstsäkularisierung ein Ermatten der religiösen Ausstrahlungskraft einher, das für das Fortbestehen des Christentums über kurz oder lang desaströs sein muss. Denn „links-grüne" (161) Regierungs- und Nichtregierungsorganisationen gibt es viele – nur als religiöse Heilsanstalten mit authentischer „Transzendenzbezogenheit" (II,92) sind die Kirchen unersetzbar.

Ebenfalls sehr einhellig wird der dritte Aspekt besagter Linksorientierung namhaft gemacht: Mit schuld an der Entchristlichung sind die Kirchen auch wegen ihrer demonstrativen interreligiösen Offenheit gegenüber dem Islam.[58] Anstatt in der Abgrenzung gegen die „konkurrierende" (152) Religion die eigene „christliche Identität" (10) zu verteidigen, befördern sie einen konfrontationsscheuen Dialog, „auch bekannt als zaghafte Selbstrelativierung, synkretistische Beliebigkeit und feiges Kriechen vor dem Islam, den man um Gottes willen nicht provozieren oder beleidigen will" (104). Als Schlüsselszene für diesen Eindruck wird wiederholt der gemeinsame Besuch von Kardinal Reinhard Marx und Bischof Heinrich Bedford-Strom auf dem Tempelberg in Jerusalem im Jahre 2016 in Erinnerung gerufen, bei dem die beiden Bischöfe auf Verlangen der muslimischen Behörde auf das Tragen ihrer Amtskreuze verzichteten.[59] Die Geste, die in konservativen Kreisen geradezu topischen Charakter gewonnen hat, wird einstimmig – nicht ohne Verdrehung der zugrundeliegenden Sachverhalte[60] – im Sinne einer „Unterwerfung unter den Islam"[61] gedeutet.

Damit ist das zweite Element der religionsdiagnostischen Leitformel des „rechten Christentums" („Entchristlichung und Islamisierung") auf dem Tapet. Das Schlagwort „Islamisierung"[62] zielt zunächst auf den Sachverhalt, dass die Präsenz der muslimischen Minderheit in Europa aufgrund zahlenmäßigen Wachstums in Dominanz umzuschlagen droht.[63] (Statistische Befunde und Prognosen zu dieser Erwartung werden nicht diskutiert.) Mit dem Schlagwort ist aber auch ein bestimmtes Verständnis vom Charakter des Islams verknüpft, wonach er wesenhaft auf aggressive Ausbreitung und theokratische Umgestaltung der jeweiligen Gesellschaften ausgerichtet sei.[64] Die Autoren eint die Überzeugung, dass nicht nur die Liberalisierung und innere Auszehrung der eigenen Religion, sondern zugleich das Andringen der expansiven Konkurrenzreligion eine Umsteuerung in der Auffassung und Gestaltung des Christentums erfordert. In der „Doppelfront"[65] gegen Liberalisierung und Islamisierung wird die Idee eines „anderen Christentums" entwickelt, die in vielerlei Hinsicht auf Bilder eines alten, ursprünglicheren Christentums zurückgreift. Die positiven Elemente dieses anderen

Christentums sollen im Folgenden näher in Augenschein genommen werden.

2. Theologische Grundmaximen rechten Christentums

2.1 Bewahrendes Christentum: Ordnung statt Relativismus

Die Bewahrung der guten überlieferten Lebens- und Wertordnungen zählt zu den Grundanliegen eines jeden Konservativismus. Trotz allen geschichtlichen Wandels soll in der jeweiligen Gegenwart möglichst viel vom „Altehrwürdigen" und „Altbewährten" festgehalten werden, auf dass im Fluss der Zeit eine konstante Substanz des Seins erhalten und ein geordnetes Leben möglich bleibe. Dieser Basisimpuls ist auch in den „blauen Bänden" durchweg präsent, verwoben mit der steten Klage über die grassierende Zerstörung von Ordnungen und das Umsichgreifen einer alle Wertunterschiede nivellierenden „Beliebigkeit".[66] Vor dem Hintergrund dieses zeitdiagnostischen Generaleindrucks rangiert die Wiederherstellung gottgegebener Ordnung(en) als „konservatives" Grundmotiv „rechten Christentums".

Für das ausgeprägte Unordnungsgefühl sind die Wandlungen in der Auffassung und im Ausleben der Geschlechtlichkeit besonders bestimmend. Konstatiert werden der „Zerfall der traditionellen Familie"[67] und die „Auflösung jeglicher Geschlechterordnung" (21) durch die „‚Gleichberechtigung' von Homosexuellen" (180), gipfelnd in der „Ehe für alle",[68] sowie durch die „Gender-Ideologie mit ihrer Lehre, Geschlecht und sexuelle Orientierung seien gesellschaftlich, nicht aber natürlich bestimmt"[69]. Der Gegenappell zur Bewahrung der traditionellen Geschlechterordnung begründet stellenweise auch überraschende Koalitionen. In der Front gegen die sexualethische Liberalisierung und gendertheoretische Variabilisierung der Lebensverhältnisse sieht man sich teils in einer konservativen Gesinnungsgemeinschaft mit dem Hauptstrom des Islams.[70] Andererseits stellt wiederum keiner der Autoren die Gleichberechtigung der Geschlechter infrage, die ja selbst noch eine vergleichsweise junge Abweichung vom Althergebrachten darstellt. Die Gleichberechtigung kann im Gegenteil ausdrücklich als Errungenschaft aufgeklärter europäischer Kultur gepriesen und ihrerseits gegen die reaktionären Geschlechterrollenbilder im Islam in Stellung gebracht werden.[71]

Die Verwirrung der Frontverläufe zeigt ein Grundproblem konservativen Ordnungsdenkens an: Selbst unter der Voraussetzung gottgegebener Ordnungen und Werte versteht es sich nicht von selbst, *welche* Ordnungen und Werte in welcher Grundsätzlichkeit als gegeben anzusehen und inwieweit einst geltende Ordnungen und Werte doch einer legitimen Modernisierung zu unterziehen sind. Von der Indifferenz gegenüber derlei konkreten Fragen bleibt der Glanz der Grundidee einer gegebenen und zu bewahrenden Ordnung für viele offenbar ganz unbetroffen. Sie bleibt wohl auch weithin unbemerkt, weil man in der Applikation der Idee auf bestimmte konservative Schlüsselthemen selbstverständlich übereinstimmt.

In diesem Kontext wird auch mehrfach die „ethnopluralistische" Idee einer „Ordnung des Menschengeschlechts in Völker" aufgerufen.[72] Infolge der Massenmigration werde durch die Vermischung von Menschen aus unterschiedlichen Herkunftsvölkern und -kulturen die Vielfalt eigentümlicher ethnisch-kultureller Einheiten in Richtung einer uniformen multikulturellen Einheit namens „Menschheit" verschliffen. Solch allgemeiner „Verunordnung" und Nivellierung gegenüber wird nun von einer Reihe von Autoren die Idee von Gott als dem Schöpfer und Garanten der gegebenen Weltordnung mobilisiert, eine Fundamentalidee konservativen Christentums. Denn: „Eine Ordnung muss nicht religiös begründet sein, aber eine transzendente Fundierung stützt sie zusätzlich ab.“[73] Je nach Konfession wird dabei auf zwei unterschiedene, wenn auch verwandte Theorietraditionen zurückgegriffen.

Die Katholiken Felix Dirsch und Daniel Führing versuchen ihren „Widerstand gegen den Verfall basaler Ordnungsstrukturen“ im Rekurs auf die klassische katholische Gestalt von Ordnungsdenken theologisch zu begründen, durch eine Reaktualisierung der Naturrechtstradition.[74] In Anknüpfung an die stoische Kosmos-Philosophie wurde schon in der Antike der christliche Schöpfungsglaube in eine Ordnungsmetaphysik überführt, aus der sich eine entsprechende Ordnungsethik ableiten ließ. Für diese Denkfigur wird von Dirsch und Führing, abgesehen von dem unangefochtenen mittelalterlichen Klassiker, Thomas von Aquin, vornehmlich der österreichische Neuthomist Johannes Messner herangezogen.[75] Und es wird ein klassisches Exempel des katholischen Naturrechts aufgenommen, wonach aufgrund biologischer Fortpflanzungsgegebenheiten die Monogamie als göttliche Schöpfungs(an)ordnung für das menschliche Leben anzunehmen sei.[76] An diesem Beispiel soll augenfällig werden, dass die „Abkehr vom Naturrecht“ (II,208) in der Moderne schuld sei an der „Diktatur des Relativismus“ (Papst Benedikt XVI.).[77] Ob die Autoren eine allgemeine Rückkehr zur katholischen Naturrechtslehre zur Heilung der „Verderbnis“ (II,213) tatsächlich für möglich halten, ist nicht leicht zu sagen. Jedenfalls fungiert die Naturrechtsidee trefflich als Inbegriff einer stabilen, absolut gültigen Moral, von der her sich die gegenwärtigen Wandlungen und Komplexionen der Sittlichkeit in unmissverständlicher Klarheit als Abirrungen abheben.

Auch wenn das Verhältnis des Protestantismus zum Naturrechtsdenken im Einzelnen kompliziert ist,[78] so lässt sich doch für die nachkantische Moderne insgesamt eine wesentlich größere Reserve gegenüber dieser Art der Verschmelzung von Metaphysik und Ethik konstatieren. Gleichwohl ist insbesondere der lutherischen Theologie die ethische Berufung auf „Schöpfungsordnungen" nicht fremd. Und so verwundert es nicht, dass evangelische Autoren ihr konservatives Grundanliegen in den vorliegenden Bänden mithilfe dieses Theologumenon untermauern. Für Thomas Wawerka ist der Ausweis von Schöpfungsordnungen – er beruft sich dabei nicht zu Unrecht auf die *Ethik* Dietrich Bonhoeffers – ein unverzichtbares Element einer christlichen Ethik des Politischen.[79] Und zwar werden damit Bereiche markiert, die dem politischen Handeln von Gott her *vorgegeben* und dem umgestaltenden „Zugriff des Politischen" (180) *entzogen* sind. Dies gilt für die klassische Ehe und Familie, die Wawerka durch die Einführung der „Ehe für alle" einem solchen illegitimen staatlichen Zugriff ausgesetzt sieht. In welcher Weise die „familiäre Ordnung von Mann und Frau als Keimzelle neuen Lebens" durch die Pluralisierung der anerkannten Lebenspartnerschaftsformen beschädigt wird, muss man einer Andeutung entnehmen: weil damit ihr ethischer „Vorrang" vor anderen Bindungen nicht mehr ausreichend „deutlich" wird (180). Zweitens behauptet Wawerka den Status von Schöpfungsordnungen für die Völker, die daher vor der Ummodellierung durch Migrationspolitik und Multikulturalismus zu bewahren seien.[80]

Die Basismotive und Anwendungsfelder des konservativ-christlichen Ordnungsdenkens sind damit umrissen. Die

Idee einer von Gott geordneten Welt mit geschichtsinvarianten, unantastbaren Lebensordnungen scheint als Halt in den rasanten Gegenwartsveränderungen eine unverändert große Faszinations- und Orientierungskraft zu haben. Noch charakteristischer ist aber der Umstand, wie umstandslos die Generalidee von Gott als Inbegriff und Garant des beständig Gültigen – eine als Gegenbild eines Gerechtigkeitsrelativismus womöglich ethisch unverzichtbare Idee – auf bestimmte traditionelle Ordnungsvorstellungen appliziert wird. In Erinnerung daran, dass das Naturrecht einst selbstverständlich auch gegen die Abschaffung der Sklaverei ins Feld geführt wurde, sollte bei der theologischen Sanktionierung der eigenen Selbstverständlichkeiten größere Vorsicht walten.

2.2 Realistisches Christentum: Verantwortung statt Moralismus

Ein weiterer ethischer Motivkomplex springt in den „blauen Bänden" mindestens ebenso ins Auge wie der Ordnungskonservativismus, nämlich die Kritik eines universalistischen „Humanitarismus"[81] politischer und kirchlicher Akteure. In einem Atemzug und in analoger Bedeutung werden häufig auch die Begriffe „Moralismus"[82] und „Hypermoral"[83] gebraucht. Mit diesem Begriffsarsenal zielen die Autoren in großer Einhelligkeit auf einen Typus ethisch-politischer Einstellung, Argumentation und Einflussnahme, den sie für eines der Grundübel des politisch-medialen Diskurses halten – und für den sie ein fehlgeleitetes „moralisiertes" und „moralisierendes" Christentum maßgeblich verantwortlich machen. Das „rechte Christentum" wird wesentlich als Alternative dazu entworfen. Es wird ein Christentum gesucht, das sich nicht in „gesinnungsethischen"[84] Schwärmereien ergeht, sondern das für eine nüchterne „Verantwortung“ in Politik und Gesellschaft steht, die auch um die Grenzen der Realisierbarkeit des guten Willens und der christlichen Ideale weiß.[85] Die wichtigsten Stichwortgeber dafür sind Max Weber und Arnold Gehlen.[86]

Aktueller Hauptbezugspunkt des Komplexes ist der politische Umgang mit der Migrationskrise. Die Merkel'sche Flüchtlingspolitik und ihre moralische Legitimierung, sei es durch Merkel selbst oder durch ihre Verteidiger nicht zuletzt aus den Kirchenleitungen,[87] werden als Resultat einer Überdehnung christlicher Moral verstanden. Die jesuanische Liebesethik werde darin – häufig in Gestalt der Berufung auf Menschenwürde und Menschenrechte[88] – in eine Gesinnung universaler Humanität übersetzt, welche in moralistischer „Maßlosigkeit“ (II,112) die realen Handlungsmöglichkeiten überschätze oder sich im Genuss der eigenen Liebesgesinnung überhaupt einer sachlichen Kalkulation der Handlungsfolgen für das konkrete Gemeinwesen enthoben wähne.[89]

Ist mit dem besagten „Hypermoralismus“ (II,87) bei seinen „rechten“ Kritikern durchaus eine gesamtgesellschaftliche Tendenz im Blick, so kommt dem Christentum als Quelle und den Kirchen als Beförderern dieser Tendenz doch eine besondere Bedeutung zu. In diesem Zusammenhang wird regelmäßig eine einseitige „Moralisierung des Glaubens“ (68) durch die Funktionäre beider Kirchen moniert, eine Fixierung auf moralische und politische Fragen bei gleichzeitiger Vernachlässigung der genuin religiösen oder „dogmatischen“ Bestände des Christentums. Indessen „ist Moral nicht das Leitthema des christlichen Glaubens. Es bedeutet, den christlichen Glauben empfindlich zu beschneiden, ja ihn zu verstümmeln, wenn man ihn als Regularium zur Besserung des Menschseins auffasst“ (II,31f).

Gegenüber der Konzeption einer dezidiert auf politische „Einmischung" des Christlichen ausgerichteten „Öffentlichen Theologie" wird von mehreren Autoren die Grundunterscheidung der lutherischen Zwei-Reiche-Lehre geltend gemacht, um herauszustellen, „dass die christlichen Normen nicht eins zu eins auf politische Kontexte übertragen werden können"[90]. Die Einsicht in die fragliche ethisch-politische Grunddifferenz werde von führenden Repräsentanten der Kirchen vor allem dadurch unterlaufen, dass immer wieder eine „Reduktion" politischer Möglichkeiten „auf alternativlose Entscheidungen im Namen des Christentums" betrieben werde (wie im Falle der „Grenzöffnung" des Jahres 2015).[91] Man erliege damit der Fiktion, als könnten aus dem biblischen bzw. christlichen Gesamtzeugnis in konkreten politischen Problemlagen eindeutige Konsequenzen abgeleitet werden.

Mit der Unterscheidung der beiden „Reiche" oder „Bereiche" wird nun freilich nicht einem Verzicht auf christliches Engagement in der Politik das Wort geredet. Denn „der Glaube ist eben auch nicht nur Privatsache" (71), sofern ja auch das politische „Reich" unter Gottes Regiment steht. Daher versuchen" etwa auch die „Christen in der AfD" – im Prinzip nicht anders als die Vertreter der „Öffentlichen Theologie" –, „christliches Gedankengut in die politischen Diskussionen einzubringen" und ihnen damit zu politischer Wirksamkeit zu verhelfen. (10) Es differiert nur die Auffassung dieses „Gedankengutes" und vor allem (so die Selbstbeschreibung) der Sinn für die prinzipielle Differenz und die daraus resultierende „Spannung"[92] zwischen den Grundprinzipien christlicher Ethik auf der einen und der Eigenlogik des Politischen sowie der Komplexität der konkreten politischen Problemzusammenhänge auf der anderen Seite. Im Schwung gesinnungsethischer Gutwilligkeit werde jene Differenz allzu oft eingezogen, die unauflösbare Spannung aufgelöst und moralische Eindeutigkeit prätendiert – selten mit langfristig positiven Folgen. Dem gesinnungsethischen Überschwang sei deshalb der Realismus einer christlichen Verantwortungsethik vorzuziehen.

Die Inanspruchnahme der Weber'schen Leitunterscheidung und die Idiosynkrasien gegenüber gesinnungsethischem „Gutmenschentum"[93] sind für das rechte Christentum durchweg charakteristisch. Die Möglichkeit, dass manche der aufgerufenen politischen Differenzen, zum Beispiel in der Migrations- oder in der Klimapolitik, auch auf Unterschieden in der verantwortungsethischen Folgenabschätzung beruhen und dass auch moralische Gesinnungen zur Motivation verantwortlicher Entscheidungen notwendig sein könnten, wird nicht in Betracht gezogen. Das Votum „gegen christliche Gesinnung" und „für christliche Verantwortung" bedeutet im Blick auf die Grundbestände christlicher Ethik nun aber vorwiegend die entschiedene Einschränkung der Reichweite des Liebesgebots. Denn bei diesem ethischen Kernprinzip des Christentums handelt es sich, wie schon Weber und Gehlen herausgestrichen haben, um die christliche Hauptquelle humanitaristischer Gesinnung. Und ist nicht auch nach Maßgabe des Liebesethos der Bergpredigt, das sogar die Feinde miteinschließt, die Hilfe für notleidende Menschen in aller Welt und für die vor Kriegsnot und Armutselend fliehenden Migranten vor den Toren Europas unbedingt geboten?

Um das verantwortungsethische Abstandsgebot zwischen christlicher Liebesmoral und politischer Entscheidungsorientierung zu untermauern, unterzieht Thomas Wawerka die jesuanischen Gebote der Nächstenliebe und Barmherzigkeit einer grundlegenden Restriktion.[94] Seine Argumentation liegt wieder auf der Ebene von Luthers Zwei-Reiche- oder

Zwei-Regimente-Lehre: Das christliche Liebesgebot gilt demnach unmittelbar nur für die *individualethische* Orientierung der Praxis des einzelnen Christen, der damit im „Nahraum" seines Lebens zu karitativem Handeln, zu Fürsorge und Nothilfe für andere, angehalten ist. Es kann jedoch nicht ebenso unmittelbar für die *sozial- oder „kollektivethische"* Orientierung des Handelns im politisch-gesellschaftlichen „Großraum" Geltung beanspruchen.[95] Mit Luther gesprochen: Als Privatperson, im Rahmen seiner persönlichen Beziehungen, ist der Christ den Forderungen der Bergpredigt unterworfen. Als „Amtsperson" hingegen, also in seiner Verantwortung für das Gemeinwesen, muss er, um dessen Ordnungen aufrechtzuerhalten und dessen Wohl zu fördern, von jenen Forderungen regelmäßig absehen – und als Politiker oder Grenzschutzbeamter die Landesgrenzen mit Gewalt geschlossen halten, auch wenn das die Unterlassung von Hilfeleistung für die Ausgeschlossenen bedeutet.[96]

Ferner beruft sich Wawerka für die Restriktion der christlichen Liebesethik (wie mehrere andere Autoren) auf das traditionelle theologische Lehrstück vom *ordo amoris* und seinen abgestuften „Pflichtenkreisen".[97] Demnach lebt jeder Mensch natürlicherweise in konzentrischen Sphären größerer und geringerer Nähe zu seinen Mitmenschen. Er ist ihnen mit stärkerer oder schwächerer Zuneigung verbunden, ihnen gegenüber aber auch mit entsprechend größerer oder geringerer Verbindlichkeit zur affektiven und tätigen Liebe verpflichtet. „Kein Mensch, auch kein Christ, kann oder soll alle anderen gleichermaßen lieben" – eine derartige „Jedermannsliebe" hält Wawerka für ein Unding. (II,43) So werde auch das Gleichnis vom barmherzigen Samariter missverstanden, wenn es als Plädoyer für eine „allgemeine Menschenliebe"[98] gelesen werde. Der von Jesus vorgeführte Skandal sei gerade darin zu erblicken, dass die beiden vorübergehenden Juden ihrem *Landsmann* in seiner Not nicht beistehen, obwohl sie ihm in besonderer Weise verpflichtet wären. Dass ihm dann unerwartet der „volksfremde" Samaritaner zu Hilfe eilt, solle illustrieren, dass *ausnahmsweise* auch von einem im *ordo amoris* ferner Stehenden der Appell an Nächstenliebe und Barmherzigkeit ausgehen könne.[99]

Mit der Warnung vor einer Überstrapazierung der christlichen Liebesethik im Sinne einer universalistischen „Ethik des Totalaltruismus" sowie dem Aufruf zu ihrer Eingrenzung im Sinne einer „Ethik des sozialen Nahraums" sind zentrale Motive des „rechten Christentums" bezeichnet.[100] Das Verhältnis zwischen Partikularismus und Universalismus kann auch weniger scharfkantig gefasst werden als bei Wawerka,[101] aber des ungeachtet besteht das gemeinsame ethische Anliegen einer Einhegung des Universalismus und einer Aufwertung des Partikularismus. Soll aber grundsätzlich die „natürliche" partikulare Dimension der Lebensbezüge zu Ehren gebracht werden, so gehört dazu nach der Überzeugung der verhandelten Autoren vorzüglich die „Einbettung des Einzelnen" (II,85) in das Leben eines Volkes.

2.3 Patriotisches Christentum: Verwurzelung statt Globalismus

Wie bereits angesprochen eint die „rechten Christen" die Sorge einer Auflösung der Völkerordnung. Dies wird als bedrohlich empfunden, weil damit jene ethnisch-kulturellen Einheiten zur Disposition stehen, die dem Einzelnen kraft seiner Zugehörigkeit eine charakteristische „Kollektividentität"[102] und seinem Leben eine unersetzliche Beheimatung und „Verwurzelung" (II,92) gewähren. Viele erkennen hinter dieser

Gefahr das planvolle Handeln gewisser politischer Akteure. Demnach verfolgen die „liberalen, längst global organisierten Eliten […] letztlich eine Agenda, die man vereinfacht als ‚Neue Weltordnung' bezeichnen kann"[103]. Auch ein verschwörungsmythisches Raunen gehört zu den Ausdrucksformen „rechten Christentums".[104]

Indessen stellt sich nicht nur das Bewusstsein einer „Globalismus"-Krise[105], sondern auch die damit evozierte Gegenidee in den Beiträgen recht einheitlich dar: Es wird für die Aufwertung der Begriffe „Volk" und „Heimat" sowie für einen neuen Volks- und Heimatsinn geworben. Der Ausdruck „Volk" soll gegenüber dem geläufigen Ersatzausdruck „Bevölkerung" rehabilitiert werden, weil allein er eine Ganzheit oder „organische Einheit" bezeichnet, die mehr ist als eine „formlose Masse", mithin mehr als die Summe der ihr zugehörigen Individuen.[106] Zur Konstitution jener Ganzheit bedürfe es notwendig einer gewissen Homogenität, wofür nicht nur Carl Schmitt, sondern auch Ernst-Wolfgang Böckenförde als Zeuge angeführt wird.[107] In der Schwebe bleibt, ob dabei an eine rein kulturelle (so Münz) oder eine „ethnokulturelle Homogenität" (so Lichtmesz) zu denken ist.[108] Die Minimalanforderung an ein Volk, das diesen Namen verdient, sei in jedem Fall die Gültigkeit einer „Leitkultur"[109], an deren Akzeptanz sich potenziell auch die Zugehörigkeit von Zugewanderten bemisst. Entscheidend dafür sei ein „gemeinsames Werteverständnis" (II,196).

Warum aber ist eine derartige Gleichartigkeit wichtig? Zentral scheint durchweg die Vorstellung zu sein, dass die Individualität von Personen von der Zugehörigkeit zu einer Gemeinschaft mit einer einheitlichen Eigenart abhängt. Ohne eine solche „Einbettung" (II,85) in eine Gemeinschaft Gleichartiger „verkommt der einzelne zum Massenmensch"

(II,110); er wird, so lässt sich interpretieren, als Einzelner zum identitätslosen Glied und machtlosen Spielball der anonymen „Massengesellschaft" (II,33). Persönliche Identität wird damit in einer engen Wechselbeziehung zu kollektiver Identität gedacht. Diese (im Einzelnen wohl ziemlich komplizierte) Beziehung wird zwar nicht ausgeleuchtet, aber mit dem Bild eines quasi-familiären Bandes immerhin partiell erhellt: Indem ich bis in die Wurzeln meines geistigen Lebens hinein durch Kultur, Sprache und Geschichte meines Volkes „erzogen" bin, ist, was ich bin, nicht ohne diese Einwirkung zu denken. Daraus resultiere ein natürlicher Patriotismus, einschließlich der Verpflichtung zu „vaterländischer Verantwortung", die gegebenenfalls auch die Bereitschaft fordere, für das Wohl des Vaterlands sein Leben zu lassen.[110] In diesem Zusammenhang wird freilich auch vor den Gefahren nationalistischer Exzesse gewarnt und ausdrücklich auf die „Übertreibungen des Nationalbewußtseins [...] innerhalb des nationalsozialistischen Staats"[111] verwiesen.

Welche Rolle spielt das Plädoyer für Volksbewusstsein und Vaterlandsliebe nun innerhalb der Idee eines „rechten *Christentums*"? Dass es darin eine zentrale Rolle spielt, zeigt die unübersehbare Prominenz des Themas innerhalb der Ares-Bände.[112] Soll das Christentum damit aber für den Patriotismus dienstbar gemacht werden oder umgekehrt der Patriotismus für das Christentum? Das fundamentale Argumentationsziel liegt noch diesseits dieser Alternative. Denn es geht zunächst um den Aufweis, dass „Christentum" und „Patriotismus" einander *nicht grundsätzlich ausschließen*, wie man angesichts der – von den Autoren nicht geleugneten[113] – universalistischen Perspektive des Christentums meinen könnte. Das Christentum soll so gefasst werden, dass es nicht mehr als *Hindernis* für Patriotismus wirkt. Der dazu notwendige Nachweis der „Zusammenbestehbarkeit" von Menschheitsuniversalismus und Vaterlandspartikularismus im Christentum wird vorwiegend im Modus der Anrufung von Autoritäten geführt.[114] Er zielt auf die Korrektur einer massiv empfundenen Vereinseitigung im deutschen Mainstream-Christentum zuungunsten der natürlichen partikularen Gebundenheit. Dass diese Vereinseitigung als Gegenreaktion auf die genannten partikularistischen Exzesse anzusehen ist, wird gelegentlich zugestanden.[115]

Das Resultat der Korrektur universalistischer Einseitigkeit wäre ein Christentum, worin Universalität und Partikularität gleichermaßen zu ihrem Recht kämen.[116] Allerdings ist mit dieser Balance das Programm eines „volks- und heimatnahen Christentums" (Felix Dirsch)[117] noch nicht vollständig beschrieben. Denn dieses Programm verfolgt eine „Verbindung von Heimat und Christentum" (II,79), in der beide Elemente nicht nur füreinander Raum lassen, sondern einander wechselseitig durchdringen und stärken. Dirsch schwebt eine Verschmelzung vor, durch die einerseits das Nationalgefühl und, mehr noch, die regionale Heimatverbundenheit religiös aufgeladen werden und durch die sich andererseits das Christliche durch seine volkstümliche Inkulturation oder „Inpatriierung" tief in den Herkunftsgefühlen und im Identitätsbewusstsein der Menschen einwurzelt. Für das betreffende Amalgam von Heimat- und Glaubensprägung, vorwiegend Ergebnis biographischer Frühsozialisation, kommt auch solchen Bräuchen eine tiefe religiöse und nationale Relevanz zu, die von manchen nur noch für folkloristische Relikte gehalten werden: „Ob es künftig noch Weihnachts- statt völlig wertneutraler Wintermärkte gibt und Martinsumzüge statt unverbindlicher ‚Sonne-Mond-und-Sterne-Feste'", entscheidet mit über die personale Formungskraft und folglich über die

Überlebensfähigkeit des Glaubens, wie Dirsch mit Rekurs auf einen Topos rechtschristlicher Dekadenzdiagnose festhält.[118] Es sei deshalb auch ein „christlich-patriotisches Engagement“ (II,91) gefordert, um für den Erhalt solcher „christlich-heimatlichen“ Bräuche zu kämpfen. Und dafür wiederum müsse ein Sinn für die in Rede stehenden Zusammenhänge kultiviert werden, die unter dem doppelten Druck von Globalisierung und Säkularisierung zu erodieren drohten.

2.4 Wehrhaftes Christentum: Selbstbehauptung statt Dialogismus

Wie sich andeutete, schwebt den „rechten Christen“ ein Christentum vor, das als „identitäre Religion“[119] fungiert, indem es kollektive und individuelle Identitäten „durchglüht“[120], sie von Grund auf formt und ihnen eine metaphysische Grundierung verleiht. Indessen hat die Leitvorstellung eines identitären Christentums einen weiteren Horizont als das Ideal des patriotischen Christentums, das darin gewissermaßen ein Teilelement darstellt. Denn sie greift über die Heimatregion und -nation hinaus auf die kulturelle Großeinheit „Europa“. Unbeschadet aller Vorbehalte gegen die Schwächung nationaler Souveränität zugunsten des übernationalen Staatenverbundes Europäische Union[121] ist die erste Bezugsgröße der infrage stehenden religiös-kulturellen Identität der europäische Kulturkreis oder das „christliche Abendland“ (108). Nachdem „das Christentum über zwei Jahrtausende hinweg unwiderruflich zum Bestandteil der geistigen DNA der europäischen Völker geworden“ (107) ist, gelte es die daraus erwachsene Identität als hohes Gut des kollektiven und individuellen Eigenseins von Europa und Europäern zu achten und sie gegen sich eindrängende Kollektive anderer Prägung sowie entsprechende Vermischungs- und Selbstentfremdungsprozesse zu behaupten.

Damit ist ein weiteres Attribut der Idee des identitären „abendländischen Christentums" (154) angeklungen: die Vorstellung einer notwendigen „Selbstbehauptung" (102) gegen den migrations- und globalisierungsbedingten Druck religiös-kultureller Pluralisierung. Dem identitären Christentum geht es nicht nur um die selbstbewusste *Pflege*, sondern auch um die „*Verteidigung* des Eigenen" (Martin Lichtmesz)[122] gegen das Fremde. Es handelt sich um ein teils hochaggressives Selbstverteidigungsprogramm, das von der Frage nach der „Wehrhaftigkeit"[123] des Christentums im aktuellen „Kampf der (Religions-)Kulturen"[124] angetrieben wird.

Darin kommt dem Islam als bedrohlichster Konkurrenzreligion eine Schlüsselbedeutung zu. Die mehr oder (zumeist) weniger heimliche Leitfrage, an der sich die Verfechter eines identitären Christentums abarbeiten, lautet: Wie kann sich das europäische Christentum gegen die „Invasion"[125] der islamischen Fremdreligion und -kultur zur Wehr setzen? Wie kann es ausreichend „Widerstandskräfte mobilisier[en]" (36), um gegen den neuen, nunmehr „schleichenden"[126] Eroberungsfeldzug des Islams gewappnet zu sein? Diese Frontstellung wird immer wieder in nachgerade archetypischer Klarheit vor Augen gestellt. Aus der Einsicht in den identitätsstiftenden Charakter klarer Fronten werden – besonders eindringlich von Caroline Sommerfeld, unter der Parole „Gegen *Allahu akbar* hilft nur *Deus vult!*"[127] – auch identitätspolitische bzw. -pädagogische Konsequenzen abgeleitet. Weil mit Robert Spaemann als ausgemacht gilt, „die europäische Identität begründe sich durch den tausendjährigen Abwehrkampf der christlichen Zivilisation gegen den islamischen Imperialismus" (192), wird die rituelle Erinnerung an historische

Urszenen dieses Kampfes als Maßnahme zur identitären Erneuerung empfohlen. Insbesondere die Kreuzzüge und die großen Schlachten gegen die Türken werden als paradigmatische Kapitel des „‚Gründungsmythos' Europas" vom „permanenten Abwehrkampf gegen den Islam" ausgewiesen.[128] Durch die regelmäßige Vergegenwärtigung dieses Mythos glaubt Sommerfeld eine christliche Identität „in den Seelen der Europäer verankern zu können" (195). Dabei leugnet sie nicht den „polemogenen" Charakter einer solch „konfliktbasierten" Identitätskonstruktion (195). Denn „diese Großerzählungen handeln nun einmal von Krieg, Verteidigung, Feindschaft, Sieg, Niederlage und Helden. Identität kommt nicht ohne Feindschaft aus." (195) Im Gegenteil: Starke Identität „braucht, ob man will oder nicht, große Erzählungen von Feindschaft." (196) Dazu braucht man einen distinkten Feind. Und was läge da aus historischen und gegenwärtigen Gründen näher, als in heiliger Einfalt „den Islam als Feind Europas zu erkennen"[129] und diese Feindschaft mythisch-rituell zu vergegenwärtigen?

Zweifellos handelt es sich bei den Einlassungen Sommerfelds um extreme Äußerungen. Der Grundsachverhalt dürfte gleichwohl für die gesamte Richtung zutreffen: Die christlich-europäische Identität wird durch das Bild einer Verteidigungsfront gegen eine islamische Invasion in einem Verfahren „polemischer" Dramatisierung („polemisch" im wörtlichen Verständnis von „kriegerisch" genommen)[130] scharf, wenn auch zugleich ganz oberflächlich-chiffrenhaft, konturiert. Die Diskrepanz zwischen dieser Dramatik und dem meist alltäglich-unpolemischen Zusammenleben von Christen und Muslimen (und anderen religiös-weltanschaulich heterogenen Menschen) in Europa wird dabei überspielt, indem selbiger Krieg zugleich als ein hauptsächlich latentes Geschehen charakterisiert wird – das freilich für den hellsichtigen Zeitgenossen offen zutage liegt.[131] Wer einmal das aggressiv-expansive „Wesen“ des Islams eingesehen hat, wird auch gegen die verbreitete Neigung gefeit sein, dem Feind im christlich-islamischen Dialog mit grenzenloser Offenheit und „radikaler Toleranz“ (II,188) zu begegnen. Denn aufgrund der habituellen Asymmetrie zwischen christlicher Selbstzurücknahme und islamischer Selbstdurchsetzung läuft solches nach Überzeugung vieler Autoren strukturell auf die „Kapitulation“ (II,87) des Christentums gegenüber dem Islam hinaus.

Auffällig ist an dem skizzierten Bild der christlich-islamischen Front (abgesehen von der höchst einseitigen Wesensbestimmung des Islams)[132], dass darin der Begriff von „Christentum“ oszilliert: Teils bezieht man sich damit auf eine Religion, teils auf einen Kulturtypus. Dieses Problem wird auch offen angesprochen. Zunächst wird hervorgehoben, dass das Christentum auch für nichtreligiöse Europäer als Urquell der Identitätsstiftung dienen könne. Ansonsten wäre mit ihm auch identitätspolitisch kein Staat zu machen, weil „die innerchristlichen Aktionsformen der Mission, der Predigt und der rituellen Glaubensstärkung gegenüber völlig kirchen- und glaubensfernen Leuten absolut müßig sind“ (194). Die christliche Religion „kann nicht mehr kollektiv binden“ (194). Sofern das christliche Erbe in den Ares-Bänden „als Kulturgut zur Verteidigung der eigenen Nation in Stellung gebracht wird“ (108), dominiert also zunächst eine „kulturchristliche“[133] Konzeption. „Christentum“ meint hier vorzüglich gewisse Wert-, Moral- und Rechtsvorstellungen, Mentalitäten, geschichtliche Erinnerungen, Feste und Bräuche. Diese Prägungen bilden nicht nur einen gemeinsamen Wert- und Weltanschauungshorizont, der in den europäischen Gesellschaften für „Zusammenhalt“[134] sorgt. Sie beschreiben vor allem einen gemeinsamen historischen Herkunftsraum, aus dem sich eine „Herkunftsidentität" (194) herleitet, die aus Individuen und Teilkollektiven die Kultureinheit „Europa" formt. Diese Einheit soll wiederum identitäts-, halt- und in irgendeiner Weise auch sinnstiftend auf Völker und Individuen zurückwirken.

Aber ist eine derartige „Indienstnahme" (108) des Christentums unter Absehung vom Religiösen legitim? Wird damit nicht die „abendländische Identität" als eigentlicher Zweck zum unbedingt Gültigen und mithin zum eigentlichen Absoluten erhoben, also „vergötzt"[135]? Handelt es sich dabei nicht um eine Sakralisierung kultureller Identität auf Kosten dessen, was frommen Christen heilig ist und was die Bedeutung der partikularen Eigenarten von Kollektiven und Gruppen weit übersteigt? Teilweise scheint bei den Kündern des identitären Christentums der eigene religiöse Geist gegen dessen Reduktion zum Kulturphänomen zu „protestieren"[136]. Im Übrigen ist an vielen Stellen spürbar, dass es ihnen bei dem Werben für ein wehrhaftes Christentum auch um die Selbstbehauptung der christlichen *Religion* zu tun ist. Man macht es sich daher zu leicht, wenn man das Programm in Gänze als Unternehmen einer kaltsinnigen politischen „Instrumentalisierung"[137] abtut. Seine Vertreter verfolgen nicht nur ein identitätspolitisches, sondern teils auch ein „echtes" religiöses Anliegen.

Allerdings deutet die Spannung zwischen identitätspolitischen und genuin religiösen Motiven auf ein grundlegendes Dilemma des Programms hin. Weil das europäische Christentum – nicht zuletzt aufgrund der Brechung seiner religiösen Selbstgewissheit durch kritische Aufklärung und relativistischen Liberalismus – in seiner Substanz geschwächt ist, soll ihm durch eine allgemeine Besinnung auf die geschichtlichen Wurzeln Europas zu neuer Präge- und Mobilisierungskraft verholfen werden. Um eine Zugänglichkeit auch für säkularisierte Zeitgenossen zu gewährleisten, wird das Christentum dabei aber in einer metaphysisch-religiös „abgerüsteten" Gestalt in Ansatz gebracht. Insoweit ist das identitäre Christentum selbst ein säkularisiertes Christentum. Als solches verfehlt es aber sowohl den Eigensinn des Christlich-Religiösen als auch das Ziel, der europäischen Identität „metaphysische Fundamente"[138] zu unterlegen. Unter den Bedingungen der europäischen Moderne entzieht sich dieses Ziel offensichtlich der (meta-)politischen Machbarkeit. So reproduziert das Konzept des identitären Christentums zwangsläufig jene „Identitätskrise" (92), die zu überwinden es sich anheischig macht, weil es den langen Modernisierungs- und Säkularisierungsprozess, auf den die beklagte Identitätsschwäche zurückgeführt wird, nicht rückgängig machen kann.

2.5 Entschiedenes Christentum: Selbstgewissheit statt Skeptizismus

Angesichts des aufgezeigten Dilemmas nimmt es nicht wunder, dass sich die maßgeblichen Autoren selbst nicht mit der „kulturchristlichen" Lösung zufriedengeben können. Zur konkurrenzfähigen Selbstbehauptung wäre nach ihrer Überzeugung eine christliche Identität erforderlich, die „über Herkunftsidentität und Kulturchristentum hinausgeht"[139]. Eine entsprechend durchschlagende Frömmigkeit freilich setzte wiederum ein stabiles religiöses Selbstbewusstsein voraus, eine fundamentale Gewissheit hinsichtlich des Wesens und der Wahrheit des Christlichen. Damit ist eine letzte, tiefe Schwierigkeit berührt, an der sich die „rechten Christen" abarbeiten. Denn eben die Selbstgewissheit des Christentums ist mit „Aufklärung“[140], „Liberalismus“[141] und „Relativismus“[142], kurz: mit dem Aufkommen des modernen Zeitgeistes problematisch geworden.[143] Diese Problematik muss überwunden werden, soll die christliche Identität auf festem Grund stehen.

Der modernen Bezweiflung, „Relativierung“[144] und „Profanisierung des Glaubens“ (II,92), von der auch die Kirchen nicht unberührt geblieben sind, ist nur mit einer gründlichen Renovierung der christlichen Fundamente Einhalt zu gebieten – das ist die *communis opinio* der Ares-Autoren, die von den meisten „konservativen“ Christen geteilt werden dürfte. Näher wird die besagte Erschütterung des Christentums in Belehnung eines klassischen Topos der Aufklärungskritik auf die Ermächtigung des modernen Subjekts zurückgeführt. In individualistischem Selbstständigkeitsinteresse habe es sich von der Einbindung in die Glaubensgemeinschaft und die von ihr bewohnte Glaubenswelt gelöst, mit der destruktiven Konsequenz, dass diese Einbindung ins objektiv Vorgegebene dem subjektiven Glauben keinen übersubjektiven Halt mehr zu geben vermag.[145] Der Preis für die Freiheit ist der Zweifel – für die „rechten“ (und wohl überhaupt für viele konservative) Christen ein zu hoher Preis.[146] So wird dem modernen Subjektivismus gerade in Glaubensdingen der Wert des Objektiven entgegengehalten, und es wird dementsprechend eine Wiederentdeckung und Restauration objektiver Glaubensinstanzen gefordert. Fasst man diese Bestimmungen zusammen, ergibt sich als Formel konservativ-christlicher Programmatik: „(erlittene) Erschütterung durch Subjektivierung und (erforderliche) Wiederherstellung der Objektivität der Glaubensfundamente“. Oder kürzer: „Reobjektivierung des Christentums!“

Diese Programmatik ist konfessionell variabel und kann in unterschiedlicher Zuspitzung und Radikalität vorgetragen werden. Bei den „rechten Christen" selbst trägt die katholische Spielart nach dem Befund der „blauen Bände" ein charakteristischeres Gepräge als die evangelische Fassung. Evangelischerseits changieren die präsentierten Ideale eines „glaubenstreu-konservativen" (13) Christentums zwischen protestantischem Konfessionalismus und bibeltreuem Evangelikalismus. Die katholische Option ist eindeutiger: Sie zeigt eine klare Tendenz zum Traditionalismus.

Wie man dem Beitrag von Marc Stegherr entnehmen kann, geht es dabei um eine „traditionalistische Revolte" (II,153), mit der die modernistischen „Verheutigungs"-Maßnahmen des Zweiten Vatikanischen Konzils widerrufen werden, um die vormoderne Reinform des Katholischen erneut in Kraft zu setzen.[147] Dieser ideale Ursprungskatholizismus zeichnet sich zuallererst dadurch aus, dass in ihm durch das Prinzip der Traditionstreue die reine Lehre bewahrt wird. Entscheidend ist, dass die normativen Gehalte der Lehrtradition als *depositum fidei* (166) unangetastet bleiben. Die überlieferten „Glaubenswahrheiten" – auch und gerade diejenigen, „die sich meiner Fassungskraft entziehen" – sind nicht etwa einer Gewissensprüfung zu unterziehen, sondern „mit Kindsgesinnung anzunehmen" (II,155f). Die Subjektivität hat sich der Objektivität des Überlieferten im Akt des Glaubensgehorsams zu unterstellen.[148] Kraft dieses Prinzips soll sich das „christkatholische Erbe", dessen Objektivität sich auch in der „überzeitlichen Gestalt von Liturgie und Kirche" (II,152) darstellt, als Bollwerk „gegen die vollständige Emanzipation des Menschen von überlieferten ethischen, moralischen und religiösen Bindungen" (II,166) bewähren.

Auch innerhalb der evangelischen Fraktion ertönt der Ruf nach einer Reobjektivierung des Glaubens. Aber hier sind es andere Größen, die den Glauben sicherstellen sollen. Davon gibt der Beitrag von Harald Seubert einen guten Eindruck. Als objektive Gegeninstanzen gegen einen modernistischen, insbesondere modernistisch-(neu-)protestantischen Subjektivismus werden von ihm immer wieder „Schrift und Bekenntnis" benannt. Je nach Akzentsetzung und theologischer Ausgestaltung sind anhand selbiger Instanzen verschiedene protestantische Reobjektivierungsvarianten zu unterscheiden, ein „klassisch evangelischer" (71), stärker bekenntnisorientierter, und ein eher „evangelikal" bibeltreuer Konservativismus. Beiden ist grundsätzlich gemein, dass in ihnen „Schrift und Bekenntnis die letztgültige Autorität" (61) innehaben. Es ist in Glaube und Theologie „von der Schrift als wahrem, offenbartem und daher irrtumslosem Wort Gottes" und mithin „vom Gotteswort, nicht von Menschenworten" (oder -erfahrungen) auszugehen, denn solches bedeutet in letzter Konsequenz nur den „leichtfertigen Abfall vom christlichen Glauben" (65). Schon der vorsichtigen Problematisierung dieser Irrtumslosigkeitsbehauptung durch „postmoderne" Evangelikale (gemeint sind Gruppen, die auch als „Links"- oder „Postevangelikale" firmieren) wird beschieden, sie verdanke sich allein dem Schielen nach „hippem Up-to-date-sein" und konterkariere den evangelischen Anspruch, „eine absolute Wahrheit zu vermitteln".[149] Seubert selbst verzichtet auf nähere Problematisierungen der konservativen Postulate und räumt ein, dass eine intellektuell befriedigende Entfaltung derselben noch ausstehe. Ein „satisfaktionsfähiger, intelligenter konservativer Protestantismus" (69) wäre erst noch zu „etablieren"; „seine Einlassungen wären überraschender, durchdachter, weniger phrasenhaft" (70).

Vergleicht man dieses rechtsprotestantische mit dem rechtskatholischen Reobjektivierungsmodell, bietet sich ein höchst spannungsvolles Verhältnis von Identität und Differenz dar. Der konfessionelle Gegensatz ist bei den in Rede stehenden Positionen durch die „radikale Rückbesinnung“ (156) auf die konfessionellen Grundprinzipien verschärft. Das protestantische Schriftprinzip hatte ja von Anfang an eine klare antirömisch-antitraditionalistische Stoßrichtung, daher passen katholischer Traditionalismus und protestantischer „Biblizismus“ fundamentaltheologisch so gut zusammen wie Feuer und Wasser. Doch wird der Konfessionsgegensatz von einer positionellen Affinität überwölbt. Das gemeinsame Bekenntnis zu einem entschiedenen Konservativismus äußert sich beiderseits in theologischem Antisubjektivismus respektive Neoobjektivismus, ferner in der Gegnerschaft gegen den Liberalismus als inneren und den Islam als äußeren Feind. Diese strukturanalogen Restaurationsintentionen und geteilten Feindschaften stiften eine Verbundenheit, die noch die schärfsten prinzipientheologischen Antagonismen zu relativieren vermag. So wird nicht nur ein gemeinsames Engagement in ethisch-politischen Fragen wie Abtreibung und „Homo-Ehe“, sondern überdies eine innere (wenn auch spannungsvolle) religiös-theologische Gemeinschaft begründet, die sich auch in einer gemeinsamen Selbstbezeichnung („rechtes Christentum“) artikuliert. „Rechte Christen“ fühlen sich im entschiedenen Anspruch auf „Rechtgläubigkeit“[150] verwandt – obwohl dieser Anspruch jeweils so unterschiedlich wie exklusiv gefasst wird und den je anderen eigentlich negiert.

Begreift man eine derartige Spannung von partieller Ablehnung und partieller Anerkennung des anderen als Strukturmerkmal eines Toleranzverhältnisses,[151] liegt bei dieser

„Ökumene von rechts" ein eminenter Fall interkonfessioneller Toleranz vor. Zur Überbrückung des Trennenden muss in einem solchen Verhältnis der Anerkennungsimpuls stärker sein als der Ablehnungsimpuls. Das lässt den Schluss zu, dass bei allem vorgeführten Konfessionalismus auf beiden Seiten das Moment der Verbundenheit im Einsatz für die Restauration und Revitalisierung des Christentums überwiegt. Das religiöse Krisen- und Verunsicherungsbewusstsein ist so dominant, dass in der empfundenen Verantwortung für das Christentum überhaupt die jeweiligen konfessionellen Identitäts- und Alteritätsgefühle in den Hintergrund treten. In einem Kulturkampf auf Leben und Tod kann man bei der Wahl der Bundesgenossen nicht wählerisch sein.

Jenseits der konfessionellen Unterschiede wurden an den theologischen Reformvorstellungen der „rechten Christen" zwei idealtypische Grundoptionen in der Auffassung des Christentums in der Moderne sichtbar: Subjektivismus vs. (Neo-)Objektivismus oder Liberalismus vs. Konservativismus. Keine der beiden gegenläufigen Optionen kann Selbstverständlichkeit oder Selbstevidenz für sich beanspruchen. Man muss zum Beispiel die Aufwertung des einzelnen Glaubenssubjekts nicht schlechterdings als „Abfall" (165) vom Gottesgehorsam und Zeichen „sinkenden Glaubensmuts" (166) deuten; man kann sie auch als Ausdruck einer Haltung gesteigerten Gottesgehorsams und Glaubensmutes verstehen, welche, der Wahrhaftigkeit als göttlicher Forderung verpflichtet, selbst noch den selbstkritischen Zweifel in sich aufzunehmen wagt.[152] Auch wäre zu bedenken, dass mit dem Neoobjektivismus beträchtliche Folgekosten verbunden sein könnten. Es könnte sein, dass der Versuch, die objektiven Fundamente des subjektiven Glaubens zu sichern, andere am Glauben regelrecht hindert. Die objektiven Instanzen können zu Barrieren werden, die den Zugang versperren. Anerkennung der Irrtumslosigkeit der Bibel, Gehorsam gegenüber dem antiken Gotteswort oder dem mittelalterlichen Dogma, Unterordnung unter Tradition und Hierarchie – man muss bereits auf anderem Wege zum Glauben gefunden haben, um in der Bejahung solcher Prinzipien eine Bestätigung des eigenen Glaubensstandes zu erblicken und nicht ein *sacrificium intellectus*, das wahrhaftige Geister von christlicher Frömmigkeit kategorisch ausschließt.[153]

Keine der beiden Optionen ist selbstevident. Daraus folgt ein Weiteres. Es gehört seit der Reformation zur geistigen Signatur der europäischen Neuzeit – ob man dies betrauert oder nicht –, dass in ihr keine Auffassung von Christentum mehr von allen geteilt wird. Somit wird auch die konservative Auffassung mitsamt der Setzung von objektiven Fundamenten und Instanzen des Glaubens immer nur als *eine mögliche* Ansicht aufgenommen. Die schlichte Existenz anderer Optionen zeigt an, dass jede Stellungnahme in diesen Fragen eben dies ist: eine subjektive Stellungnahme oder Wahl. Die Frage, ob jemand mehr dem Subjektivismus oder dem Neoobjektivismus, mehr einem liberalen oder einem konservativen Standpunkt zuneigt, ist folglich unleugbar eine Sache der Subjektivität. Auch die Behauptung von objektiver Geltung ist eine *subjektive* Behauptung, auch die Zuschreibung absoluter Autorität eine *subjektive* Zuschreibung.

Auch der Neoobjektivismus ist ein Subjektivismus. Dies manifestiert sich in den Ares-Bänden in einem mehr oder weniger ausdrücklichen Dezisionismus, der dem konservativen Reobjektivierungsverlangen stracks zuwiderläuft. Mannigfache Aufrufe zu „mutiger Stellungnahme“ (154), „unbeirrter Pflege des Eigenen“ (155) oder zu fester „Schrift- und Bekenntnishaltung“ (67) verraten die Überzeugung, dass am

Ende jeder eine „fundamentale Entscheidung" (II,139) darüber zu treffen hat, „welchen tradierten Glauben er sich zu eigen machen will" (II,138). Eine Gegebenheit, für die ich mich *entscheiden* muss, verliert aber ihren Gegebenheits- und gewinnt einen willentlichen Setzungscharakter. Damit verliert sie die ihr zugeschriebene Fähigkeit, mir als unhinterfragbares Fundament zu dienen und meinem Leben objektiven Halt zu geben. Dieses Dilemma trifft jedes „entschiedene Christentum"[154], gleich ob es auf die Anerkennung der Schrift- oder der Traditionsautorität baut. Das entschiedene Bekenntnis zu einer objektiven Autorität, das ihm übersubjektive Selbstgewissheit und Durchschlagskraft verleihen soll, infiziert den Glauben mit jener „modernen Subjektivität", die es zu überwinden meint.[155] Die konservative Objektivitätsprätention unterliegt einer so offenkundigen wie hartnäckigen Selbsttäuschung.

Es gibt innerhalb der „blauen Bände" allerdings eine verblüffende Ausnahme von dieser Selbsttäuschungsneigung. Ausgerechnet eine der radikalsten Objektivitätspropagandistinnen bewährt ihre Radikalität auch in der Selbstreflexion, indem sie die Aporie ihrer Position herausstellt. So wirbt Caroline Sommerfeld mit Berufung auf die Klassiker des existenzphilosophischen Dezisionismus – auf Kierkegaard, den Denker der ethisch-religiösen „Wahl", und Heidegger, den Philosophen der existenziellen „Entschlossenheit" – für ein entschlossenes „Ergreifen" eines rechtskatholischen Christentums.[156] Den darin liegenden Widerspruch zwischen dezisionistischem Subjektivismus und traditionalistischem Objektivismus macht sie dann in den letzten Zeilen ihres Beitrags selbst kenntlich:

> Auch Identitäre sind Kinder der Postmoderne. Ohne die Gebrochenheit des [...] Europäers ist Identität nicht mehr denkbar, also auch nicht ohne [...] eine trotzige zweite Naivität. Von den großen Bildern bröckelt der Putz – wir müssen sie restaurieren, um sie uns wieder aneignen zu können. (202)

Das Zitat ist schon insofern bemerkenswert, als es die geistesgeschichtliche Kontextualität auch des christlich-identitären – allgemeiner gesprochen: auch des „rechtschristlichen" Denkens – eingesteht. In einem Umfeld, wo die Beeinflussung durch Gegenwartstendenzen für gewöhnlich als exklusives Signum „zeitgeistig-linksliberalen Mitläufertums" (40) angesehen wird, ist das per se beachtlich. Dass noch dazu ausdrücklich die „Postmoderne", ansonsten Inbegriff des zu überwindenden Wert- und Wahrheitsrelativismus,[157] als unentrinnbarer Einflussfaktor genannt wird, lässt erst recht aufhorchen. Sollte damit gesagt sein, dass unter den Bedingungen der „postmodernen" Infragestellung allgemeiner Gültigkeiten das Programm einer Restituierung der christlichen Fundamente mit einem prinzipiellen Plausibilitätsproblem behaftet ist? Tatsächlich zeichnet Sommerfeld der christlich-europäischen Identität ein unhintergehbares Moment der „Gebrochenheit" ein. Noch die größte Entschlossenheit, das Leben auf bestimmte unbedingte Wahrheiten zu gründen, kann nicht mehr in den vormodernen Stand eines unmittelbar-naiven „Darinseins" versetzen. Und auch die angestrebte „zweite Naivität", eine erneuerte, durch die kritische Infragestellung gleichsam hindurchgegangene Unmittelbarkeit muss mit „trotziger" Entschlossenheit festgehalten werden. Aber wie naiv ist eine Naivität, die ihrem Verlust willentlich trotzen muss? „Von den großen Bildern" auf alten Kirchenfresken „bröckelt der Putz", sie haben die Frische und Kraft unbefragter Geltung eingebüßt. Sie sind erst zu „restaurieren", in entschiedener Voraussetzung ihres Wahrheitswertes und im festen Willen neuerlicher Aneignung. Aber in alledem wird uns „Kindern der Postmoderne" die subjektive Leistung unseres Voraussetzens und Wollens bewusst bleiben, und auch die seligen Momente des Staunens über die Bilder werden nicht ganz vergessen machen, dass wir es waren, die sie wieder zum Leuchten gebracht haben.

Treffend bringen Sommerfelds Schlusszeilen den Selbstwiderspruch konservativer Reobjektivierungsprogramme ins Bild. Der Ruf nach einer Restaurierung der christlichen Fundamente hofft auf eine Selbstgewissheit, die immer brüchig bleiben wird, weil er selbst von dem Problem infiziert ist, das er zu lösen versucht. Die subjektive Beteiligung an der Konstitution der Gewissheit bleibt im heimlichen Wissen präsent, die Fundamente selbst gelegt und die zweifelnden Gegenstimmen selbst zum Schweigen gebracht zu haben – soweit das überhaupt möglich ist. Nach dem geschichtlichen Durchbruch des Gewissensglaubens in der Reformation und der kritischen Vernunft in der Aufklärung rebelliert bei Europäern der innere Wahrhaftigkeitsimperativ gegen die willentliche Verdrängung von Zweifelsfragen. In welchem Maße sich das besagte Wahrheitsgewissen reell zu Wort meldet, dürfte vor allem eine Frage der subjektiven geistigen Formung durch jene geschichtlichen Kräfte sein, also im Wesentlichen eine Frage der Bildung. Bei Menschen, die in der europäischen Bildungssphäre leben, von klein auf ihre Luft geatmet haben, erreicht jeder Versuch objektivistischer Glaubensversicherung allenfalls eine Gewissheit mit schlechtem Gewissen.

Trifft aber der Befund einer strukturellen „Subjektivitätsinfiziertheit" des Neoobjektivismus zu, dann wird auch dessen Feindbildkonstruktion von der „subjektivistischen Beliebigkeit" der „liberalen" Christen entkräftet. Bei den theologischen Positionen „Liberalismus" und „Konservatismus" handelt es sich eigentlich nicht um die Alternative Subjektivismus vs. Objektivismus, sondern um zwei Grundformen des schicksalhaften Subjektivismus modernen Christentums. Es stehen einander nicht „feige Verräter" und „standhafte Hüter" christlicher Objektivität gegenüber, sondern alternative Weisen, auf den endgültigen Verlust der Objektivität des Christentums zu reagieren. „Liberalismus" und „Konservativismus" sind von daher als zwei Grundhaltungen oder -mentalitäten, gewissermaßen als „überkonfessionelle Konfessionen" im christlichen Umgang mit der Moderne zu begreifen. Welcher von ihnen der Vorzug gebührt, steht nicht *a priori* fest.

3. Das Dilemma populistischen Christentums

Blickt man auf die gesamte Darstellung der positiven Kennzeichen „rechten Christentums" zurück (Teil 2), so ist zuerst ein negatives Resultat zu notieren. Zwar fallen sofort typische Motive und Themen ins Auge, die in den „blauen Bänden" durchgehend präsent sind – sie wurden mit den Wendungen „Ordnung statt Relativismus", „Verantwortung statt Moralismus", „Verwurzelung statt Globalismus", „Selbstbehauptung statt Dialogismus" und „Selbstgewissheit statt Skeptizismus" bezeichnet. Aber für keines dieser Motive wird man sagen können, dass es an sich ein Alleinstellungsmerkmal des avisierten „Rechtschristentums" darstellt. Es handelt sich vielmehr sämtlich um Gemeingut konservativen Christentums.

Die Stabilisierung von überkommenen Ordnungen gegen überstürzte Veränderungen kann man nachgerade als Urintention konservativer Mentalität bezeichnen, und so gehören theologische Ordnungstheorien zum Grundbestand christlich-konservativer Ideen. Die Forderung eines „verantwortungsethischen" Handelns und einer entsprechenden Kontrolle hochfliegender Gesinnungsideale wird ebenfalls weit diesseits der Neuen Rechten geteilt. Man muss nicht „rechts" sein, nicht einmal konservativ, um manch emphatische Verlautbarung öffentlicher Theologen zu komplexen, teils hochdilemmatischen politischen Fragen als moralistische Simplifizierung zu empfinden, die der Problematik verantwortlicher Politik nicht gerecht wird. Ferner muss weder der Sinn für christliche Brauchtumspflege noch der Wunsch nach Vereinbarkeit von christlichen und patriotischen Gefühlen bereits den Verfassungsschutz auf den Plan rufen. Beides kann Ausdruck integerster Frömmigkeit sein. Die Frage nach der Überlebensfähigkeit des Christentums beschäftigt in der religiös-weltanschaulichen Konkurrenzsituation unserer Tage vermutlich nicht nur rechtsidentitäre Wehrkraftsenthusiasten, sondern auch die ein oder andere Kirchenleitungsperson. Dabei mag auch die Frage auftauchen, ob nicht im interreligiösen Miteinander die notwendige und schätzenswerte Dialogoffenheit mitunter zu gutmütiger Naivität neigt. Schließlich ist die Berufung auf objektive Fundamente des Glaubens noch nicht per se als rechtschristlicher „Fundamentalismus", sondern ebenfalls eher als Grundzug konservativen Christentums katholischer oder protestantischer Art einzustufen. Insgesamt ist daher festzustellen: Die typischen Themen des „rechten Christentums" sind gerade nicht spezifisch „rechts", sondern stammen aus dem Fundus gemeinkonservativer Ideen. Anhand dieser Themen allein lässt sich ein rechtschristliches Profil nicht ausmachen.

Trotzdem entsteht bei der Lektüre der „blauen Bände" umgehend der Eindruck, das Terrain eines protestantischen oder katholischen „Normalkonservativismus“ verlassen und eine geistige Sphäre eigener Art betreten zu haben. Wie kommt es dazu? Die Frage führt zurück zum ersten Teil dieser Studie. Wie dort ausgeführt zeigt schon der gemeinsame polemische Grundton an, dass die Beiträger vorzüglich eine gemeinsame Feindschaft eint: Man sieht sich in einer Doppelfront gegen zwei dominante Zeittendenzen, gegen Liberalisierung und Islamisierung. Aus dieser doppelten Gegen-Positionierung geht unzweifelhaft eine starke negative Gruppenidentität hervor. Aber mit dem Gegen-Konsens ist auch ein positives Generalziel verknüpft, nämlich die Neuformierung eines Christentums, das der doppelten Bedrohung standzuhalten vermag. Man weiß sich in einer „rechten Notgemeinschaft“ zur Rettung des europäischen Christentums versammelt. Das Bewusstsein der kulturell-religiösen Notlage und der Marginalisierung der eigenen Überzeugungen innerhalb der weitgehend liberalisierten und fortgeschritten islamisierten Gesellschaft erklärt mutmaßlich auch die – bei dezidiert christlich argumentierenden Autoren ungewohnte – Aggressivität vieler Passagen.

Nimmt man die charakteristische Frontsituierung mit der Prominenz normalkonservativer Motive zusammen, lässt sich als definitorische Formel festhalten: „Rechtes Christentum“ ist christlicher Konservativismus im Kulturkampfmodus. Seine mentale Grundeinstellung ist konservativ. Aber dazu kommt das depressive Bewusstsein, mit den betreffenden Anliegen im Zuge der gesellschaftlichen Liberalisierungsschübe seit den 1960er Jahren kulturell massiv ins Hintertreffen geraten zu sein. Und daraus wiederum entspringt als zweites Zusatzmerkmal die aggressive Entschlossenheit zur religiös-kulturellen Gegenoffensive. Man könnte daher alternativ formulieren: „Rechtes Christentum“ ist konservatives Christentum in populistischer Verschärfung. Denn die Umwendung von gesellschaftlichen Marginalisierungsgefühlen in ein Aufbegehren gegen die dominierenden Schichten und Geistesströmungen kann als Basiselement des (ansonsten recht schillernden) Populismusbegriffs gelten. Beide „Definitionen" sind zunächst vornehmlich deskriptiv gemeint und können ohne Wertung gelesen werden. Sich im Kampf gegen kulturelle oder religiöse Fehlentwicklungen zu sehen und sich im Bewusstsein der repräsentativen Unterlegenheit zur Mobilisierung von Gleichgesinnten auch populistischer Mittel wie der „Moralisierung" der Kommunikation und der „Zuspitzung auf einfache Botschaften" zu bedienen (II,191), ist menschlich nicht unverständlich und dürfte, wenigstens „im Notfall", von vielen für angemessen befunden werden. Die Bezeichnung „Populismus" wird deshalb von Volker Münz und offenbar auch von den anderen Herausgebern der Bände für die eigenen Absichten ausdrücklich akzeptiert.[158]

Beide von Münz genannten Populismusaspekte (Moralisierung und Simplifizierung) sind für das Verständnis des „rechten Christentums" aufschlussreich. Hört man in der Dauerpolemik gegen den „verweltlichten"[159] und feigen Christen-Mainstream den Ton moralischer Entrüstung mit, ist der Sachverhalt der Moralisierung in den „blauen Bänden" durchweg erfüllt. Zieht man dabei insbesondere die Polemik gegen die „linksmoralistische" (71) Ausrichtung des Christlichen in Betracht, tritt zutage, dass zur polarisierenden Gegen-Positionierung auch eine Gegen-Moralisierung der Debatte gehört: „Linker" wird mit „rechtem" Moralismus angegriffen, einem altruistischen Moralismus der Nächsten- und „Fernstenliebe" (243) ein (rechts-)identitärer Moralismus der kollektiven Eigenliebe und Selbstbehauptung entgegengehalten.

Der zweite Aspekt von Populismus, seine Neigung zur simplifizierenden Zuspitzung, lenkt den Blick noch einmal auf die positiven Gehalte des „Rechtschristentums“ (und damit auf den zweiten Teil dieser Studie). Denn es wäre zu kurz gegriffen, würde man seine Charakteristik auf die angeführten äußerlichen Bestimmungen – Konservativismus plus Kulturkampfbewusstsein und populistische Mittel – beschränken. Vielmehr scheint die fragliche Kampfstellung mit ihrer Affinität zu Gegenangriffswaffen auf die ursprünglich konservativen Anliegen substanziell zurückzuwirken. Die populistische Verschärfung bleibt der propagierten Gestalt von Christentum nicht äußerlich.

Auf dem Feld der Ordnungstheologie macht sich das vor allem in einer erstaunlichen Evidenzfiktion bemerkbar. Etwa der Standardeinwand gegen eine naturrechtliche Argumentation, es handle sich dabei grundsätzlich um einen „naturalistischen Fehlschluss“, wird zwar angesprochen, aber mit dem lapidaren Hinweis auf einen Gedanken aus der aristotelischen Metaphysik, die Teleologie, abgetan.[160] Die Plausibilität der konkreten Anwendungen wird gar nicht diskutiert – dem Willen zur Bekräftigung der eigenen Position und zur Mobilmachung ihrer Anhänger korrespondiert ein Wille zur Ausblendung von Schwierigkeiten und ein Unwille zur distanzierend-abwägenden Reflexion. Das verleiht der Argumentation einen Zug ins Apodiktische. Es wird so getan, als seien die Dinge, würden sie nur „ohne ideologische Verbohrtheit“ (II,208) betrachtet, unzweifelhaft, glasklar.

Dieser Anspruch auf Selbstevidenz wird aber bei der kritischen Leserin nicht nur durch die sich aufdrängenden Gegenargumente unterlaufen. Er kollidiert auch mit der durchsichtigen politischen Abzweckung – ein weiteres Kennzeichen der populistischen Deformation des Konservativen. Wenn zur

Kritik an der deutschen „Politik der offenen Grenzen“ (II,13) der Gedanke eines schöpfungsmäßigen „Ethnopluralismus“ bemüht wird, liegt der Verdacht einer ideologischen Verzweckung des Schöpfungsgedankens so nahe, dass auch erklärte Merkel-Gegner unter den Frommen ein mulmiges Gefühl beschleichen müsste. Insgesamt steht und fällt die Plausibilität der vorgebrachten christlichen Motive im Rahmen derart verkürzt und zweckorientiert argumentierender Texte mit der Geneigtheit, das Angebot einer theologischen Bekräftigung der eigenen politischen Position anzunehmen. Die Überzeugungskraft theologischer Motive verliert ihren theologisch-religiösen Eigensinn und wird unter der Hand zu einer Frage der politischen Gesinnung und ihres Bedürfnisses nach Selbstbestätigung. In der Hitze der Kulturkampfsituation, im Zeichen eines „revolutionären Konservatismus“ (157), wird konservative Theologie zu entschieden politisierter Fronttheologie. Die politischen Theologen von rechts werden sich die Frage gefallen lassen müssen, ob sie sich damit nicht einer analogen „Verweltlichung“ schuldig machen wie die von ihnen so verachtete „politische Theologie von links“ (55).

Wie dargestellt lautet einer der Hauptvorwürfe an die „linkspolitisierte“ Theologie, sie erliege einer „gesinnungsethischen“ Übersteigerung der christlichen Liebesmoral. Auch dieser an sich diskutable Tadel erfährt in der populistischen Verwertung eine merkliche Überspitzung. Nun wird vieles über den Leisten jenes Inkriminierungsschemas geschlagen, was zumindest auch auf eine divergierende „verantwortungsethische“ Folgenkalkulation zurückzuführen ist. In der Migrationspolitik machen sich auch unterschiedliche Einschätzungen über die Integrationsfähigkeit der Gesellschaft und den Zuwanderungsbedarf der Wirtschaft geltend. Die komplexe Lage von Motiven und Positionen in vielschichtigen ethischen Fragen wird zwecks Vereindeutigung der Fronten zu einer klaren Polarität zurechtgeschnitten, wozu man auch vor der (mehr oder weniger) groben Verzeichnung des Gegners nicht zurückschreckt.[161] Diese Verzeichnungsgefahr droht, zugegeben, jeder summarischen Beurteilung von Positionen, und insofern dürfte auch die vorliegende Untersuchung ihr nicht völlig entgehen. Und doch gibt es signifikante Gradunterschiede im interessegeleiteten Willen zur Komplexitätsreduktion und im Bemühen um Fairness in der Auseinandersetzung. Der politische Meinungskampf verleitet zur Missachtung des Fairnessgebots, das ist in gewissem Grade unvermeidlich. Im theologisch-politischen Streit um die rechte Ausrichtung christlicher Ethik hingegen erweckt zumal der gravierende Mangel an Fairness unwillkürlich Zweifel an der Integrität der „christlichen Streiter" (197). Denn unbeschadet der Ausschließung des Liebesgebots aus der Sphäre des Politischen wird man doch das Gebot der Fairness, gleichsam als liebesethischen „Rest", im politischen Streit als Christ nicht einfach ausschalten können.

Aufgrund seines politisch-strategischen Engagements für eine Gegenmobilisierung hat ein populistisch verschärftes Christentum nach Maßgabe von Grund-Sätzen insbesondere des Neuen Testaments ein strukturelles Integritätsproblem. Dem liegt mutmaßlich ein psychologisches Strukturproblem zugrunde: Das vorhandene Marginalisierungsbewusstsein und die daraus entspringenden Affekte wie Verbitterung und Zorn überlagern Grundimpulse eines christlichen Ethos – teils so sehr, dass der christliche Selbstanspruch auf Beobachter geradezu unappetitlich wirken kann. Freilich hängt diese Wirkung von dem Bild von Christentum ab, das die „rechten Christen" ja maßgeblich umprägen wollen. Aber gemessen am herrschenden Bild stellen sich jedenfalls die radikaleren rechtschristlichen Populisten moralisch selbst ins Abseits, mit der Folge, dass wiederum ihre Marginalisierungs- und Diskreditierungsgefühle bekräftigt werden.[162] Die religiös-weltanschauliche Polarisierungsdynamik gründet wohl nicht zuletzt in derlei psychologischen Verstärkungszirkeln.

Im Falle des dritten dargelegten Umprägungsaspekts, dem Werben für ein heimatverbundenes Christentum, dürften bei vielen Beobachterinnen die aversiven Gefühle besonders heftig aus- und die „Alarmglocken" besonders laut anschlagen. Daher erscheint es angebracht, gerade an diesem Punkt zu Nüchternheit und Fairness zu ermahnen, um vorschnellen Empörungsurteilen zu wehren. Scharfe nationalistische Töne sind in den Ares-Bänden eher nicht zu vernehmen, und es wird vor nationalistischen Übertreibungen mehrfach ausdrücklich gewarnt. Das Grundanliegen der Verbindung von religiöser und regionaler wie nationaler Verwurzelung des eigenen Lebens mag vielen Gegenwartschristen befremdlich vorkommen. Es ist aber keineswegs von vornherein als „rechts" oder gar rechtsradikal zu (dis-)qualifizieren, sondern entstammt dem „klassischen" christlichen Konservativismus. Gewisse Problemabblendungstendenzen sind indessen auch auf diesem Gebiet zu verzeichnen. So wünschte man sich vor dem Hintergrund der deutschen Geschichte etwas mehr Verständnis für die „Nationvergessenheit" (56) der Zeitgenossen und auch eine etwas weniger zögerliche Thematisierung der Gefahren einer Sakralisierung der Herkunftsidentität.

Wesentlich stärker treten die populistischen Umformungseffekte beim Einsatz für ein identitäres, wehrhaftes Christentum hervor, bei dem nicht so sehr die nationale, sondern mehr die europäische Identität zur Debatte steht. Es ist zweifellos eine drängende Frage, wie sich die Stellung des Christentums in den religionskulturellen Transformationen Europas verändert und wie auf diese Veränderungen zu reagieren ist.[163] Auch Kritik an Tendenzen im deutschen wie im weltweiten Islam ist selbstverständlich legitim. Aber die Häufung extremer Positionen in Sachen „Wehrkraftsteigerung" innerhalb der Bände zeigt, wohin der populistische Verschärfungssog führen kann. Vor allem die krasse Einseitigkeit der Feindbildkonstruktion „Islam" und die fast hymnischen Passagen über Feindschaft, Gewalt und Krieg offenbaren am rechtspopulistischen Christentum das Potenzial einer inhaltlichen Radikalisierung, die über den Sachverhalt „vereinfachende Zuspitzung" noch deutlich hinausführt. Wie die einschlägigen Äußerungen mit dem eigenen christlichen Anspruch vereinbar sein sollen, bleibt unter Voraussetzung aller vertrauten Begriffe des Christlichen ein Rätsel.[164]

Schließlich ist die Tendenz zur populistischen Verformung auch am „gemeinkonservativen" Verlangen nach objektiver Vergewisserung des christlichen Glaubens in den Blick zu nehmen. Auch bei diesem theologischen Schlüsselthema bestätigt sich die Neigung zur Beschränkung auf apodiktische Forderungen und Behauptungen, verknüpft mit der Fiktion von Evidenz und der Nichtberücksichtigung zutage liegender Probleme. Gleich ob die entschiedene Unterstellung unter die Traditions- oder unter die Schriftautorität propagiert wird, in beiden Fällen verzichtet man darauf zu erörtern, welche konkreten inhaltlichen Zumutungen für Menschen der Gegenwart damit verbunden sind.

Darüber hinaus liegt die Vermutung nahe, dass die Proklamation objektiver Glaubensfundamente im Zuge populistischer Verschärfung auch eine „fundamentalistisch" verhärtete Gestalt annehmen kann. Dafür spräche auch die Tatsache, dass es im Spektrum des katholischen Traditionalismus und des protestantischen Evangelikalismus durchaus Gruppierungen gibt, die mit guten Gründen unter jene religionsphänomenologische Kategorie rubriziert werden. Allerdings sind die Übergänge zwischen (erz-)konservativen und fundamentalistischen Positionen fließend. Ein plausibles, aber nicht leicht applikables Kriterium ist das Maß an Entschlossenheit, mit der die besagten Fundamente in ihrer vormodernen Eigenart gegen Einwände der modernen Vernunft hermeneutisch immunisiert werden. Ausschlaggebend ist also nicht zuletzt das Maß an antimoderner Kompromisslosigkeit, mit der die jeweilige Autoritätsbehauptung und die korrespondierende Selbstverleugnungsforderung vorgebracht und tatsächlich gelebt werden. Was die Ares-Bände angeht sind die Einlassungen meist zu oberflächlich, um diesbezüglich ein begründetes Urteil zu erlauben. Insgesamt spricht hier aber wenig für eine fundamentalistische Radikalisierung des Neoobjektivismus. Die Wirkung der populistischen Adaption beschränkt sich in diesem Falle vorwiegend auf eine Vereinfachung oder Verkürzung: Man freut sich am Zauber der generellen Idee und entsprechender Parolen, ohne an nähere Konsequenzen allzu viele Gedanken zu vergeuden.

Mit der neuerlichen Sichtung der „rechtschristlichen" Intentionen liegen elementare Probleme dieser Position zutage. „Rechtes Christentum" ist konservatives Christentum in populistischer Verschärfung. Es ist demzufolge ein Christentum mit einer spezifischen Affektivität, mit charakteristischen depressiven und aggressiven Zügen, sowie mit einem spezifischen politischen Interesse, der klaren Ausrichtung auf eine bestimmte Krisen- und Kampfsituation. Diese Profilierung gewährt ihm gegenüber dem „Normalkonservativismus" eine deutliche Steigerung an polemischer Verve, aber es liegt darin auch ein tiefes strukturelles Dilemma. Es ist abschließend noch einmal zusammenzufassen wie folgt.

Die Kehrseite der populistischen Erhitzung ist die notwendige *Simplifizierung* von Reden und Denken. Um Überredungseffekte zu erzielen und den Schein des Überzeugenden aufrechtzuerhalten, müssen Probleme verdrängt und Konsistenzbrüche in Kauf genommen werden. Auf Dauer unterhöhlt das die *intellektuelle Plausibilität* der Position. Daneben erweckt das dominante politische Interesse den Eindruck der *Verzweckung* von ethisch-religiösen Motiven. Zugleich setzt die politische Zwecksetzung, in Verbindung mit den verbreiteten Opfergefühlen und Zornaffekten, Diffamierungsenergien frei und verleitet zur vereinfachenden oder übertreibenden *Verzeichnung* der Kontrahenten. Die Hitze des Kulturkampfes kann aber nicht nur zur strategischen Zuspitzung, sondern auch zur positionellen *Radikalisierung* führen und damit zu einer weiteren Entfernung von allgemein geteilten Werten. Denn im Stand der Marginalisierung gegenüber der Allgemeinheit fällt das allgemein Geltende als Kontrollinstanz weg. Die Tendenz zur Verzweckung, Verzeichnung und Radikalisierung unterhöhlt aber die *moralische Integrität* der Position. Und der doppelte Verlust an intellektueller Plausibilität und moralischer Integrität verstärkt wiederum die Ausgrenzung und den Sog populistischer Verschärfung – und folglich die Polarisierung oder Lagerbildung.

Es kann hier nicht mehr weiterverfolgt werden, weder wie es zu dieser Polarisierung gekommen ist noch wie die fraglichen Kreisläufe zu unterbrechen wären. Weder Schuldzuweisungen noch Umkehrrufe dürften in der verfahrenen Lage weiterführen. Es geht auch nicht um Häme über die Schwierigkeiten des theologischen Antipoden. In der Tat, auch die „aufgeklärte Religion" (94) hat ihre Probleme, und sie weiß darum.[165] Das Nämliche gilt vom linkskatholischen wie vom linksprotestantischen Christentum mit ihrem jeweiligen theologisch konservativen Unterbau. Ob sie sich in der Problemanzeige wiedererkennen und welche Schlüsse sie daraus ziehen, liegt bei den Protagonisten der Bewegung. Aber ein Wunsch aus liberaler Perspektive mag erlaubt sein. Wenn es mancher der Vertreterinnen des „rechten Christentums" gelänge, den eigenen Zorn zu kühlen, den Mechanismen populistischer Eskalation den Abschied zu geben und sich mit aller Energie und allem Geist der Arbeit an einem „satisfaktionsfähigen, intelligenten" christlichen Konservativismus zu widmen,[166] wäre für alle um das Christentum Besorgten viel gewonnen. Man könnte zu einem ernsthaften Gespräch ernsthafter Christen verschiedener „Konfessionen" zurückkehren, über mögliche und unmögliche Gestalten eines europäischen Christentums in der Moderne. Die Einbußen betreffs der Lust an Polemik und Gegenpolemik würden dabei sicher reichlich aufgewogen durch den Gewinn an theologischer Substanz.

Andreas Kubik

Inszenierung der Empörung
Liturgische und homiletische Anmerkungen zur „Mahnwache" der Neuen Rechten anlässlich des Berliner Terrorschlags vom 19.12.2016.[1]

Meine Annäherung an den Themenkreis „Neue Rechte" geht auf das Jahr 2013 zurück, als einige Theologiestudierende in Rostock, wo ich damals unterrichtete, sich der sich neu formierenden Partei Alternative für Deutschland (AfD) anschlossen und damit auch nicht hinter dem Berg hielten. Sehr schnell wurden sie von der übrigen Studierendenschaft kommunikativ isoliert, ihre Wortmeldungen auf Facebook wurden stets zügig abgekanzelt und nicht mehr diskutiert. Einen von ihnen, der auch in meinem homiletischen Seminar war, bewegten insbesondere die Themen Abtreibung und weltweite Christenverfolgung, die er von der CDU nicht mehr bearbeitet sah.[2] Er war ohne Zweifel das, was man einen „guten Kerl" zu nennen pflegt, zog sich aber zunehmend in eine Filterblase Gleichgesinnter zurück. Die Studierendenschaft hatte das Gefühl, „klare Kante gegen rechts" gezeigt zu haben; im Ergebnis wurden vor allem Fronten verhärtet. Der besagte AfD-Student radikalisierte sich, wozu ihn freilich niemand gezwungen hatte. Seitdem beschäftigt mich die Thematik.

Weite Teile des Christentums im Deutschland des 19. und frühen 20. Jahrhunderts waren ohne Zweifel politisch so orientiert, dass man sie in heutiger Diktion als „rechts" bezeichnen würde.[3] Das bedeutet ein Erbe, mit dem sich die Kirche und die christliche Theologie schwertun. Zum einen gibt es auf dem Wege familiärer oder intellektueller Genealogie immer wieder bemerkenswerte geistige Kontinuitäten über die Generationen hinweg. Zum anderen betrifft jene politische Orientierung auch weite Teile der theologischen Wissenschaft, darunter einige moderne Klassiker. Für einen ersten Eindruck der Verbreitung „rechter" Einstellungen quer über die theologischen Lager hinweg reicht ein Blick auf den Herausgeberkreis der 1933 neu gegründeten Zeitschrift *Deutsche Theologie*. In der im November 1933 erschienenen Luther-Ausgabe der Zeitschrift firmieren als Herausgeber nicht nur die als Nationalsozialisten später weithin – zu Recht – verfemten Emanuel Hirsch und Gerhard Kittel, sondern auch einige nach dem Zweiten Weltkrieg als Koryphäen ihrer Fächer verehrten Theologen wie Friedrich Gogarten (Systematische Theologie), Artur Weiser (Altes Testament), Otto Weber (Reformierte Theologie), Heinrich Bornkamm und Hanns Rückert (Kirchengeschichte). Argumentationsfiguren, die heute als zumindest begründungspflichtig gälten, waren seinerzeit gang und gäbe.

Wenn die konkreten sozialpolitischen Positionen zumindest der Evangelischen Kirche in Deutschland heute tendenziell eher als linksliberal einzuschätzen sind, so stellt sich die Frage, was aus diesem Erbe wird. Wird es nicht bearbeitet und mit einem gewissen Freimut historisch kontextualisiert, so muss man dem heutigen Auftreten eines expliziten „Rechten Christentums"[4] einigermaßen verständnislos gegenüberstehen.[5] Somit wäre unter Debattenbedingungen einer zunehmenden gesellschaftlichen Polarisierung[6] geradezu vorgezeichnet, dass innerchristliche Gesprächsfäden abreißen und auch die gesellschaftliche Verständigung deutlich erschwert würde. Differenzierung täte not. Eine solche kann freilich noch nicht auf dem Wege genereller Draufsichten geleistet werden, sondern sich nur durch Analysen von Einzelphänomenen aufbauen, die als mehr oder weniger exemplarisch eingeschätzt werden. Eine solche sei hier vorgelegt. Gemäß meiner Profession möchte ich den Akzent dabei weniger auf (sozial-)ethische, sondern auf praktisch-theologische Aspekte legen. Da allerdings ein dezidiert „rechtes" Christentum heute kaum eine konsensfähige und anerkannte Vertretung hat und insofern *als* solches kaum authentisch nach außen tritt,[7] stellt sich die Frage, worauf sich eine solche Analyse stützen könnte. Als Fallbeispiel wähle ich einen liturgisch und homiletisch interpretierbaren Akt, der zwar politisch motiviert ist, sich aber trotzdem – oder gerade deshalb – in mehrfacher Hinsicht als thematisch einschlägig erweist. In der Hauptsache und daher auch im Haupttext verfolge ich den praktisch-theologischen Kommentar. Es bleibt aber freilich nicht aus, dass sich weiterführende Aspekte gleichsam von selbst aufdrängen und zumindest angesprochen werden wollen; ich habe hierfür einige längere Endnoten formuliert, welche bei Interesse konsultiert werden können.

1. Der Fall

Ein schreckliches Ereignis, das sich nicht wiederholen soll. Es gibt eine Mahnwache. Getragene Musik. Ein Mann im Talar spricht, legt ein Bibelwort aus, betet ein Vaterunser. Politiker sind anwesend, treten aber nicht auf. So weit, so gewohnt.

Bei näherem Hinsehen zeigen sich einige Besonderheiten. Die Rede ist hier von der „Mahnwache", welche verschiedene Gruppen der Neuen Rechten[8] einige Tage nach dem Terroranschlag auf einen Berliner Weihnachtsmarkt am 19. Dezember 2016 veranstalteten. Die eigentlich einladenden Organisationen waren das „Bürgernetzwerk Ein Prozent"[9] sowie die regelmäßige Demonstrationsgruppe „Merkel-muss-weg-Mittwoch“. Als Leiter der Veranstaltung fungierte der Brandenburgische AfD-Landtagsabgeordnete Franz Wiese.[10]

Die Durchführung dieser Mahnwache sollte zunächst die Trauer über die Opfer des Anschlags zum Ausdruck bringen. Zugleich bedeutete sie aber auch eine Kritik am offiziellen Gedenken der staatlichen Stellen, welches nach Ansicht der Neuen Rechten unzureichend gewesen sei. Es habe sich hier einmal mehr die von Protagonisten der Neuen Rechten diagnostizierte „Hierarchie der Opfer“[11] gezeigt: Während etwa die Opfer der Terrorgruppe „Nationalsozialistischer Untergrund“ mit Staatsakten, öffentlichen Entschuldigungen, Mahnmalen sowie Benennungen von Straßen bedacht worden seien, sei das Gedenken der Berliner Anschlagsopfer eher kühl ausgefallen.[12] Während Opfer von Rechtsradikalen benutzt und gebraucht – und damit also politisch funktionalisiert – würden, um damit den deutschen „Schuldkult“ zu befeuern, würden Opfer islamistisch-terroristischer Gewalt eher achselzuckend zur Kenntnis genommen.

Die „Mahnwache“ trat also an, ein angemesseneres Gedenken zu bieten. Es artikulierte sich daher ein nicht nur politischer, sondern auch liturgischer Überbietungsanspruch. Form und Inhalt bedingten sich wechselseitig; in ihrer Einheit signalisierte die Neue Rechte hier ihren Anspruch auf Rückgewinnung kultureller Hegemonie, die an einen linksliberalen, globalistischen Zeitgeist verloren gegangen sei. Zu den Aufbauelementen dieser Mahnwache gehörte auch der Auftritt eines Geistlichen. Es handelte sich um den ehemaligen lutherischen Pfarrer zur Anstellung Thomas Wawerka, der nach der dreijährigen Probezeit nicht in das Beamtenverhältnis übernommen wurde.[13]

Zwar kann derzeit nicht davon die Rede sein, dass sich die Neue Rechte insgesamt zu einem christlichen Selbstverständnis bekennt. Einer der wichtigsten Theoretiker der Neuen Rechten, der Franzose Alain de Benoist, sieht ‚metapolitische' Anknüpfungsmöglichkeiten eher in einem erneuerten bzw. eigentlich wiederentdeckten Heidentum. Dem Christentum – Nietzsche steht bei de Benoist im Hintergrund – habe man sowohl die Fixierung auf die eigene Schuldhaftigkeit wie auch die Tendenz auf den Universalismus zu verdanken.[14] Gleichwohl sind die Bezüge zwischen Neuer Rechter und einem – häufig: vorkonziliaren – konservativen Katholizismus bzw. einem auch politisch konservativen – häufig: evangelikalen[15] – Protestantismus auch nicht zu übersehen.[16] Sie verbindet sich in der Regel mit einer dezidierten Kritik der Amtskirchen.[17]

Die Organisatoren und Teilnehmer der Mahnwache diskutierten zum einen vor und nach der Veranstaltung über deren Sinn und Gestaltung;[18] neben dem Ausdruck von Trauer ging es also auch um die *Darstellung* ihrer angemessenen Darstellung.

Die Debatte um das Verhältnis von Neuer Rechter und Christentum umkreiste bislang vor allem die Frage nach der theologisch-ethischen Legitimität von Positionen wie denen, die bei der Mahnwache verhandelt wurden. Ich möchte im Folgenden einen etwas anderen Akzent setzen. Eine würdige, angemessene Darstellung sollte zugleich einen öffentlichen Kontrast sowohl zum „unwürdigen" Gedenken der staatlichen Offiziellen als auch zum – antizipierten und einkalkulierten – linken Protest gegen die Mahnwache bieten und damit neutrale oder unentschiedene Zuschauer von der *dignitas* der Aktion und der ganzen Bewegung überzeugen.[19] Beides erlaubt eine liturgische und homiletische Analyse des Geschehens, welche die ethische Diskussion[20] ergänzt und einen praktisch-theologischen Gesichtspunkt zum Verstehen der Neuen Rechten beisteuert.

2. Liturgische Interpretation

Zu Beginn der Mahnwache erklingt das „Adagio in g-Moll" von Tomaso Albinoni. Es dient als kulturell vertrauter Code zur Markierung von Trauer: „Sie haben es an der Musik gemerkt: Wir machen heute eine Mahnwache." (01:27) Mehrere Hundert Menschen stehen beisammen. Einige tragen Fahnen, Schwarz-Rot-Gold, aber auch andere, im rechten Spektrum gebräuchliche. Manche halten Plakate hoch: „Defend Berlin", „Merkel – es klebt Blut an deinen Händen". Zuerst ergreift Wiese mit einer rhetorischen *salutatio* das Wort.[21] Er spricht die Anwesenden als „liebe Mitstreiter" (01:08) an: Es ist für ihn eine Veranstaltung der Gleichgesinnten. Im Anschluss begrüßt er auch die „liebe Presse" (01:11), was auf den taktischen Aspekt der Veranstaltung hindeutet: Obwohl die Neue Rechte zur „Systempresse"[22] sonst ein eher ablehnendes Verhältnis hat, ist heute die Hoffnung auf eine wohlwollende Berichterstattung Teil der politischen Absicht. Es folgt ein Dank, welcher ersichtlich nicht von der Privatperson Franz Wiese gesprochen ist, sondern von dem, der durch die Veranstaltung führt und sie zugleich einleitend deutet: „Ich danke für Ihr Kommen! Das Kommen demonstriert auch die Verbundenheit mit den Opfern des tragischen Ereignisses." (01:13–01:25) Im weiteren Verlauf der Begrüßung gibt Wiese auch den Modus vor, in dem die Mahnwache ablaufen soll, nämlich „in Ruhe" (02:20) im Gegensatz zum sonstigen eher auf Lautstärke setzenden Protest. Die „Ruhe" ist als liturgisches Prinzip – im Unterschied zur „Stille"[23] – theologisch noch erstaunlich wenig bedacht, obwohl es sich um ein biblisches Motiv handelt (vgl. Gen 2,3; Mt 11,29; Hbr 4, 8-11 u.ö.). Sie wird hier als ein Modus des Sprechens eingeführt, kann aber sicherlich auch als Reaktions- und Verhaltensmodus geltend gemacht werden: Die „Ruhe“, die der Leiter – als „Liturg“ – und alsbald auch der „Geistliche“ (02:22) ausstrahlen, möge sich der Versammlung mitteilen.

Betrachten wir kurz die räumliche Situierung der Veranstaltung. Sie findet in Sichtweite des Kanzleramts statt, vermutlich vor dem Paul-Löbe-Haus: Die politisch als hauptverantwortlich Empfundene – die Bundeskanzlerin Dr. Angela Merkel – ist diejenige, welche hier vor allem „gemahnt“ werden soll. Eine Bühne oder dergleichen ist nicht aufgebaut. Die Sprecher und die Besucher stehen erst einmal auf derselben Ebene. Dennoch sind die Beteiligten durch ein Absperrband in zwei Bereiche aufgeteilt. Von den mehreren Hundert Besuchern sind nicht nur der Leiter und der „Geistliche“ abgetrennt, sondern in diesem „inneren“ Bereich stehen auch einige politische Prominente (dazu mehr unten), obwohl diese für den Ablauf der Veranstaltung keine Funktion haben. Es scheint also darum zu gehen, dass ihre Teilnahme in herausgehobener Weise bedeutsam ist und dementsprechend auch eigens wahrgenommen werden soll.

Anschließend wird Thomas Wawerka als „Pastor“ (02:22) an das Mikrofon am Absperrband gebeten.[24] Obwohl er sich zu diesem Zeitpunkt nicht mehr im Dienstverhältnis mit einer evangelischen Landeskirche befindet, tritt er gleichwohl im lutherischen Talar auf, auch wenn er zu Beginn seiner Ansprache deutlich macht, dass er „nicht im Auftrag meiner Kirche“ (03:11) spricht: Er sei von den Veranstaltern gefragt worden, „ob ich ein geistliches Wort sprechen würde, und ich bin meinem Gewissen gefolgt und habe Ja gesagt“ (03:16). Wawerka spricht zwar als Privatperson („Gewissen"), signalisiert durch den Talar aber zugleich einen über seine Person hinausreichenden Geltungsanspruch des Vorgetragenen: Liturgische Kleidung ist „Mittel der Selbstdarstellung wie Ausdruck der Übernahme und Ausübung bestimmter gesellschaftlicher Positionen und Rollen."[25] Er ratifiziert damit zugleich die Darstellung der christlichen Grundierung der Mahnwache.

Sein „geistliches Wort" beginnt mit der Anrede: „Liebe Brüder und Schwestern in Christus, liebe Berliner, liebe Gäste!" (02:57) Wawerka strukturiert die Anwesenden als *corpus permixtum* aus christlicher Gemeinde und dem Versammlungszweck aufgeschlossenen Nichtchristen („Gäste") mit lokalem Bezug. Die Ansprache, welche im folgenden Kapitel besprochen wird, geht unmittelbar mit der Ankündigung: „Ich lade Sie ein nun mit mir zu beten" (09:04) in ein Gebet über, wobei die Anerkennung der Anwesenheit von Nichtchristen durch die „Einladung" gewahrt bleibt. Wawerka beginnt mit der Anrufung des Dreieinigen Gottes. Er rekurriert auf das Empfinden von Erschütterung und „Machtlosigkeit" (vgl. 09:40), betet für die Opfer und Angehörigen, bittet darum, dass Gott „unser Land" und „unser Volk" (10:15) – es wird also vorausgesetzt, dass dies eine Veranstaltung für Deutsche[26] ist – ansehen möge und darum, dass die „Spaltung" der Gesellschaft und der „Hass" (10:22) überwunden werden mögen. Das Gebet endet mit der – nun nicht mehr differenzierten – *adhortatio* „Lasst uns nun gemeinsam beten" (10:37); es folgt das Vaterunser.

Nach dem „geistlichen Wort" Wawerkas erklingt das „Adagio for Strings" von Samuel Barber; auch dies ein vielfach als Trauermusik codiertes Werk.[27] Wiese betont anschließend, dass keine politische Rede gehalten werde und bedankt sich bei Wawerka für seine „tröstenden Worte und Gebete" (13:20).

Es folgt weitere getragene Musik; im geschnittenen Film erneut ein Auszug aus dem „Adagio for Strings"; laut Pressemeldungen wurde aber auch die Arie „Erbarme dich, mein Gott, um meiner Zähren willen" aus der Matthäus-Passion von Johann Sebastian Bach abgespielt (von dieser wurde für den Film keinen Gebrauch gemacht). Diese Auswahl trägt eine interessante zusätzliche Note in die Veranstaltung ein: Nur vordergründig eine reine Trauerarie, steht sie im Kontext der Matthäus-Passion als Ausdeutung der Reue des Petrus über seinen Verrat an Jesus (vgl. Mt 26,75). Was hier ausgedrückt wird, ist – traditionell gesprochen – die Buße als Zerknirschung des Herzens (*contritio*). Der Bußcharakter des Stückes wirkte dann im Kontext dieser Trauerfeier als anspielungsreich. Es ließe sich als Mahnung an die Regierenden verstehen, aber auch als Ausdruck der Bußfertigkeit der Anwesenden, wobei dann wiederum offenbliebe, worüber man zerknirscht ist. Naheliegend erscheint die Reue darüber, es *so weit* kommen gelassen zu haben. Bußmotivik wird auch in der Ansprache bemüht; dazu mehr weiter unten.

Während der Musik wird von der Kamera auf Alexander Gauland und Björn Höcke gezoomt, welche dort in andächtiger Haltung stehen (14:40). Sie zünden – wie andere anwesende Personen – Grablichter an (15:25). Die Veranstaltung endet mit dem Abspielen der deutschen Nationalhymne in der Version als Streichquartett von Joseph Haydn: Nicht Mitsingen ist liturgisch angezielt, sondern Besinnlichkeit. Zugleich wird die nationale Komponente noch einmal unterstrichen.

Versuchen wir ein Zwischenfazit. Die Veranstaltung ist eine „Mahnwache", kein „Gottesdienst", die Ansprache ein „geistliches Wort", keine „Predigt". Dennoch ist die christliche – und zwar nicht nur privatchristliche – Konnotation deutlich hervorgehoben. Zugleich sollen sich auch Nichtchristen angesprochen fühlen; die tendenziell hochkulturellen Musikstücke dienen ebenso wie kulturell vertraute Handlungen wie das Entzünden von Kerzen und das andächtige Schweigen als intermediäre, vermittelnde Größen.[28] Von interreligiösen Momenten findet sich keine Spur, anders als beim Gedenkgottesdienst in der Gedächtniskirche tags zuvor.[29] Dargestellt wird die Trauer im Rahmen einer tendenziell bürgerlichen, national akzentuierten Verbindung von Christentum und einer solchen Konfessionslosigkeit, welche zum Christentum oder zumindest zu den „christlichen Wurzeln der deutschen Kultur" hin offen ist.[30] Diese so konturierte Versammlung ist in den Augen der Neuen Rechten zugleich der richtige *Adressat* wie der geeignete *Träger* des angemessenen Trauerns.

3. Homiletische Interpretation

Im Folgenden sei das „geistliche Wort" Wawerkas näher betrachtet. Es ist erkennbar viergeteilt.[31] Im ersten Teil wird zunächst die vermutete Gestimmtheit der Versammlung nach dem Anschlag aufgenommen. Den Übergang zu der eigentlichen Darlegung bildet die Frage: „Wie vielleicht Sie auch frage ich mich: Wie kann man denn da angemessen reagieren?" Zurückgewiesen werden zunächst „leere Worte und Phrasen" und der Ruf nach unmittelbaren politischen Forderungen. Hingegen wird das Gebet für die Opfer und um Frieden als angemessene Reaktion geltend gemacht.

Unbeschadet dessen geht die Ansprache nicht sofort in das Gebet über, sondern Wawerka bespricht im zweiten Teil weitere Reaktionsmöglichkeiten. Dies geschieht im Modus der Bibelauslegung, wobei ein „Wort des Apostels Paulus" ausgelegt wird: „Gott hat uns nicht gegeben den Geist der Furcht, sondern der Kraft und der Liebe und der Besonnenheit" (2. Tim 1,7).[32] Dieser Vers wird zur Bearbeitung der Leitfrage fruchtbar gemacht: „Und das ist die angemessene christliche Reaktion, denke ich, auf einen so entsetzlichen Anschlag wie den, [...] der das ganze Land erschüttert hat: (*Pause*) Kraft, Liebe und Besonnenheit." Offensichtlich genügt diese Auskunft aber noch nicht, denn Wawerka kommt ein zweites Mal auf die emotionale Erschütterung zurück, das Verspüren von „Wut", „Verzweiflung und Ohnmacht." Obwohl man „gerne was tun [will] gegen diesen ganzen Wahnsinn", bleibt die Ansprache hier bei der Lösung, dass Trauern und Besonnenheit „die richtige Reaktion auf den Terror" darstellen. Diese Gefühle erzeugen nach Meinung des Redners offensichtlich eine Art Drang hin auf Handlungen, der doch zuvor bereits zurückgewiesen worden war: „Man will gerne was tun gegen diesen ganzen Wahnsinn und man weiß doch nicht, was man tun soll." Folgerichtig bleibt die Ansprache – fast resignativ – vorläufig bei der Lösung, dass Trauern und das Sich-Ausrüsten-Lassen mit Kraft, Liebe und Besonnenheit von Gott „die richtige Reaktion auf den Terror" darstellen. Unerläutert bleibt, was mit „diesem ganzen Wahnsinn" gemeint sein soll.[33]

Der dritte Teil schwenkt nun aber deutlich um, indem Wawerka auf Dietrich Bonhoeffer („das ist mein großes theologisches Vorbild") und dessen berühmtes Wort, „man muss dem Rad auch in die Speichen fallen",[34] verweist. Wawerka inszeniert im Folgenden eine innerbiblische Streitszene: Angesichts des Angriffs auf „Unschuldige" werden Mt 5,39b und Mt 25,40b gegeneinander abgewogen. Das Gebot, die andere Wange hinzuhalten, wird ausgelegt als „Wort [...] für die Ethik der Jünger, das jeder für sich persönlich annehmen kann oder auch nicht". Die Aufforderung hingegen, etwas für die Geringsten unter den Brüdern zu tun, wird nun doch als eine Anstachelung zur Aktivität interpretiert: „Wenn unsere Mitmenschen getötet und verletzt werden, dann haben auch wir als Christen das Recht auf Widerstand.“[35] Infolgedessen folgt nun eine Erörterung, wie dieser Widerstand aussehen solle. Zunächst stellt Wawerka eine Option vor, um sie sogleich wieder zu verwerfen: „Wir können ja jetzt nicht die Dreschflegel und die Mistgabeln aus dem Keller holen und können morgen auf den Marktplatz gehen und dort groß Bambule machen.“ Indem freilich unter vielen *nicht* zu realisierenden Optionen gerade diese benannt wird, wird sie eben dadurch als prinzipiell erwägenswert gesetzt. In welchem Sinne? Am ehesten vielleicht so, dass die „Mistgabeln“-Option als gleichsam natürliche, allzu verständliche Reaktion dargestellt wird, welche freilich in einer christlichen Ansprache nicht als der Weisheit letzter Schluss stehen gelassen werden kann.

Bleiben wir für einen Moment bei diesem Bild, das bei näherem Hinsehen sehr aussagekräftig ist, und wagen einen kurzen Exkurs über die Mistgabel. Rhetorisch nutzt Wawerka hiermit zunächst ein archaisierendes Stilmittel. Es ist ein bewusst rurales Bild, das in einem sprechenden Kontrast zum urbanen Kontext des Terroranschlags steht. Man darf vermuten, dass rurale Bilder im Diskurs der Neuen Rechten auf einige Resonanz stoßen. Aber das sprachliche Bild enthält noch mehr. Mir ist zwar keine kunstgeschichtliche Abhandlung über das Motiv der Mistgabel bekannt,[36] aber bei Aufenthalten in Südtirol bin ich gelegentlich auf Malerei gestoßen, bei der die Mistgabel im Kontext von Widerstandsszenen eine essenzielle Rolle spielt. Und zwar handelt es sich dabei um Darstellungen des so genannten Tiroler Freiheitskampfes um Andreas Hofer aus dem Jahre 1809.[37] Hier wird deutlich: Die Mistgabel ist in diesen Darstellungen die Waffe der eigentlich chancenlosen Widerständler, derer, die sich zum letzten – und doch patriotisch hochgemuten – Gefecht gegen einen übermächtigen Gegner rüsten.[38] Ganz ähnliche Darstellungen finden sich in den Bilddatenbanken auch für die Bauernkriege der Reformationszeit. Zieht man diese kleine kunstgeschichtliche Zusatzüberlegung heran, so scheint die Mistgabel die Konnotationen der massiven Unterlegenheit, der existenziellen Bedrohung (welche nach verzweifelten Reaktionen verlangt), des letzten Gefechts mit sich zu führen. Nach der Seitenbemerkung von Wawerka scheint es gleichsam verständlich, die Lage – als Deutscher, in Merkels Deutschland – so zu sehen und entsprechenden Handlungsdruck zu verspüren: Die Lage ist so, dass es nahe läge, zur Mistgabel zu greifen.

Freilich ist an dieser Stelle festzuhalten, dass diese Assoziationen des Bildes kommunikativ explizit zurückgewiesen werden, damit der „natürliche" Impuls ethisch überformt werden kann: Der christliche Widerstand besteht nicht in der Anwendung von Waffengewalt (auch nicht der unterlegenen Mistgabel), sondern „im freien und klaren Wort; wir können und wir sollen beharrlich und beständig darauf hinweisen, dass es so wie bisher nicht weitergehen kann in unserem Land." In Umkehrung dessen, was in den ersten beiden Teilen ausgeführt wurde, kommt Wawerka nun zu dem Schluss: „Es sind politische Fehlentscheidungen gefallen, aber die kann man rückgängig machen, und die müssen auch rückgängig gemacht werden. Dieser Weg ist ein Irrweg, und von diesem Irrweg können und müssen wir umkehren." Das Motiv der „Umkehr" kann von der Metapher des „Wegs" her inspiriert sein; bei dem studierten Theologen und ausgebildeten Gemeindepädagogen Wawerka mag es allerdings auch naheliegen, die Konnotation der religiösen Umkehr mitzuhören.

Das „geistliche Wort“ erweist sich also bei näherem Hinsehen klar als politische Predigt. Der vierte Teil bekräftigt diese Interpretation. Wawerka greift die Kirchenjahreszeit sowie die Friedensverheißung der Engel in Lk 2,14 auf. Sie wird erneut innerbiblisch kontrastiert mit Jer 6,14.[39] Für die Abwesenheit des Friedens wird politisches Versagen namhaft gemacht:

> „Es ist ein Ruhigstellen, es ist ein Deckeln der Konflikte […]. Im Kochtopf brodelt und dampft es gewaltig, aber der Deckel wird immer nur weiter fester draufgedrückt. Echter Friede, echter Friede ist an das Recht geknüpft. Echter Friede baut auf einer funktionierenden Rechtsordnung. Und das ist die Grundlage, und dafür müssen wir uns einsetzen mit unseren Worten und mit unseren Taten“.

Mit diesem Abschluss der Predigt ruft Wawerka zwei Standardargumente der Neuen Rechten auf: zum einen die angeblich repressive Diskurskultur in der Bundesrepublik, welche die vom „Mainstream“ abweichenden Meinungen „deckele“,[40] und zum anderen, dass in Deutschland die „Rechtsordnung“ außer Kraft gesetzt sei. Der Prediger spricht es nicht aus, aber es liegt auf der Hand, dass er dabei an „die illegale Masseneinwanderung, die von den Regierenden weiterhin geduldet wird“[41] anspielt, und diese Sicht der Dinge kann er natürlich bei seinem Publikum auch voraussetzen. Die Ansprache ist also nicht nur eine politische Predigt, sondern sie richtet sich auch exklusiv an politisch Gleichgesinnte.

Fragen wir darum nach dem politischen Gehalt dieser Predigt. Ihr theologisches Fundament liegt in einer gewissen Nähe zu lutherischen ethischen Grundentscheidungen:[42] Das Gebot der Gewaltlosigkeit richtet sich an Christinnen und

Christen als Privatpersonen; gegenüber dem Unrecht jedoch muss legitime Gewaltanwendung gedacht werden können. Der von Gott geordnete Akteur dieser legitimen Gewaltanwendung ist in der traditionellen lutherischen Ethik die „Obrigkeit", also der Staat.[43] Wenn sich nun aber der Staat als Akteur legitimer Gewaltanwendung selbst aus dem Spiel nimmt, indem er nicht konsequent gegen den – in Wawerkas Sicht: durch illegale Masseneinwanderung ermöglichten – islamistischen Terror vorgeht, ergibt sich – für eine dem Selbstanspruch nach dezidiert lutherische Position wie die Wawerkas ambivalent genug – das christliche Recht auf „Widerstand".[44] Diese Schlüsselvokabel kann in ihrer Bedeutung gar nicht überschätzt werden: Ein terroristischer Akt wird nicht zur Forderung nach stärkerer staatlicher Gewalt, mehr Polizei, schärferen Gesetzen usw., sondern führt dazu, dass zum „Widerstand" aufgerufen wird. Mag inhaltlich dann auch für den Widerstand bloß durch das klare Wort und nicht durch gewalttätige revolutionäre Akte plädiert sein:[45] Diese Predigt verortet sich selbst politisch klar als Teil der erneuerten „konservativen Revolution".

4. Schlussgedanken

Die theologische Auseinandersetzung mit der Neuen Rechten steht noch weitgehend am Anfang. Zur weiteren Diskussion möchte ich zunächst drei kritische Punkte herausheben, welche mir für die Zukunft als besonders wichtig erscheinen, um dann aber auch noch eine kurze Gegenrechnung aufzumachen.

(a) Zur religionspolitischen Strategie der Neuen Rechten gehört das Argument, die Kirchen sollten sich politisch zurückhalten und sich auf den religiösen Bereich im engeren Sinne konzentrieren.[46] Insbesondere, wenn die kirchliche Positionierung in Sachen Flüchtlingspolitik kritisiert wird, lautet das *ceterum censeo*: „Die Grundlage, auf der die Kirche aufbaut, ist der Glaube und nicht die politische Positionierung."[47] Demgegenüber wurde hier erarbeitet, dass das Instrument der politischen Predigt auch von der Neuen Rechten gebraucht wird. Der Vorwurf mangelnder politischer Zurückhaltung geht also ins Leere. Ja, man muss noch mehr sagen: In dem analysierten „geistlichen Wort" Wawerkas kommt das Evangelium nicht als das Andere der politischen Meinung zu stehen, das diese noch einmal beleuchtet, differenziert oder korrigiert. Es liegt nahe, dass sich der Befund von Liane Bednarz in diesem Zusammenhang bestätigt: Die politische Predigt wird von der Neuen Rechten kritisiert, wenn sie z. B. eine Pro-Geflüchtete-Haltung einnimmt; „[h]ingegen gibt es keinen Aufschrei, wenn Pfarrer und andere Geistliche mit rechten Haltungen auffallen".[48] Von einer generellen Ablehnung der politischen Predigt kann daher keine Rede sein. Der abstrakte Streit darüber, ob eine Predigt politisch sein darf, führt mithin nicht weiter:[49] Er muss durch die Analyse der von den jeweiligen Predigenden hergestellten Zusammenhänge zwischen biblischer Besinnung und politischer Reflexion ersetzt werden.[50]

(b) Zur Selbststilisierung der analysierten Predigt gehört der „Widerstand" bloß durch das „klare Wort". Demgegenüber muss festgehalten werden, dass Wawerka rhetorisch mit äußerst *unklaren* Anspielungen und Leerstellen arbeitet. Weder wird gesagt, welches die „politischen Fehlentscheidungen" sind, die getroffen wurden, noch, inwiefern diese mit dem Traueranlass zusammenhängen, noch, worin genau „dieser ganze Wahnsinn" besteht, noch, wogegen „Widerstand" zu leisten sei. Die Predigt rechnet vielmehr vollständig damit, dass die Anspielungen verstanden werden bzw. dass ein Konsens herrscht, wie die Leerstellen aufzufüllen sind. Gerade diese konstitutive Unbestimmtheit stärkt das Konsensgefühl. Politisch erschwert die Predigt dadurch die Möglichkeit der Kritik durch alternative Einschätzungen. Theologisch ist anzumerken, dass die Bußmotivik („von diesem Irrweg [...] müssen wir umkehren") eine religiöse Eindeutigkeit in den politischen Bereich einzieht, welche gleichsam als Verstärker der politischen Meinung dient.

(c) Die Predigt ruft auf der Oberfläche zu Frieden und Besonnenheit auf. Gleichwohl führt sie Bilder einer Bürgerkriegs-Metaphorik mit („Dreschflegel", „Mistgabel"). Sie passt somit zum Hantieren der Neuen Rechten mit dem Reizwort des „Bürgerkriegs":[51] Während in der Regel davor gewarnt wird, bei weiterer Missachtung des „Volkes" werde es unzweifelhaft leider zum Bürgerkrieg kommen,[52] zeigt sich unterschwellig doch so etwas wie eine nur wenig verhohlene Faszination dieser Möglichkeit. Diese Faszination passt zur Inflation der Widerstands-Semantik, welche durch die Imagination einer möglichen Vor-Bürgerkriegssituation gleichsam auf Dauer gestellt wird.[53] Dies semantische Feld steht in der Gefahr, subkutan Gewalt als Option in der politischen Auseinandersetzung für möglich zu halten.

(d) Sofern es individuellen Akteuren dieser Mahnwache mit der christlichen Grundierung Ernst war (wovon ausgegangen werden kann), so wäre die Frage kaum zu vermeiden, ob sich das Christliche hier nicht zugunsten des politischen Effektwillens hat funktionalisieren lassen. Indes, und damit komme ich zu meiner kleinen Gegenrechnung: Diese Frage kann auch an den „offiziellen" Gottesdienst, der tags zuvor in der Gedächtniskirche am Breitscheidplatz abgehalten wurde, zurückgegeben werden. Wenn man nach Funktionalisierungen sucht, wird dieser Gottesdienst wohl kaum zügig als Kandidat ausscheiden.[54] Hier wurde sicherlich von Staats wegen eine religiöse Veranstaltung in zügigen „Auftrag" gegeben und auch deren interkonfessionelle und -religiöse Signatur wird keine freie Entscheidung der Gemeinde der Gedächtniskirche gewesen sein.[55] Diese Parallele zu ziehen soll kein *whataboutism* sein, sondern nur darauf hinweisen, dass der Vorwurf der Funktionalisierung für sich noch nicht ausreicht, um einen Gottesdienst oder ein vergleichbares Zusammenkommen zu diskreditieren.

Dies gilt umso mehr, als der Gottesdienst am Breitscheidplatz ja zweifellos seine Funktion *hatte*, die am ehesten als Bannung der flottierenden Aggressionen und als Darstellung des Schulterschlusses von Staat und verschiedenen Religionen – unter Einschluss des Islam[56] – gegen Rachehandlungen beschrieben werden kann. Im Lichte dieser Funktion leuchtet auch die konkrete liturgische Ausgestaltung des Gottesdienstes weitgehend ein. Diese Überlegung bietet die Möglichkeit, analog dazu auch noch einmal nach der Funktion, welche die beschriebene neurechte Mahnwache hatte, zu fragen.

Die Bedeutung des darstellenden Handelns in der Liturgie ist kürzlich so beschrieben worden: „Die Gedanken der Menschen werden zum Ausdruck gebracht und damit akzeptiert, wie sie sind."[57] Genau dadurch haben Liturgien auch eine seelsorgliche Funktion (im Sinne einer *cura animarum generalis*), denn auch in der Seelsorge gilt als oberstes Gebot, dass man in ihr mit eben der Gestimmtheit, in der man nun einmal ist, angenommen wird und sein darf und eine „Anerkennung positiver wie negativer Gefühle"[58] erfolgt. Man wird nun nicht zu weit gehen, wenn man mit der Möglichkeit rechnet, dass diejenigen Christinnen und Christen, welche an der

Mahnwache teilnahmen, sich mit ihrer Gestimmtheit vom kirchlichen Gedenken eben nicht in dieser Weise aufgehoben fühlten. Es mochten Gefühle von Wut oder auch Empörung sein; Gefühle derer, welche beim Gedenken nicht sofort zugleich auch an „Aleppo"[59] zu denken angehalten sein wollten; Gefühle, welche aufgrund der oben beschriebenen Funktion des Breitscheidplatz-Gottesdienstes dort einfach nicht vorkommen konnten.[60] Auch wenn man die politische Intention der „Mahnwache" scharf zurückweist und ihre christliche Funktionalisierung kritisiert: Es bleibt praktisch-theologisch nicht unbegreiflich, dass sich Konkurrenzveranstaltungen zum offiziellen, kirchlich imprägnierten Gedenken bemerkbar machen. Liturgisch und seelsorglich kann und darf man eben nicht die Angemessenheit der persönlichen Gestimmtheiten aus politischen Gründen im Vorhinein zum Thema machen, sondern müsste die Gefühlslagen auch in diesem Fall erst einmal als Ausgangspunkt wahrnehmen und ernstnehmen.[61]

Insofern sich hier eine Christlichkeit artikuliert, welche sich selbst von der im engeren Sinne kirchlichen unterscheidet, kann man sie mit Dietrich Rössler am ehesten als Teil der „neuzeitlichen Christentumspraxis" ansehen, welche das Christliche sowohl privat als auch öffentlich, aber eben nicht im engeren Sinne kirchlich in Anspruch nimmt.[62] Diese ist das Ergebnis des neuzeitlichen Differenzierungsprozesses, als dessen Resultat kirchliche und allgemein-gesellschaftliche Kultur keine Deckung mehr aufweisen. Versuche, diese Differenzierung zurückzudrehen, müssten schon strukturell als fundamentalistisch angesehen werden. Von daher nötigt sie auch zu einer Differenzierung zwischen politischer Ablehnung auf der einen und der Maxime einer liturgisch-seelsorglichen Annahme der Gestimmtheiten auf der anderen Seite.

Daraus folgt: Dass sich die christlichen Kirchen in einem langen Klärungsprozess nach dem Zweiten Weltkrieg der Demokratie geöffnet haben, wird theologisch zu Recht weithin als Fortschritt begrüßt. Diese Öffnung wurde im Verlaufe der letzten Jahrzehnte – im Einklang mit den allgemeinen politischen und juristischen Tendenzen – zumeist progressiv fortbestimmt, wenn man etwa an die Themen Geschlechtergerechtigkeit, Homosexualität und transnationale Integration denkt (ohne damit die nach wie vor bestehenden Unterschiede zwischen den Konfessionen nivellieren zu wollen), was oben mit dem abkürzenden Attribut „linksliberal" versehen wurde. In dieser Hinsicht zeigt sich, dass diese Entwicklung eben auch ihren Preis hat. Dieser Preis besteht in der gewissen Repräsentationslücke, welche sich hinsichtlich von Gefühlen und Meinungen auftut, die nicht ohne weiteres mit jener progressiven Fortbestimmung konform gehen.[63] Diese Kosten dürften geschichtsphilosophisch unvermeidlich sein. Für die Kirche entsteht freilich eine schwierige Doppelaufgabe:[64] Politisch – auch kirchenpolitisch – ist die klare Abgrenzung von undemokratischen und zum Faschismus tendierenden Richtungen und Positionen angezeigt. Aber in seelsorglicher und liturgischer Hinsicht muss man gedanklich und menschlich gesprächsfähig und -willig bleiben, um der ekklesiologischen Aufgabe an Menschen willen, die der Neuen Rechten nahe stehen oder zu ihr hinüberschielen, und die als Getaufte eben auch das Recht haben, dass sich die Kirche aus ihrem Zumutesein ein Anliegen macht. Andernfalls droht die Gefahr, sich mit einer Haltung zu begnügen, welche sich füglich in dem Satz zusammenfassen ließe: „Herr, ich danke dir, dass ich nicht bin wie die anderen Leute." (Lk 18,11).

Johann Hinrich Claussen

Politische Theologie als Kultur der Niederlage

Ein Versuch, den Ideenpolitiker Karlheinz Weißmann als Theologen zu verstehen[1]

1. Das persönliche Interesse

Die evangelische Kirche ist keine Einheitspartei, sondern ein Begegnungsraum. Sie bietet vielfältige Gelegenheiten, mit sehr unterschiedlichen Menschen in Kontakt zu kommen, auch mit sehr konservativen, manchmal sogar mit alt- oder neurechten Menschen. In meiner gemeindlichen Arbeit habe ich häufig erlebt, wie dies zu Konflikten führen konnte, aber nicht musste, weil das Feiern des Gottesdienstes und das Gemeindeleben es möglich machten, dass man sich kritisch auseinandersetzte, aber auch jenseits aller Differenzen zusammen war. Konflikthafter wurde es, als ich als Propst Gemeindestreitigkeiten und Personalprobleme zu bearbeiten hatte, bei denen kleine Gruppen rechter Christen beteiligt waren. Hier war die gemeinsame Suche nach tragfähigen Lösungen erschwert, weil es sich für diese Gruppen um Weltanschauungskämpfe handelte. Zudem begegnete ich persönlich Abgründigem. Eine neue Wendung erfuhr „meine Geschichte mit Rechten“, als ich als Kulturbeauftragter des Rates der Evangelischen Kirche in Deutschland in die Auseinandersetzung mit rechten Empörungspublizisten und Vertretern der Alternative für Deutschland eintrat. Damit öffnete sich mir ein vermintes, aber interessantes Feld. Es zu beackern, erscheint mir als notwendige apologetische Aufgabe, bei der man lernen kann, sehr andere Menschen besser zu verstehen, aber auch eigene Grundeinstellungen präziser zu fassen. Leicht ist dies nicht, manchmal sogar bis ins Körperliche hinein anstrengend, weil man als evangelischer Theologe dabei massive Anfeindungen und Entwertungen erfährt.

All diese Erfahrungen weckten in mir das Bedürfnis, tiefer zu graben. Die Auseinandersetzung mit Rechten wird auf lange Sicht ein politisches und kirchliches Thema bleiben, unabhängig davon, wie es mit der AfD weitergeht. Vielleicht kann eine theologische Deutung der Neuen Rechten und eine Diskussion ihrer Theologien zur nötigen Orientierung beitragen. Dies möchte ich am Beispiel von Karlheinz Weißmann versuchen. Er gilt seit vielen Jahren als einer der wichtigsten Ideengeber der Neuen Rechten, dieses „Brückenspektrums“[2] zwischen Konservatismus und Rechtsextremismus. Er ist studierter evangelischer Theologe und hat als Religionslehrer an einem Gymnasium in Northeim (Niedersachsen) gearbeitet. Im Ruhestand engagiert er nun sich als Publizist und stellvertretender Kuratoriumsvorsitzender der AfD-nahen Desiderius-Erasmus-Stiftung. Ähnlich wie sein ehemaliger Weggefährte und heutiger Antipode, der deutlich prominentere Götz Kubitschek, hat Weißmann seine ideenpolitische Position häufig als Ausdruck einer christlichen – dezidiert deutsch-protestantischen – Grundeinstellung vorgetragen, während Kubitschek – seinem performativen Habitus entsprechend – sich einer Art vorkonziliarem Katholizismus zugewandt hat.[3] Weißmanns evangelische Theologie soll im Folgenden untersucht und diskutiert werden.

2. Kultur der Niederlage

Hilfreich für ein Verständnis von Weißmanns Denken und Agieren ist eine Deutungsperspektive, die Wolfgang Schivelbusch entworfen hat: die „Kultur der Niederlage"[4]. Die Erfahrung einer epochalen und als Trauma erlebten Niederlage wird darin mit ideologischen und auch theologischen Gegenstrategien bearbeitet: Relativierung eigener Verantwortung und Schuld, Umkehr von Täter- und Opferrollen, Ressentiment gegen die Sieger, eine moralisierende, einseitig negative Geschichtsbetrachtung und Gegenwartsdeutung, im Gegenzug die Erfindung einer Retro-Utopie, die Prätention, einer Gegen-Elite anzugehören und über geheime Heilstraditionen zu verfügen, ein ebenso übersteigertes wie verletztes Selbstbewusstsein – ein „weinerlicher Heroismus"[5] –, das aus der radikalen Entwertung anderer lebt, was sich in gewaltträchtigen Fantasien einer politischen Umwälzung ausleben kann, manchmal bis hin zum Terror. Kulturen der Niederlage können überaus erfolgreich sein, leisten sie doch Erhebliches zur Stabilisierung des zutiefst verunsicherten Selbst. Aber sie sind mit hohen Kosten verbunden, denn sie verhindern eine realistische Sicht der eigenen Situation und die nüchterne Erarbeitung konstruktiver Lösungen für konkrete Probleme, von einer Versöhnung mit äußeren und inneren Feinden ganz abgesehen.

Das Manifest einer solchen Kultur der Niederlage ist Weißmanns wichtigstes Buch, seine notorisch gewordene Geschichte der NS-Diktatur von 1995.[6] Für das Profil seiner politischen Theologie sind zwei Aspekte bedeutsam. Da Weißmann seine Grundauffassungen über die Jahre hinweg nicht geändert hat, sind sie immer noch bestimmend. Der erste Aspekt ist seine Darstellung der Shoa. Leitend ist der Wunsch, einen heutigen Antiliberalismus von rechts von dem katastrophal gescheiterten Nationalsozialismus abzuheben[7]. Dazu gehört, dass deutsche Schuld zugleich benannt und relativiert wird. Dieses gezielte Lavieren zeigt sich darin, dass Weißmann die Entwicklung des mörderischen Antisemitismus in der NS-Diktatur zwar nacherzählt, die Frage der Verantwortung jedoch im Vagen lässt. Der Rassenhass sei eine fixe Idee Hitlers und ein wirkungsvolles Propaganda-Instrument gewesen, zum Massenmord sei es aber eher ungeplant gekommen: „Die ‚Endlösung' war insofern das Ergebnis von selbst geschaffenen ‚Sachzwängen' und einem Erwartungsdruck, der durch die antisemitische Rassenideologie immer neu aufgebaut und verstärkt wurde."[8] Demnach wäre eine grundlegende Revision der eigenen ideenpolitischen Traditionen nicht nötig. Auffällig ist ein sprachlicher Mangel: Weißmann folgt durchgängig der NS-Phraseologie. Zwar setzt er sie in Anführungszeichen, dennoch bildet sie den Wortschatz, mit dem er die Ermordung des europäischen Judentums schildert. Dazu passt, dass das entscheidende Kapitel – natürlich mit „Die Endlösung" überschrieben – ausschließlich Zitate von Tätern präsentiert[9]. Die Gesichter und Stimmen der Opfer werden ausgeblendet. So ist es mehr als nur eine Geschmacklosigkeit, wenn Weißmann dieses Kapitel mit einem langen, unkommentierten Zitat aus Heinrich Himmlers berüchtigter Posener-Rede vor SS-Führern am 4. Oktober 1943 beschließt. Darin pries dieser bekanntlich die Leistung der SS-Männer, in ihrem mörderischen Tun „anständig geblieben zu sein".[10]

Der zweite Aspekt findet seinen bündigen Ausdruck in dem entscheidenden Satz des Schluss-Kapitels: „Aber niemals zuvor hat ein Volk so hart für die Untaten gebüßt, die es beging oder die doch in seinem Namen begangen wurden."[11] Historisch erinnert diese Formulierung an Phrasen eines deutschen Passionsexzeptionalismus, wie er zum Ende des Zweiten Weltkriegs von mehreren NS-Repräsentanten verkündet wurde – so Karl Dönitz am 1. Mai 1945: „Was das deutsche Volk in dem Ringen dieses Krieges kämpferisch vollbrachte und in der Heimat ertragen hat, ist geschichtlich einmalig."[12] Dass Weißmann am Ende seiner Geschichte der NS-Diktatur ganz ähnlich formuliert, erscheint als eine bewusst gesetzte ideenpolitische Pointe: Die These von der Singularität der Shoa wird durch die Behauptung einer Singularität „deutschen Büßens" ersetzt. Dies schießt weit hinaus über eine historisch angemessene sowie von Empathie und Gerechtigkeitsgefühl getragene Wahrnehmung auch des Schicksals deutscher Gewaltopfer im und nach dem Zweiten Weltkrieg. Man könnte in Abwandlung der bei den Neuen Rechten beliebten Floskel „Schuldkomplex" von einem „Schuldabwehrkomplex" sprechen.[13] Da Weißmann selbst von „büßen" spricht, mag die Erinnerung daran erlaubt sein, dass bei ihm alle traditionell christlichen Elemente der Buße – Einsicht, Bedauern, Bekenntnis, Besserung und freiwillig geleistete Wiedergutmachung – fehlen. „Büßen" meint bei Weißmann das ohnmächtige Erleiden einer von außen verhängten, singulär harten und darum willkürlichen Strafe. Wollte man in seiner Semantik bleiben, könnte man dies als Ausweis von Selbstgerechtigkeit oder – traditionell formuliert – von Unbußfertigkeit betrachten.

3. Auf der Rückseite des Fortschritts

Um Weißmanns Kultur und Theologie der Niederlage näher in den Blick zu nehmen, ist eine kirchengeschichtliche Erinnerung notwendig. Vergleicht man nämlich den gesamtdeutschen Protestantismus von heute mit dem westdeutschen Protestantismus von 1959 – Weißmanns Geburtsjahr –, dann wird man sagen müssen, dass sich zwischen damals und heute eine ungeheure Transformation vollzogen hat – mit Gewinnern und Verlierern. Das konservative, aber auch das rechte Luthertum, dem Weißmann sich zugehörig fühlt, zählt zu den Verlierern der Kirchengeschichte der alten Bundesländer. In kirchlichen Leitungsämtern und auf theologischen Lehrstühlen, in evangelischen Bildungseinrichtungen oder in der protestantischen Publizistik dominierten 1959 noch stark konservative, reaktionäre oder auch revisionistische Kräfte.[14] Deren Entmachtung vollzog sich von den 60er bis zu den 80er Jahren. Es wäre verkürzt, dafür „1968" verantwortlich zu machen. Es war eine Vielzahl von sehr unterschiedlichen demokratischen Impulsen, die die evangelische Kirche in die offene Gesellschaft integrierten. Zu nennen wären: die Mitarbeit an der Integration von 14 Millionen Flüchtlingen/Vertriebenen und das Ende geschlossen konfessioneller Regionen; die ökumenische Öffnung und Zusammenarbeit; die Rezeption der historisch-kritischen Bibelexegese und später die Wiederentdeckung der liberalen Theologie; die Zeitgeschichte zu NS-Diktatur und Kirchenkampf; die Generalrevision der theologischen Bestände angesichts der Shoa; die Anerkennung der Ostverträge; die theologische Rezeption des Prinzips der Menschenwürde, der Menschenrechte und die Bejahung der Demokratie; die Frauenordination und die Frauenbewegung; der Abschied vom Paradigma des Autoritären in pastoraler Praxis und Diakonie; der Postkolonialismus der Missionswerke und der Protest gegen die Apartheid; die Umwelt- und Friedensbewegung; die Anerkennung homosexueller Lebensgemeinschaften; und die Einstellung auf die Herausforderungen der Einwanderungsgesellschaft.

Weißmann hat all dies zu Recht als einen „großen Kurswechsel“[15] beschrieben. Dieser war aber nicht strategisch geplant und zentral gesteuert. Aus unterschiedlichen Motiven und Richtungen versuchte die Mehrheit des westdeutschen Protestantismus, sich in ein konstruktives Verhältnis zur demokratischen Moderne und zur „offenen Gesellschaft“ zu setzen. Damit vollzog sie keineswegs, wie von Seiten der Rechten wieder und wieder vorgebracht wird, eine eilfertige, feige – ja, dekadente Anpassung an eine flüchtige Mode. Vielmehr durchlief sie einen grundlegenden Mentalitätswandel: den theologischen, religiösen, politischen, sozialen und kulturellen Abschied vom Autoritären. Dabei war jedes Moment der Neuorientierung das Ergebnis intensiver theologischer Arbeiten, langjähriger kirchlicher Debatten, gemeinsam verantworteter Kulturveränderungen, oft auch schmerzlicher existentieller Auseinandersetzungen und notwendiger kirchenpolitischer Klärungen.

Doch eine Minderheit verweigerte sich dem „großen Kurswechsel“, blieb ihrer „Religion der ‚Lost Cause‘“[16] treu und vollzog eine „spirituelle Sezession“[17]. Dabei unterlief eine einstmals mächtige Strömung einen Prozess der Versektung.[18] Eine apokalyptische Grundstimmung und auf Dauer gestellte Empörung kennzeichnet fortan dieses randständige Milieu, das sich in dauernder Abwehr gegen immer neue Modernisierungswellen sieht. Sein Signum ist die polemische Entwertung der „Modernen“. Denn nur wenn die „Sieger“ ununterbrochen als die „Bösen“ entlarvt werden, kann man gewiss sein, selbst das „Gute“ zu vertreten. „Enterbte Konservative“[19], die immer weniger besitzen und beherrschen, was sie bewahren könnten, flüchten sich in Ressentiment und Gegenwartshass. Sie radikalisieren sich, denn eine „Radikalisierung konservativer Gruppen tritt immer dann ein, wenn diese merken, daß eine zunehmende Demokratisierung nicht mehr aufzuhalten ist."[20] Es war also auch in kirchlicher Hinsicht ein „Verfallsprozess bürgerlich-konservativer Politik …, der eine ehemals bedeutende Strömung zum autoritären Reflex werden ließ."[21]

Zu einer differenzierten Bilanzierung der Transformationen des deutschen Nachkriegsprotestantismus gehört, dass man zunächst und vor allem die epochalen Zivilisierungs- und Humanisierungsgewinne benennt. Man sollte aber nicht vergessen, die Rückseite des Fortschritts zu betrachten. Dort sind auch Verluste zu bezeichnen: von Traditionen, Frömmigkeitsformen, Beziehungen und vor allem von Menschen, die diesen Fortschritt nicht mitmachen wollten oder konnten. Wenn sie in ihrer persönlichen Lebensführung und Frömmigkeit herkunftstreu bleiben, ist dies schlicht zu respektieren und ein legitimer Ausdruck innerprotestantischer Pluralität. Zudem ist es wichtig, sich ein Bewusstsein für die Dialektik auch der kirchlichen Aufklärung zu bewahren und nicht einer Fortschrittsgläubigkeit zu verfallen. Auch in der kirchlichen Zeitgeschichte gibt es keine einsinnige Teleologie. Das bedeutet nicht, dass man das Erreichte in Frage stellen möchte, wohl aber dass man sich die Fähigkeit bewahrt, mit der Gleichzeitigkeit von Ungleichzeitigkeiten umzugehen, für die die Neue – protestantische – Rechte steht, für die Erfahrung nämlich, dass Motive, die man längst für überwunden hielt, von neuem an Virulenz gewinnen und zur Auseinandersetzung nötigen.

In das Milieu theologischer Modernisierungsverlierer muss Weißmann eingezeichnet werden. Er selbst bezeichnet sich als dezidiert lutherisch-hochkirchlich. Seine theologischen Bezugsgestalten seien Wilhelm Stählin, Karl Bernard Ritter und Hans Asmussen[22]. Gerade in kirchengeschichtlicher Perspektive zeigt sich, dass sich das meiste, was Weißmann vertritt, kaum als „Neue" Rechte etikettieren lässt. Denn es ist alt in dem Sinne, dass es Auffassungen reformuliert, die um 1959 im westdeutschen Protestantismus als Teil des legitimen Meinungsspektrums galten.[23] Wäre Weißmann nur eineinhalb Jahrzehnte früher geboren worden, hätte er noch ein Mitglied des westdeutsch-protestantischen Nachkriegsestablishments werden können. So präzise er allerdings das Ausmaß des „großen Kurswechsels" benennt, so schwer fällt es ihm, diesen historisch zu begreifen. Er belässt es dabei, sich zur Tradition eines Luthertums vor 1960 zu bekennen und dessen Niederlage zu beklagen. Ob es für diese nachvollziehbare Gründe gegeben haben mag, darüber reflektiert er nicht. Dies wäre durchaus „konservativ" gewesen, weil zu bewusster Konservativität auch ein Sinn für historische Transformationen gehört. „Neu-rechts" dagegen ist, wenn man auf epochale Veränderungen bloß im Modus des Ressentiments reagieren kann. Weißmann beschränkt sich auf den Versuch, den „siegreichen" protestantischen Mainstream von heute als Abfall und Niedergang, als kirchliche Dekadenz, zu entlarven. Er sei keine legitime oder lebendige Gestalt des Christlichen.[24] Wie aber müsste diese heute aussehen?

Bedenkt man nun, dass der demokratische Mehrheitsprotestantismus der 80er und 90er Jahre inzwischen selbst in die Jahre gekommen zu sein scheint, an Bedeutung verloren hat und zu den Verlierern der nächsten Modernisierungswellen zu werden droht, fragt sich, ob die „Verlierer" von damals nicht zu den „Gewinnern" von morgen gehören könnten. Umso wichtiger ist es, ihre theologischen Gedanken und Motive zu verstehen.

4. Politische Theologie des Autoritären

Zu genuin theologischen Themen hat Weißmann sich vornehmlich in kurzen meinungsjournalistischen Texten geäußert, nicht in einer eigenständigen Monografie. Er ist eben vor allem ein publizistischer Ideenpolitiker. Dennoch findet sich in seinen Schriften eine theologische Spur. Sie steht aber nicht für sich, sondern ist stets Teil eines übergreifenden Interesses an einer Renaissance des „Rechten". Dazu als erste Annäherung: „Rechts" ist für Weißmann die Orientierung am „Reich", am national Ganzen, Eigenen und seiner Ordnung, verstanden als eine Einheit, die zusammengehalten wird von Autorität und Hierarchie; zentral für dieses Ganze ist eine starke nationale Identität, zu der auch der Protestantismus und eine evangelische Nationalkirche vor „1968" gehört. Das Theologisch-Kirchliche kommt also nicht als eigenständige Größe (oder gar „Provinz im Gemüt") vor. Es ist lediglich ein Moment einer an einem starken Staat orientierten ideenpolitischen Strategie. Es ist funktional untergeordnet.

Bemerkenswert ist dabei, dass Weißmann sich auch über seine ideenpolitischen Vorstellungen weniger in zusammenhängenden, systematischen Darstellungen als in einer Vielzahl von historischen Einzelversuchen und meinungsjournalistischen Artikeln geäußert hat. Den besten Eindruck seines Verständnisses eines autoritären Nationalradikalismus gewinnt man, wenn man seine Preußen-Apologie liest.[25] Historisch fällt an ihr auf, wie selektiv – um nicht zu sagen: willkürlich – sein Preußenbild ist. Das zeigt sich besonders an dem, was er theologisch für erwähnenswert hält. Er erwähnt kurz den Pietismus, unterschlägt aber, dass es in Preußen sehr wohl auch breite und wirkmächtige Traditionen evangelischer Aufklärung und protestantischer Liberalität gegeben hat. Denn dies würde seinem überaus einseitig antiliberalen Preußenbild widersprechen.

Der Hauptgegner ist für Weißmann in politischer wie theologischer Hinsicht der „Liberalismus" beziehungsweise die „Dekadenz"[26]. Sie ist für ihn die alles bestimmende politische, wirtschaftliche, gesellschaftliche, kulturelle und religiöse Wirklichkeit, die die gute alte Ordnung der deutschen Nation zerstört hat. Zu ihr gehört auch der gegenwärtige, demokratische Mehrheitsprotestantismus. Aus diesem Grund äußert sich Weißmann übrigens gerade nicht islamophob, denn sein wichtigstes Feindbild ist weniger der andersgläubige Fremde als der liberal-dekadente Mitbürger.

Problematisch an dieser Perspektive ist, dass ein Christentum, das der nationalen Identitätsstabilisierung dienen soll, instrumentalisiert und seiner universalistischen Perspektive beraubt wird. Es verliert sein Eigenrecht als Religion und wird zu einer bloßen Funktion der nationalen Ordnung. Denkmöglich wäre dies auch nur, wenn man das Christentum wesentlicher – „prophetischer" – Aspekte beraubte, die sich gegen eine solche Vereinnahmung sperren würden. Problematisch ist zudem, dass das Christentum, indem es als Inbegriff des Überweltlichen an eine weltliche Größe gebunden wird, nicht sicherer wird. Die Hoffnung der älteren völkischen Theologie, das fraglich gewordene Christentum durch die Bindung an den erstarkten Nationalismus zu festigen, verkehrt sich auch bei Weißmann ins Gegenteil. Es wird an eine ungewisse, ambivalente, ideologieanfällige historische Größe angeschlossen und dadurch weiter geschwächt. Wenn ein Grundproblem des neuzeitlichen Christentums in der Historisierung seiner Grundlagen besteht, dann wird dieses durch die Bindung an die fraglich gewordene Idee der Nation eben nicht bewältigt, sondern nur gesteigert.

Man tut Weißmann gewiss kein Unrecht, wenn man darauf hinweist, dass alle wesentlichen Elemente seiner Ideenpolitik schon von Fritz Stern in dessen klassischer Studie *Kulturpessimismus als politische Gefahr* (zuerst 1961) analysiert worden sind.[27] Weißmann bezieht sich ja ausdrücklich auf das dort diskutierte Ideenkonglomerat eines völkischen Antiliberalismus und deren Autoren: Paul Bötticher („de Lagarde"), Julius Langbehn, Arthur Moeller-Bruck („van den Bruck"). Der Unterschied liegt lediglich darin, dass Stern hier eine Bedrohung, Weißmann aber eine Hoffnung zu erkennen meint. Stern versteht unter „Kulturpessimismus" eine modern-antimoderne Ideenpolitik, die zu einem fundamentalen Gegenangriff auf „den Liberalismus" ansetzt. In ihr artikuliert sich ein umfassendes Unbehagen an der Moderne: den Prinzipien der Aufklärung, der Idee universeller Menschenrechte, dem Prinzip der Menschenwürde, dem freiheitlichen Verfassungsstaat, der repräsentativen Demokratie, der freien Marktwirtschaft, der offenen Gesellschaft, dem pluralisierten Kulturleben, der liberalisierten Religionskultur – um nur einige Momente aufzuführen. Diesen allumfassenden Niedergang beschreiben die Kulturpessimisten mit eindrücklicher krisendiagnostischer Sensibilität und attackieren ihn mit massiver rhetorischer Aggressivität. Prophetischer, mystischer und rätselhafter ist das, was sie ihm entgegensetzen wollen: die Sehnsucht nach einer neuen Ordnung und Einheit, einer nationalistischen Glaubensgemeinschaft der Zukunft.

Weißmann ist ein sehr später Kulturpessimist. Zwischen ihm und klassischen Kulturpessimisten wie Bötticher oder Moeller-Bruck liegen nicht nur weitere, tiefgreifende Modernisierungen, sondern auch die Epochenscheide der NS-Diktatur. Auf diese liefen viele, aber nicht alle, der von ihm verehrten Ideologeme zu, in ihr ging manches von ihnen auf und zugrunde. Es war Armin Mohler als Kulturpessimist der zweiten Generation, der diese ideologischen Impulse in die Bundesrepublik zu retten versuchte. Zu diesem Zweck erfand er die Tradition der „Konservativen Revolution", das Traumbild einer kohärenten antiliberalen Denklinie, die von der Niederlage und den Verbrechen der NS-Diktatur unberührt geblieben sein soll.[28] Als Mohlers treuester Schüler steht Weißmann nun vor der Aufgabe, seine Vorstellungen nicht nur gegenüber einer Gesellschaft zu behaupten, die inzwischen vielfach liberaler ist als zur Zeit seiner Vorbilder im späten 19. und frühen 20. Jahrhundert. Er muss dabei zudem von dem absehen oder von dem ablenken, was es inzwischen als Realisierungsversuch der kulturpessimistischen Sehnsüchte gegeben hat: die NS-Diktatur. Weißmanns retro-utopischer Kulturpessimismus hat also die Geschichte seines Scheiterns schon hinter sich. Das ist der tiefere Grund, weshalb Weißmann seine staatspolitischen Ideen primär negativ als Kritik am gegenwärtigen Deutschland – also kulturpessimistisch – formulieren kann.

Das zeigt sich auch in seinen theologischen Äußerungen. Jede anspruchsvolle Theologie verbindet Kritik und Konstruktion. Sie ist in eigener Sache oft kritischer als Außenstehende, aber nicht, weil dies für sie ein Selbstzweck wäre – dann wäre sie nicht kritisch, sondern bloß polemisch. Vielmehr ist die Kritik die Voraussetzung einer besseren Fortentwicklung und Neugestaltung. Stern hat nun gezeigt, dass Kulturpessimisten – jenseits einer persönlichen Frömmigkeit, über die niemandem ein Urteil zusteht – diese Balance aus Kritik und Konstruktion nicht gelingen mag. Ihre Ziele sind illusorisch: retrospektiv als Wiederbelebung einer untergegangenen Orthodoxie oder prospektiv als Erfindung einer Religion der Zukunft. Sie können das, was sie wollen, deshalb nur negativ vorstellen und plausibel machen: als Gegenteil der angeblich herrschenden „Dekadenz". Aus diesem Grund hat die Kultur- und eben auch die Theologie- und Kirchenkritik bei ihnen eine so bedeutende Funktion. Sie muss eine zentrale Leerstelle kaschieren.

Eine gute Möglichkeit, diese Interpretation von Stern weiterzuführen, besteht also darin, die religiösen Texte von späten Kulturpessimisten wie Weißmann daraufhin zu betrachten, welches Gewicht in ihnen das Kritische und das Konstruktive besitzen. Die inhaltlichen Probleme und offenkundigen Leerstellen in seiner politischen Theologie werden von ihm vor allem auf dem Weg einer polemischen Abkürzung bearbeitet. Statt sich den Mühen einer konstruktiven theologischen Arbeit zu unterziehen, entfaltet Weißmann ausführlich und massiv eine von Ressentiments gesteuerte und politisch motivierte Kritik des entnazifizierten, demokratischen Protestantismus. Diese polemisch-entwertende Kirchenkritik erscheint als Versuch, aus einer antimodernistischen Verbitterung heraus die evangelische Kirche als Stimme eines christlichen Humanismus in der demokratischen Öffentlichkeit zum Schweigen zu bringen.[29] – Weißmann folgt hier übrigens einer Linie, die schon Paul Bötticher/de Lagarde vorgezeichnet hat: Die Entwertung der Kirche der Gegenwart sollte bei ihm das – in sich ganz undeutliche, wenn nicht aporetische – Programm einer „Religion der Zukunft" plausibilisieren[30]. Wollte man also versuchen, Weißmanns Kirchenkritik einen konstruktiven Sinn abzugewinnen, dann könnte man in ihr die ex negativo-Begründung seiner Retro-Utopie einer völkisch-christlichen Kultursynthese sehen.

Natürlich kann man am heutigen Protestantismus, der evangelischen Theologie und Kirche vieles grundsätzlich und im Detail kritisieren. Doch was Weißmann vorführt, ist eine

Ideologiekritik der problematischen Sorte. Sie beschränkt sich darauf, die „Dekadenz" und das falsche Bewusstsein der anderen vorzuführen, um so die Richtigkeit der eigenen Position zu erweisen. Abgesehen davon, dass dies argumentationslogisch unbefriedigend ist, wendet Weißmann dabei lediglich die klassische linke Ideologiekritik ins Rechte. Damit verbinden sich zwei systematische Probleme. Erstens kann er so nicht sachlich erklären, warum das von ihm Abgelehnte sich geschichtlich durchsetzen konnte, das von ihm Vertretene aber verloren hat. Seine Kritik des Mehrheitsprotestantismus – ebenso wie seine Gegenwartsdiagnose – ist deshalb bloß moralisierend: Die Position der anderen wird nie für sich wahrgenommen oder aus ihrem historischen Kontext gedeutet, sondern immer sofort als verfehlt, durch niedere Beweggründe motiviert, schwächlich markiert. Zweitens ist seine Kritik des Mehrheitsprotestantismus stets politisch ausgerichtet, dient sie doch der Plausibilisierung seines entgegengesetzten ideenpolitischen Projekts. Das also, was Weißmann am heutigen Protestantismus so kritisiert, trifft in weitaus höherem Maße auf seine eigene Kirchenkritik zu: Sie ist hypermoralisch, weil sie allein nach dem Schema „gut/wir – böse/die anderen" arbeitet, und sie ist überpolitisiert, weil sie einer ideenpolitischen Revanche dient.

5. Christentum ohne Judentum

Weißmann hat einen großen Teil seiner Arbeitskraft darauf verwandt, bekannte und unbekannte Repräsentanten des deutschen Kulturpessimismus und des völkischen Antiliberalismus neu ins Gespräch zu bringen. Für eine theologische Auseinandersetzung ist dies eher uninteressant. Dafür tragen die Texte seiner „Helden" zu wenig aus. Anregend allerdings ist Weißmanns Versuch, an Emanuel Hirsch anzuschließen. Sein Essay „Deutschtum und Christentum"[31] bietet eine theologiegeschichtlich recht gut informierte und sachlich informierende Darstellung des Übergangs vom liberalem zum völkischen Protestantismus: von Ernst Moritz Arndt über Paul de Lagarde, Arthur Bonus, Houston Steward Chamberlain bis hin eben zu Emanuel Hirsch. Dieser Zielpunkt ist gut gewählt. Denn Emanuel Hirsch war für die evangelische Theologie das, was ein Martin Heidegger für die Philosophie oder ein Carl Schmitt für das Staatsrecht war: ein bedeutender Gelehrter und faszinierender Denker, der zugleich politisch und persönlich als abgründig erscheint.[32] Sein Werk besteht aus einer idealistisch-subjektivitätstheoretisch aufgebauten Religionstheorie, einer konsequent historisch-kritischen Bibelexegese, einer hochgelehrten Theologiegeschichte des aufgeklärten Protestantismus, profunden Studien zu Luther, Fichte und Kierkegaard, einem konstruktiven Neubau der Dogmatik, Versuchen einer zeitgemäßen homiletischen und erbaulichen Rede von Gott und dann auch einer Politischen Theologie des Nationalsozialismus. Bemerkenswert ist nun, dass Weißmann sich allein auf Hirschs Projekt eines „Deutschen Christentums" bezieht und all die systematisch-theologischen Themen, die in der neueren theologischen Hirsch-Forschung diskutiert worden sind, ausblendet.[33] Auch von einem inhaltlich begründeten politischen Scheitern oder gar einer persönlichen Schuld Hirschs findet sich bei Weißmann kein Hinweis – anders als in der akademischen Hirsch-Forschung. Im Gegenteil, er zeigt sich beeindruckt davon, dass Hirsch nach 1945 nichts bereut hat, sondern sich in seiner Verblendung treu geblieben ist. Doch worin besteht das Deutsche, das mit dem Christlichen verbunden werden soll, und wie kann diese völkisch-protestantische Synthese gelingen? Bevor es zur Diskussion solcher Fragen kommen kann, beendet Weißmann diesen Text mit einem raunenden Zitat des späten Hirsch, einer heroisch-tragischen Prophetie.[34]

Auffällig ist überhaupt, wie konsequent Weißmann die dunklen Seiten der theologischen Traditionen ausblendet, an die er anschließen will. Das völkische Christentum war von Beginn an nicht nur positiv auf die eigene Nation bezogen, sondern zugleich negativ auf ein Anderes, Fremdes, Feindliches fokussiert. Dieses war je nachdem das Französische, Katholische, Angelsächsische, Slawische – vor allem aber das Jüdische. Die damit gegebene Gewaltträchtigkeit dieser Art von Theologie wird von Weißmann nicht thematisiert. Damit verbindet sich, dass er – wie gesagt – die Shoa zwar nicht direkt leugnet, sie aber entweder nicht oder nur wie nebenbei erwähnt, sie jedenfalls nicht zum Anlass eines vertieften Nachdenkens macht. Damit folgt er einer Strategie, die schon von Mohler angewandt wurde und die für die Geschichtspolitik der Neuen Rechten leitend ist.[35]

Damit stellt sich die Frage nach einem möglichen Antisemitismus bei Weißmann. Um sie zu beantworten, lohnt sich die genauere Lektüre seines Essays „Christentum, Judentum, Heidentum", das im Januar 2006 in der *Jungen Freiheit* erschienen ist.[36] Es ist nicht leicht zu deuten, weil es sich in einer seltsamen Mischung aus Vorsicht und Forciertheit in einem Grenzgebiet bewegt und auf sein eigentliches Anliegen erst am Schluss zu sprechen kommt – und dann halbverdeckt. Der Text beginnt mit einer Kritik der Redeweise von der „jüdisch-christlichen Tradition". Für eine solche Kritik gibt es Gründe: Denn diese Formel steht zwar für den Versuch, Christentum und Judentum nicht bloß als Gegensätze, sondern als Teile eines gemeinsamen Erbes zu verstehen. Das ist historisch angemessen, weil beide Religionen eine gemeinsame Ursprungsgeschichte – das Alte Israel – besitzen und immer auch in Wechselwirkung zueinandergestanden haben. Zugleich ist diese Perspektive religionspolitisch wünschenswert, weil sie einer friedlichen Religionskultur und einer Zurückdrängung des Antisemitismus dient. Jedoch droht der übermäßige Gebrauch in kirchlichen und staatlichen Sonntagsreden, aus dieser Formel eine erbauliche Plattitüde zu machen, die über die Spannungen und Abgründe des jüdisch-christlichen Verhältnisses in Deutschland hinwegtäuscht. Deshalb ist sie zu Recht von verschiedenen Seiten kritisiert worden. Weißmann nimmt nun eine kritische Stellungnahme des jüdischen Historikers und öffentlichen Intellektuellen Michael Wolffsohn auf, um ihr dann aber eine andere Wendung zu geben.

Zum einen sieht Weißmann in der Rede von der „jüdisch-christlichen Tradition“ eine illegitime Aufgabe des christlichen Absolutheitsanspruchs. Das theologische Motiv, sich nicht mehr über das Judentum zu erheben und primär aus der Abgrenzung zu definieren, kann er dabei nicht würdigen. Zum anderen aber – und das führt auf seinen eigentlichen Punkt – erkennt Weißmann hinter dieser Formel „eine Generalrevision der historischen Entwicklung…, die zur Scheidung von Judentum und Christentum führte.“ Doch dieser Einwand ist nicht nur ein historischer, sondern auch ein theologischer. Einerseits bemängelt Weißmann an der Formel, dass sie die faktisch-geschichtliche Trennung von Judentum und Christentum überspielt. Doch damit verbindet sich für ihn ein normatives Element. Denn zum Beispiel im Beschluss der Rheinischen Synode von 1980, keine Judenmission mehr zu betreiben, zeige sich eine grundsätzlich neue, für ihn illegitime Neubestimmung des Verhältnisses von jüdischem und christlichem Erbe. Hier werde spezifisch Christliches aufgegeben und eigentlich Fremdes, weil Jüdisches, aufgenommen. Dies sei mehr als „theologische Vergangenheitsbewältigung"; vielmehr solle die evangelische „Verunsicherung in Glaubensfragen" begrenzt werden, indem man „auf das intakt und moralisch überlegen wirkende Judentum" zurückgreift. Darin erkennt Weißmann eine „Vereinnahmung" des Judentums durch Teile des deutschen Protestantismus. Dabei bezieht er sich in geschickter Weise auf den damaligen Generalsekretär des Zentralrats der Juden, Stephan Kramer, der heute den Verfassungsschutz in Thüringen leitet. Auch bei diesem Punkt kann man zum Teil noch folgen. Denn die Versuchung einer wohlmeinenden christlichen Übergriffigkeit ist im Raum der christlichen-jüdischen Verständigungsarbeit gelegentlich durchaus gegeben. Doch wenn Weißmann gleich im Anschluss daran versucht zu benennen, was Judentum und Christentum denn verbindet, kann er nur nebensächliche Äußerlichkeiten aufführen – also nicht prinzipielle Elemente wie den personalen Monotheismus, die Ansätze zu einer humanen und universalen Moralität oder die Grundmotive einer religiösen Subjektivität, sondern nur: liturgische Traditionen oder Wochen- und Jahreseinteilung. Die wesentlichen religiösen Verbindungsmomente zwischen Christentum und Judentum haben für ihn also – folgt man diesem kruden Text – keinerlei Bedeutung.

Viel wichtiger jedoch ist für Weißmann – und da hört die Bezugnahme auf jüdische Stimmen wie Wolffsohn oder Kramer plötzlich auf –, dass durch die Formel von der „jüdisch-christlichen Tradition" die Bedeutung des Heidentums für das Christentum ausgeblendet wird. Nach der endgültigen Trennung vom Judentum sei viel heidnische Volksreligion ins Christentum eingezogen und habe sich mit ihm innerlich verbunden. Allerdings kann Weißmann wieder nur nebensächliche Äußerlichkeiten aufführen: liturgische Gebräuche, die Namen von Wochentagen, Heiligenkult und Bilderverehrung. Genauer wird er nicht. Doch worin sollte die Bedeutung des für ihn bestimmenden germanischen Heidentums für das Wesen des Christentums bestehen? Zwar deutet Weißmann an, dass die Idee des Ritterlichen oder die Mystik Meister Eckharts etwas Deutsch-Heidnisches an sich haben könne. Doch vielleicht weiß er selbst zu gut, dass es sich hier um Projektionen völkischer Ideologen handelt, die wissenschaftlich längst erledigt sind. Doch ganz davon lassen kann er nicht, weshalb er sich über die Ungerechtigkeit beklagt, dass diese Fragen einer Wesensverbindung von „Germanentum" und Christentum leider „nur selten die Aufmerksamkeit gefunden [hätten], die von Anfang an dem Verhältnis zwischen Christentum und Judentum gewidmet wurde." Deshalb plädiert er, wenn auch gebremst und unter dem Schutz von unverdächtigen Autoren wie Nicolai Gruntvig oder Gilbert Keith Chesterton, dafür, in Zukunft weniger das Jüdische als das Heidnische als Wesensbestandteil des Christentums zu untersuchen, also „die heidnisch-christliche Tradition". Vor dem Hintergrund seines Deutschen Christentums kann das nur heißen: die „germanisch-christliche Tradition".

Am Ende dieses Artikels jedoch wird Weißmann scharf. Das Christentum verdanke seinen Aufstieg zur Weltreligion der endgültigen Trennung vom Judentum und der langen und vielfältigen Aufnahme von Heidnischem:

> Diesen Prozeß rückgängig machen zu wollen, ist ein ebenso lächerliches wie sinnloses Unterfangen, und wenn es wider Erwarten Erfolg hätte, würde es nur zerstören, was die christliche Identität verbürgt. Das Christentum als Christentum ist keine Variante des Judentums. Die Trennung

beider lag im Plan Gottes oder wenigstens in der Logik der geschichtlichen Entwicklung.

Wieder beginnt Weißmann mit einer historischen These – das Christentum hat sich vom Judentum gelöst, ist zur Weltreligion geworden und hat sich mit unterschiedlichen vorchristlichen Religionen verbunden –, um unvermittelt normative Urteile zu fällen. Plötzlich geht es nicht mehr um eine kontingente geschichtliche Entwicklung, sondern um den Willen Gottes und das Wesen des Christentums, und dieses sei dezidiert unjüdisch, identitär-germanisch. Dabei hatte Weißmann vorher nichts zu den Elementen einer solchen Wesensbestimmung gesagt, sondern nur belanglose Details aufgeführt. Es bleibt ganz offen, was denn die Identität des Christentums sei, wie sie sich zu einer ebenfalls erst zu bestimmenden Identität des Judentums und dann gar zu den hinzukommenden Elementen verschiedener Heidentümer verhalte, wie überhaupt eine „Kultursynthese" aus Christlichem und Germanischem zu denken sei. Die Schärfe der Behauptung, das Christentum sei wesentlich unjüdisch, vermag diese Lücken in der Argumentation nicht zu überdecken.

Nebenbei bemerkt: Den zweiten hochbedeutsamen Bestandteil der Kultursynthese des antiken Christentums, den Hellenismus, erwähnt Weißmann gar nicht erst. Das dürfte kein Zufall sein. Denn nicht nur die jüdische Tradition will er in seinem völkischen Christentum ausgeschieden sehen, sondern auch die philosophischen Elemente der griechischen Denk- und Glaubenstradition – und damit die Impulse einer theologischen Aufklärung – haben hierin keinen Platz.

Wieder begegnet einem bei Weißmann eine eigentümliche Leere und Unbestimmtheit dort, wo man eine substantiell gefüllte Mitte erwarten müsste. Umso auffälliger ist das ebenso

Unverhohlene wie Unbeholfene an diesem Versuch einer völkischen Wesensbestimmung des Christentums. Weißmanns Christentum soll deutsch-heidnisch und nicht-jüdisch, sowie nicht-griechisch sein. Zugleich aber bleibt sein Räsonnement vorsichtig und umständlich, bezieht sich auf jüdische Gewährsmänner, gibt vor, das Judentum vor philosemitischer Zudringlichkeit schützen zu wollen, hält sich mit judenfeindlichen Aussagen zurück. Die wichtigsten polemischen Topoi eines anti-jüdischen völkischen Christentums (Gottesbild, Tora-Observanz oder Erlösungslehre) etwa erwähnt Weißmann nicht. Wollte man versuchen, seiner ungeschickt gewundenen Gedankenführung einen Sinn abzugewinnen, dann bietet sich diese Interpretation an: Weißmann will das Programm eines völkischen, von Alttestamentlichem und Jüdischem getrennten Christentums wiederbeleben, traut sich aber nicht, dies in der Explizitheit zu tun, wie dies während der NS-Diktatur Reinhold Krause, Gerhard Kittel, Walter Grundmann oder eben Emanuel Hirsch getan haben. Weißmann reformuliert also das Programm eines Deutschen Christentums im Rahmen einer Akkomodationstheologie. Denn er passt sich geschickt und beflissen dem „Zeitgeist" einer entnazifizierten Bundesrepublik an, in der ausdrücklicher Antisemitismus öffentlich geächtet ist.

6. Völkischer Synkretismus

Auf die Frage, warum er nicht – wie andere aus seinem Lager, etwa Götz Kubitschek – zur katholischen Kirche konvertiert sei, die ihm doch als starke Institution mit einer konservativen Moralpolitik und einer machtvoll-ästhetischen Liturgie (so zumindest die Projektion) viel eher entsprechen würde, hat Weißmann einmal geantwortet, es sei der „germanische Vorbehalt“ und der „nordische“ Individualismus[37], der ihn an der protestantischen Tradition seiner Vorfahren festhalten lasse, auch wenn ihn mit der gegenwärtigen evangelischen Kirche nichts mehr verbinde.

Dies führt zu einer weiteren religiösen Spur bei Weißmann. Diese besteht in einer lebenslangen historischen Arbeit zu völkischen Mythen und Symbolen. Allein in ihrem kaum zu überschauendem Umfang steht sie in einem erstaunlichen Kontrast zu seinen vergleichsweise wenigen explizit theologischen Publikationen. Es beginnt mit zwei frühen, recht informativen Aufsätzen über das rechtsextreme Neuheidentum und völkische Atlantis-Spekulationen im „Materialdienst der Evangelischen Zentralstelle für Weltanschauungsfragen“.[38] Danach hat Weißmann hierzu vor allem in rechten Nischenverlagen, aber einmal auch im Herder-Verlag publiziert. Genannt seien nur: *Schwarze Fahnen, Runenzeichen. Die Entwicklung der politischen Symbolik der deutschen Rechten zwischen 1890 und 1945*[39] (dies war seine Dissertation), *Druiden, Goden, weise Frauen. Zurück zu Europas alten Göttern*[40] oder *Mythen und Symbole*[41]. Hinzu kommen ungezählte kürzere Essays und Rezensionen zum Thema.[42] In neuerer Zeit hat Weißmann seine Arbeiten hierzu in kleineren, klandestinen Broschüren im Selbstverlag herausgebracht.[43]

An diesen Texten fällt eine eigentümliche Spannung auf. Einerseits widmet Weißmann ihnen einen beträchtlichen Teil seiner Lebensarbeitszeit – und nicht etwa den religiösen Traditionen der Bibel. Andererseits legt er nicht dar, warum er dies tut. Er stellt die Geschichten und die gegenwärtigen Bedeutungen der unterschiedlichsten völkischen Mythen und Symbole bis in die letzten Verästelungen dar, und zwar auf eine historisch solide erscheinende Weise, positivistisch informierend und weitgehend ohne Wertungen oder Urteile. Zugleich jedoch scheint Weißmann selbst zu wissen, dass es sich hierbei immer um erfundene Gestaltungen einer hochideologischen Retro-Utopie handelt. Nie geht es hier um authentisch Germanisches, über das ja historisch kaum etwas Sinnvolles zu sagen ist, sondern stets um *fake*-Mythologien und *trash*-Symbole. Eigentlich müsste Weißmann die Fragwürdigkeit dieser Figurationen und ihr dezidiert antichristlicher Charakter bekannt sein. Warum schenkt er ihnen so viel mehr Aufmerksamkeit, Mühe – ja Hingabe?

Dieser Widerspruch lässt sich am besten so auflösen: Weißmann weiß um die dürre Unbestimmtheit seiner nationalistischen Idee, deshalb versucht er, sie mythologisch und symbolisch aufzuladen. Mit den Mitteln des Christentums, auch des von ihm favorisierten Alt-Luthertums, will dies aber nicht so recht gelingen. Für eine religiöse Aufladung, die Aussichten auf Erfolg haben will, steht ihm jedoch das Arsenal der völkischen Erfindungen zur Verfügung. Weißmann ist zu kundig und distinguiert, um sie in einem emphatischen oder gar gläubigen Sinne zu präsentieren. Aber er kann auch nicht von ihnen lassen. Zu groß scheint seine Sehnsucht nach machtvollen Zeichen eines starken „Deutschtums" zu sein, als dass er auf sie verzichten würde. Zu gut kennt er zudem ihre propagandistische Wirkung in rechtsextreme Kreise und die rechtsextreme Jugendkultur hinein. Deshalb beschäftigt er sich fortwährend mit ihnen, aber scheinbar bloß im Gestus des positivistischen Historikers. Er stellt sie vorgeblich „nur" vor, aber eben „ohne sie zu entzaubern."[44]

In einer Festschrift zu seinem 60. Geburtstag hat ein unter Pseudonym auftretender Autor präzise zusammengefasst:

Weißmann hat nie einen Zweifel daran gelassen, daß er evangelischer Christ sei – er ist nur außerdem der Überzeugung, daß die ‚Umformungskrise' (Emanuel Hirsch), in die das europäische Christentum seit dem späten 18. Jahrhundert geraten ist, die Theologie vor eine reale Aufgabe stellt und daß zudem die traditionelle Mißachtung der vorchristlichen religiösen Überlieferung ein Fehler ist.[45]

Und:

Die Traditionslinie des klassischen Luthertums dagegen ist seiner Auffassung nach längst am Ende, und zwar nicht nur personell, sondern auch inhaltlich, weil sich deren theologische Überzeugungen eben kaum noch in heutige Lebenswirklichkeit übersetzen ließen. Es gibt deshalb noch eine weitere Denktradition, die für Weißmann eine Rolle spielt, … die das Christentum nicht als absoluten Gegensatz zum Heidentum deutet, sondern als dessen Erfüllung. Das führt bei Weißmann zu einer für orthodoxe Lutheraner schwer vorstellbaren Offenheit gegenüber außerchristlicher religiöser Überlieferung…[46]

In der Tat, die lutherischen Theologen, auf die sich Weißmann sonst emphatisch bezieht, hätten für diese Tendenz ins Neu-Heidnische überhaupt kein Verständnis gehabt. Einige von ihnen hatten sich ja mutig gerade gegen diesen Aspekt der NS-Ideologie gestellt. Hier zeigt sich ein grundsätzliches Problem von Weißmanns theologischem „Konservatismus“: Er kann sich anders als ein katholischer Konservativer nicht auf eine starke Institution und Tradition beziehen; er kann sich anders als ein evangelikaler Konservativer nicht in einer festen Bibeltreue verankert wissen; und er kann sich anders als ein lutherischer Konservativer nicht auf ein Bekenntnisfundament berufen; er weiß sich anders als diese drei nicht als Teil einer verbindlichen Gemeinschaft. Seine Position erweist sich im Vergleich dazu als schwach begründet, unsicher, schwankend. Deshalb wirkt sein lebenslanger Flirt mit völkischen Pseudo-Mythen wie der vergebliche Versuch, durch eine retro-utopische Kultursynthese irgendwie religiös Grund unter die Füße zu bekommen. So erscheint Weißmann am Ende als politischer Theologe eines völkischen Christentums, der sein Programm weder prinzipiell begründen, inhaltlich ausführen, religiös-ästhetisch gestalten noch auch nur ehrlich vortragen kann.

Was Weißmann präsentiert, ist ein dezidiert rechtes, aber hochgradig individualistisches und insofern durchweg „Zeitgeist"-kompatibles Patchwork, das besser in die spätmoderne Religionslandschaft passt, als dem Autor wohl lieb sein dürfte. Dabei stellt er übrigens wenig Originelles dar, sondern repristiniert lediglich auf eigenwillige Weise Gestaltungen eines freien Protestantismus, wie es sie vor gut einhundert Jahren in großer Zahl gegeben hat. Man denke nur an Arthur Bonus oder eben Emanuel Hirsch. In diesem Sinne kann man Karlheinz Weißmann mit einigem Recht durchaus auch als einen liberalen Protestanten bezeichnen.

7. Geschichte erfinden

Bei Weißmann wie bei anderen Neuen Rechten wird häufig die Frage gestellt, ob er noch konservativ oder doch schon rechtsextrem sei. Diese Frage ist falsch gestellt. Denn der Sinn seiner Publikationen, Vorträge und Aktivitäten besteht genau darin, diese Alternative ins Vage zu führen und in der Schwebe zu halten. Am besten gelingt ihm dies als Geschichtserfinder. Seine größte Wirksamkeit dürfte er dort entfalten, wo er sein ideenpolitisches Programm in eine Erzählung hüllt, in der sich Ideologisches, Historisches, Politisches, Religiöses und Mythisches verbinden.

Sein ehemaliger Weggefährte Götz Kubitschek hat einmal geschildert, wie Weißmann Mitte der 90er Jahre bei einer Feierstunde der Deutschen Gildenschaft, ihrer Burschenschaft, eine Rede hielt, deren Kern diese geschichtliche Linienführung war:

Er ließ an den Hörern den historischen Zug der Deutschen vorbeiziehen, nannte Kaisergeschlechter, Bauernführer, Siedler, Künstler, Denker, Epochen, alles selbstverständlich und vor allem ohne Relativierung. Als er auf die Epoche des 3. Reichs zusteuerte, hielt der Saal den Atem an. Und Weißmann rief die Frontsoldaten, die Männer des 20. Juli, die KZ-Häftlinge, die letzten Verteidiger der Ostgrenzen, die Vertriebenen und die Spätheimkehrer auf; ... dann, ohne die Abfolge zu unterbrechen, die Arbeiter des 17. Juni 1953, um mit denen zu enden, die die Mauer eingerissen hatten.... Seit jenem Tag weiß ich, was das ‚Geheime Deutschland' ist.[47]

Kubitschek hat dies 2015 in der ihm eigenen vergröbernden, aber massentauglicheren Weise mit einigem Erfolg auf einer Legida-Demonstration einer begeisterten Menge vorgetragen.[48]

Diese Konstruktion eines „geheimen Deutschlands"[49] ist nicht ungeschickt gemacht. Sie erweckt den Eindruck, als gebe es eine von Niederlage und Schuld unberührte, herrliche nationale Tradition. Weit reicht sie zurück bis ins Altgermanische, bildet eine lange, ungebrochene Kette aus glänzenden Machthabern und erhabenen Geistesgrößen, so dass man nur stolz darauf sein kann, sich ihr als Deutscher zugehörig fühlen zu dürfen. Zudem immunisiert sie durch die knappe Erwähnung von „KZ-Häftlingen" gegen die Kritik des Geschichtsrevisionismus. Höchstwahrscheinlich jedoch sind damit nicht die Opfer des nationalsozialistischen Rassismus gemeint, sondern Gestalten wie Martin Niemöller, an die Weißmann ideenpolitisch anschließen möchte. Deshalb bleiben die Millionen ermordeten Juden und Angehörigen anderer verfolgter Gruppen ungenannt. Auch wird hier die Frage weder gestellt noch beantwortet, ob man so unterschiedliche Gruppen eigentlich in eine Reihe stellen darf. Wichtig ist nur der Kniff, das eigene ideenpolitische Projekt durch den Bezug auf Widerstandkämpfer von der NS-Diktatur abzurücken und moralisch zu adeln. So entsteht das für manche Menschen hochattraktive Bild eines „geheimen Deutschlands", Inbegriff einer völkischen Geschichtstheologie der Niederlage.

Arnulf von Scheliha

Volk ohne Religion

Kritische Betrachtungen zu einem Leitthema der Neuen Rechten

> Vor allem aber bedeutete das Grundgesetz eine klare Entscheidung für einen Nationalstaat, mit dem eine ethnisch grundierte, […] maßgeblich durch Sprache, Kultur und Geschichte geprägte Nation sich wieder eine politische Existenzform gab. In diesem Sinne entschied das Bundesverfassungsgericht […] 1987, daß es ‚die verfassungsrechtliche Pflicht' der Staatsorgane der Bundesrepublik sei, ‚die Identität des deutschen Staatsvolkes' sowie ‚die Einheit des deutschen Volkes als des Trägers des völkerrechtlichen Selbstbestimmungsrechts nach Möglichkeit zukunftsgerichtet auf Dauer zu bewahren'.[1]

In diesem Zitat werden der politische Denkansatz und ein Kernanliegen der Neuen Rechten deutlich. Das Grundgesetz gilt ihnen als Gründungsdokument des deutschen Nationalstaates, dessen Volk seine Identität durch Ethnizität, Sprache, Kultur und Geschichte empfängt. Die Pflicht der Staatsorgane bestehe darin, die deutsche Identität und deren staatliche Souveränität zu bewahren. Die Pointe ergibt sich aus dem, was nicht gesagt wird. Wenn die vornehmste Pflicht darin besteht, der „multikulturellen Identitätsdiffusion des Staatsvolkes und dessen ethnopluralistischer Desintegration in tribalistische Volksgruppen entschieden"[2] entgegenzuwirken, dann gilt die Sicherung der die Verfassung fundierenden Grundrechte zumindest als nachrangig. Zugleich wird mit der Skandalisierung von Migration und den multi-nationalen Verflechtungen implizit die Verfassung selbst in Frage gestellt, denn bei dem unliebsamen Recht auf Asyl (Art. 16a GG), der Mitwirkung beim Aufbau der Europäischen Union

(Art. 23 Abs. 1 GG) sowie der Übertragung von Hoheitsrechten auf zwischenstaatliche Einrichtungen (Art. 24 Abs. 1 GG) handelt es sich ja um Verfassungsbestimmungen, die sich das deutsche Volk selbst gegeben hat (Art. 20 Abs. 2 GG). Diese im Namen des Volkes eingenommene Position oberhalb des Verfassungstextes ist charakteristisch für die rechtspopulistische Haltung der Neuen Rechten.[3] Explizit proklamiert man Verfassungstreue, implizit stellt man wichtige Verfassungsbestimmungen in Frage.

Im Zuge der Legitimation dieser Reklamation des Volkwillens wird von der Neuen Rechten regelmäßig der Brückenschlag zurück in das erste Drittel des 20. Jahrhunderts getätigt. Zentral hierfür ist das Handbuch *Die konservative Revolution in Deutschland (1918–1932)*, das der frühe Vordenker der Neuen Rechten, Armin Mohler (1920–2003), einst zusammengestellt hatte und das von seinem Schüler Karlheinz Weißmann aktuell gehalten wird.[4] Diese ursprünglich unter dem (politisch ganz unverdächtigen) Philosophen Karl Jaspers (1883–1969) entstandene Dissertation ist theologiegeschichtlich deshalb interessant, weil man unter der Überschrift „Die jungkonservativen Autoren" auf die evangelischen Theologen Gottfried Traub, Martin Niemöller, Paul Althaus, Werner Elert, Hans Asmussen, Friedrich Gogarten, Emanuel Hirsch, Hans Schomerus, Alfred de Quervain, Heinz-Dietrich Wendland, Hans Gerber sowie Horst Michael und Karl Lohmann trifft. Sie sind dem Abschnitt „Protestantischer Staat" zugeordnet. Von zentraler Bedeutung für die in diesem Buch entfaltete Idee des Volksgeistes ist allerdings Arthur Moeller van den Bruck (1876–1925), der für Mohler „neben [Thomas] Mann und [Oswald] Spengler […] wichtigste Kopf der Konservativen Revolution in ihrer ersten Entwicklungsphase."[5]

Diese Verbindung, die das Mohler-Weißmann'sche Handbuch behauptet, soll in diesem Aufsatz untersucht werden.[6] Es wird ein Vergleich der neu-rechten Affirmation der Volksidee mit dem theologischen Verständnis des Volkes aus der Weimarer Zeit angestellt. Dabei wird sich zeigen, dass es im neu-rechten Diskurs eine erhebliche Theorielücke gibt, deren Schließung auf ein Argument für ein liberales Staatsverständnis führt.

Zugrunde gelegt werden Texte aus der vom Verein für Staatspolitik e. V. in Steigra (Sachsen-Anhalt) herausgegebenen Zeitschrift *Sezession* aus den Jahren 2017 bis 2019, in denen sich fünf Themenhefte auf die Themen „Volk", „Nation" oder „Europa" beziehen. Verantwortlich im Sinne des Pressegesetzes zeichnet Götz Kubitschek, der zu den führenden intellektuellen Köpfen der Neuen Rechten gehört.[7] Die Zielgruppe dieser Zeitschrift ist eine bildungsaffine Leserschaft, die mit einer Mischung aus Theorieangeboten, Wissen, scharfen Kommentaren und mit einer ästhetisch nicht anspruchslosen Bilderwelt bedient wird.

1. Stellung, Inhalt und Bedeutung des Volksbegriffs bei der Neuen Rechten

Die neu-rechte Affirmation des Volksbegriffs hat ihren Fußpunkt in der Präambel des Grundgesetzes, in der „das Deutsche Volk" als Subjekt der Verfassungsgebung und in Art. 20 Abs. 2 als Inhaber der Staatsgewalt bezeichnet wird. Von hier aus gewinnen die historischen Darstellungen und die reichhaltigen politisch-ideologischen Abgrenzungen ihren Fokus. Im politischen Vordergrund steht die scharfe Kritik an der Flüchtlings- und Migrationspolitik der Bundesregierung seit

2015, die ja bekanntlich von der großen Mehrheit des Deutschen Bundestages gebilligt wurde. Für die Neue Rechte bedeutet sie keine tagespolitische Fehlentscheidung, sondern gilt als Anschlag auf das deutsche Volk, als Beitrag zur Gefährdung von dessen Identität durch die „migrationspolitische […] Auflösung des deutschen Nationalstaates in einen Vielvölkerstaat"[8]. Der zweite und damit zusammenhängende Kritikpunkt richtet sich gegen die Globalisierung, gegen die eine anti-kapitalistische Haltung mobilisiert wird. In diesem Zusammenhang kritisiert man die weltweit herrschende „wirtschaftsliberale Ideologie", die das Volk aushöhle zugunsten von „Materialismus und ‚Besitzindividualismus' (Mouffe)"[9]. In dieser Perspektive gerät vor allem die EU ins Feuer des neu-rechten Anti-Kapitalismus:

> Doch das jetzige EU-Europa ist kein Europa der Regionen, Nationen und Völker, sondern das Europa des freien Warenverkehrs, der offenen Grenzen nach innen und partiell auch nach außen: Es ist das Europa des Marktes, auf dem alles, wie Eberhard Straub formulierte, ‚zur Ware und damit zum Wert und jede menschliche Beziehung zu einer Geldbeziehung' reduziert wird.[10]

An dieser Stelle ergibt sich regelmäßig eine Nähe zum linken Anti-Kapitalismus, verknüpft mit dem Versuch, über diesen Punkt ein politisches und strategisches Einvernehmen herzustellen. Immer wieder wird auf die Nähe zu Äußerungen der französischen Denkerin Chantal Mouffe und zu politischen Äußerungen etwa von Sahra Wagenknecht hingewiesen.

> Die traditionelle Linke hatte ‚etwas vor' mit dem Volk, bemühte sich um die Abgehängten, kannte den Zusammenhang von National- und Sozialstaat und ist gerade dabei, dieses Erbe wiederzuentdecken und den blinden Fleck, das Volk, in den Blick zu nehmen.[11]

Eine strenge und unüberbrückbare Differenz gibt es aber für die Neue Rechte im Verhältnis zu derjenigen Linken, die sich auf die Menschenrechte bezieht. Sie werden stets als „Liberale" oder „Grüne" bezeichnet und gelten deshalb als Gegner des Volksgedankens, weil sie mit der Berufung auf die Rechte von Minderheiten auf die Auflösung der gegebenen Sozialstruktur und den Abbau von Gewohnheitsrechten der Mehrheit des Volks hinarbeiteten. Die Migrationspolitik der vergangenen Jahre wird als strategischer Hebel zur Auflösung der Nationalstaaten und der klassischen Völkerwelt angesehen.

Die Verfechter einer solchen Neuen Ordnung fordern unter anderem die Entmachtung der Nationalstaaten, die Förderung universeller Migration, die Vermischung der Religionen und die Verbreitung der Macht supranationaler Organisationen, deren Forderungen die Neue Ordnung konkretisieren.[12]

Dabei gerät der an den Menschenrechten orientierte Gedanke der Gleichheit aller Menschen in eine scharfe Kritik, weil er Migration legitimieren, die migrationsbedingte Auflösung des Volkes und seiner Zivilisation, d.h. die das von den Globalisierungsbefürwortern ausgegebene „Bevölkerungsaustauschprogramm"[13] umsetzen würde.

Es bleibt zu befürchten, daß sich im Laufe der Zeit Migration als Menschenrecht herauskristallisiert und sogar einklagbar wird. Das würde aber bedeuten, daß jene staatlichen Hoheitsgebiete, die besonders attraktiv für Neuankömmlinge sind, zu bloßen Siedlungsgebieten degradiert würden. Die Folgen kann man sich unschwer ausrechnen. Als gravierendste Konsequenz läßt sich langfristig der Kollaps der europäischen Rechts- und Sozialstaaten ausmachen. Die ‚länger hier Lebenden' (O-Ton Angela Merkel), deren Mitsprachemöglichkeiten sehr begrenzt sind, wären dann auch noch der Reste ihrer Vorteile gegenüber den erst seit Kurzem hier Verweilenden beraubt. Ein solches wahrscheinliches Szenario läßt sich nicht anders denn als ‚Zivilisationsbruch' charakterisieren.[14]

Die Skandalisierung von Migration dient überdies als argumentatives Mittel, um die Menschenrechte zugunsten einer nationalistischen Staatsidee infrage zu stellen. Diese Ausgrenzungsfigur betrifft in den untersuchten Texten nur Migranten. Indes ist sie grundsätzlich dafür offen, auch auf inländische Minderheiten bezogen zu werden. Die Kritik am Menschenrechtsdenken wird gebündelt in der Warnung vor den herrschenden Eliten in Wirtschaft, Politik und Medien, die ihre Macht dazu nutzten, die Substanz der Kultur und die Souveränität des Volkes auszuhöhlen. Die Elitenherrschaft habe dazu geführt, dass man die BRD als „Demokratiesimulation" bezeichnen müsse, als

> eine ‚Demokratie', deren Repräsentanten finden, das Volk habe sich *ihres* Vertrauens als würdig zu erweisen, welches Volk sich aber gleichwohl als ‚Souverän' umschmeichelt sieht, und die sich in den gut sechzig Jahren ihres Bestehens den ihr gemäßen Bürgertyp herangezogen hat, nämlich den Demokratiesimulanten.[15]

Dementsprechend versteht sich die Neue Rechte als Anwalt der Volksouveränität und spitzt die Konfrontation ultimativ zu, in der sich die politischen Lager mit Blick auf die Volksidee einander unversöhnlich gegenüberstehen:

> Die grüne Zivilgesellschaft hat tatsächlich nicht den Eindruck, sie hätte in den vergangenen Jahren das Recht gebeugt und Gesetze gebrochen. Vielmehr, so das Argument, habe man eine Überzeugung politisch umgesetzt: daß weder Volk noch Nation Größen seien, für die plausible, historische, rechtliche oder lebenspraktische Gründe des Fortbestands vorgebracht werden können. Wo es aber das »Volk« als Kategorie, als wahrnehmbare Größe nicht mehr geben oder sogar noch nie gegeben haben soll, wird man über seinen Vorrang in politischen Entscheidungen nicht mehr streiten können. Der Auseinandersetzung ist die gemeinsame Diskussionsgrundlage entzogen: Das Wohl des Volkes ist durch ein Wohl für eine Anzahl zufällig kürzer oder länger hier lebender Men-

schen ersetzt worden, und diese Unverbindlichkeit bedeutet letztlich: Asozialität mit gutem Gewissen. Das ist der Kern der Unversöhnlichkeit zwischen zwei Lagern.[16]

Damit ist der Grundgegensatz zutreffend beschrieben. Worin besteht nun aber der Inbegriff jener Kultur oder Zivilisation des (deutschen) Volkes, die durch Menschenrechts- und Wirtschaftsliberalismus so hochgradig gefährdet scheint?

Es ist auffällig, dass die Auskünfte an dieser Stelle recht vage sind, oftmals bleibt es nur bei den im ersten Zitat bereits erwähnten Stichworten „Sprache“, „Kultur“, „Geschichte“. Diejenigen Autoren, die sich auf die aktuellen Diskurse beziehen, üben in methodischer Hinsicht scharfe Kritik an konstruktivistisch angelegten Theorien des Volkes. Ihr Hauptargument lautet, dass konstruktivistische Theorien politisch instrumentalisierbar sind und inhaltlich im Dienst jener liberalen Ideologien stehen, die das Volk politisch zersetzen wollen, und die man im Namen des Volkes nun bekämpft. Sie würden den Volksbegriff durch begriffliche Konstruktion auflösen. Im Gegenzug verweist man auf substanzielle „ethnische“ Volkstheorien, die anthropogisch und biologisch, seltener rassetheoretisch fundiert sein sollen. Von entscheidender Bedeutung sind die Aspekte „Homogenität“ und „Vererbung“, an denen die konstante Seite des Volkslebens festgemacht werden. Erst nachrangig können durch soziale Prozesse und in den Grenzen, die Homogenität setzt, Veränderungen denkbar werden.

Ein ‚neurechter‘ Standpunkt [...] bezieht einerseits ethnische Realitäten sowie anthropologische Konstanten ebenso ein, wie man sich andererseits mit allen Implikationen eingesteht, daß sich die Lebenswelten im 21. Jahrhundert fundamental wandeln. Gleichwohl gilt auch in globalisierten Zeiten, daß es von Geburt an ein ‚Schon-Vorhandenes‘ gibt, ‚einen Hintergrund, der den Rahmen bildet für die Konstruktion des

Selbst' (Alain de Benoist) – eben ein Volk nicht nur im Sinne von *Demos* als bürgerlichem Wahlvolk oder Bevölkerung, sondern auch, aber wiederum nicht ausschließlich, im Sinne von *Ethnos* als Gemeinschaft gleicher Sprache, Abstammung usf. Die Ethnizität in modernen Massengesellschaften, in welche hinein und aus welchen heraus Migration erfolgt, erscheint so von rechts gesehen durchaus prinzipiell änderbar, aber weder quantitativ noch qualitativ beliebig formbar. Vereinfacht gesagt bedeutet das auch, daß die Integration von Einwanderern, die globalisierte Zeiten mit sich bringen und zumindest auch teilweise mit sich bringen müssen, nur in bestimmtem Maße, behutsam und unter Anerkennung der Hegemonie der aufnehmenden (Mehrheits-)Gemeinschaft erfolgen kann.[17]

Ähnlich argumentiert Caroline Sommerfeld, die unter dem Begriff „Abstammungsdeutsche“ biologische und kulturelle Vererbung einschließt, eine rassentheoretische Aufladung des Begriffs aber ablehnt. In Maßen könne es auch Neueintretende in diese Gruppe geben, die sogar zu „Volksseelendeutschen“ werden könnten.[18] Kriterium ist die kulturelle Homogenität, die einen gemeinsamen politischen Willen begründet und die geforderte Identifikation mit dem Staat ermöglicht:

Die kulturelle Homogenität – nicht eine totale, sondern eine grundsätzliche – schafft die langfristige Basis für die Ausbildung einer Identifikation mit dem Staat und eines gemeinsamen politischen Willens. Das ist weniger ein Postulat als vielmehr eine empirische Erkenntnis: je heterogener die Bevölkerung, um so geringer die Bereitschaft zu Solidarität und dem Hintanstellen eigener Bedürfnisse zugunsten des Kollektivs. Die Kurve zwischen Homogenität und Identität ist dabei nicht linear; es gibt vielmehr ein Mindestmaß an Homogenität, unterhalb dessen ein Wir-Gefühl dauerhaft nicht aufrechterhalten werden kann. Aus diesem Grund war der neuzeitliche Staat immer bestrebt, sein Staatsvolk einigermaßen homogen zu halten, kulturell wie politisch. Diese Bestrebungen waren notwendig zur Aufrechterhaltung seiner Existenz und Autorität. Der Blick auf historische Exzesse verweist dabei auf die Gefahren und Mängel dieses Staatsverständnisses: Ob politische Gleichschaltung oder Diskriminierung ethnischer Minderheiten – beides sind ins Extreme gesteigerte Konsequenzen aus dem Konzept der Volkssouveränität.[19]

Als staatstheoretischer Referenztheoretiker gilt ein – freilich einseitig verstandener – Carl Schmitt (1888–1985) und dessen Kritik an der liberalen Demokratie. Gegen die Kontingenz politischer Machtkämpfe wird von Schmitt die Substanz des Volkes als genuine Quelle des Rechts ausgewiesen. Die Identität des Volkes gibt sich dynamisch aus den historischen Erfahrungen eines Volkes und kondensiert sich in „Boden, Staat, Kirche"[20].

Jenseits dieser eher formalen Bestimmung der Kriterien gibt man keine Auskunft darüber, worin diese Homogenität besteht und wie die kulturelle Substanz zu bestimmen ist. Hier bleibt es regelmäßig bei Hinweisen auf das Gegebene und Vorfindliche und es wird suggeriert, dass dies homogen und vererbt sei. Daher sind es vor allem historischen Darstellungen, die ein Großteil der Veröffentlichungen auszeichnen, die wohl die Funktion haben, das Wesen des deutschen Volkes zu bestimmen und als gegeben auszuweisen.[21] Hier werden einige Konturen sichtbar. Dabei wird die herausragende Bedeutung der deutschen Sprache betont. Das Mittelalter sowie das 18. und 19. Jahrhundert gelten als diejenigen Epochen, in denen das politische Bewusstsein der Zusammengehörigkeit gewachsen ist. Herder und die Weimarer Klassik werden hierbei neben den Befreiungskriegen gegen Napoleon als Katalysatoren hervorgehoben, die deutsche Nationalliteratur des 19. Jahrhunderts wird als repräsentativ und beispielgebend hingestellt. Der Gegensatz zu den Nationalkulturen in Frankreich und England wird betont. Dementsprechend wird der Erste Weltkrieg als „Kulturkrieg" gedeutet, als Konfrontation der „autochtonen" Lebensweise des deutschen Volkes mit den liberal geprägten Gesellschaften des Westens.

> Für Deutsche ging es [im ersten Weltkrieg] unabhängig von ihren nationalen Interessen vor allem um die Verteidigung des vielgestaltigen Lebens überhaupt, also um mannigfache geistige und politische Sonderformen der Völker und Staaten, in der Abwehr ausgedachter Allgemeinheiten »des Westens«, denen sich alle zum Wohle des Welthandels und der mit ihm beschäftigten Menschheit als Weltgemeinschaft der Händler anpassen sollten.[22]

Neben dieser ungebrochenen Wiederholung der damaligen Kriegspropaganda, die den Zweck verfolgte, die imperialen Kriegsziele ideologisch zu überhöhen, ist auffällig, dass die rassistische und Menschen vernichtende Überdehnung des Volksbegriffs durch die Nationalsozialisten entweder kritisiert[23] oder als Reaktion auf die mit dem Versailler Friedensvertrag erfolgte Demütigung Deutschlands verstanden wird.[24] Der strategische Effekt ist deutlich: Der Volksbegriff soll gegen seine Vereinnahmung durch die Nationalsozialisten geschützt werden, damit die Neue Rechte an dem Volksbegriff der konservativen Revolutionäre anknüpfen kann, die wiederum im Geist des 19. Jahrhunderts gedacht haben.

Bei dem Versuch der Bestimmung des deutschen Volkes als Kulturnation orientiert man sich vor allem an der Sprache und an der bildungsbürgerlichen Hochkultur des 18. und 19. Jahrhunderts. Die emanzipative Bedeutung, die der Volksbegriff im 18. Jahrhundert bekommen hat, wird in dem Sinne aufgegriffen, dass der Nationalstaat derjenige Ort ist, an dem sich die Nation politisch befreit und souverän wird. Das Kaiserreich gilt als dasjenige politisch-autoritäre Gebilde, in dem das deutsche Volk in der Moderne seinen Ort gefunden hat. Mit Herder wird die Vielfalt der Völker betont. Ausdrücklich wird politisch die globale Konvivenz aller Nationen gefordert. Die Kategorie „Ethnopluralismus" ist gängig. Imperiale Gedanken begegnen in den hier gesichteten Texten nicht, oder nur insoweit, als die Neue Rechte mit ihrer rückwärtsgewandt-statischen Volksidee das bestehende, politisch und ökonomisch wirksame Macht- und Wohlstandsgefälle zwischen den Staaten der Nord- und der Südhalbkugel der Erde festschreibt.

An diesen geistes- bzw. kulturgeschichtlichen Skizzen fallen zwei Aspekte auf, die hier vertieft werden sollen. *Einmal*, die kulturellen Ambivalenzen, die das 19. Jahrhundert auszeichnen, werden unterschlagen. Fokussiert wird die bildungsbürgerliche Nationalliteratur. Andere kulturelle Phänomene wie die bildende Kunst, die Arbeiterkultur, die großen z. T. naturwissenschaftlich inspirierten Strömungen und die kritische Philosophie, die das Individuum gegen die Masse, die ideologische oder ökonomische Verzweckung zur Geltung bringt (Kierkegaard, Nietzsche), werden fast vollständig ignoriert. Kurz: Die antagonistischen Kräfte, die die Kulturnation Deutschland im 19. und 20. Jahrhundert faktisch auszeichneten, werden programmatisch ausgeblendet. Wohlwollend könnte man dies so bewerten, dass sich hier eine regressive Sehnsucht nach einer heilen Vergangenheit zeigt. Kritisch wäre zu sagen, dass es sich um Geschichtsfälschung handelt. *Sodann* fällt auf, dass man sich durchweg Stellungnahmen zur deutschen oder europäischen Religionsgeschichte erspart, die bei seriöser Bestimmung der Identität der deutschen Geschichte sicherlich nicht übersehen werden darf, weil das Christentum einerseits die deutsche Kultur stark geprägt, ihr durch die konfessionelle Spaltung einen starken Antagonismus zugefügt hat. Aber Thor von Waldstein und Eberhard Straub kommen in ihren geistesgeschichtlichen Skizzen ganz ohne Hinweise auf die Bedeutung des Christentums für die deutsche Kultur-(Geschichte) aus. Immerhin kritisiert von Waldstein die Ausgrenzung der Juden. David Engels spricht vom „Niedergang altererbter Religionsformen“[25] und thematisiert das Christentum im Verfallsmodus, wenn er vom „Christentum des 19. Jahrhunderts“ spricht oder „von der betrüblichen Schwundstufe der nachkonziliaren Zeit“.[26] Das Fehlen einer geklärten Sicht auf das konfessionell plurale Christentum und seiner Bedeutung für die deutsche Geschichte und Kultur ist ein gravierender Mangel des Volksbegriffs der Neuen Rechten.[27] Gründe für diese Leerstelle mag man in den Bildungsbiographien der Autorinnen und Autoren suchen.[28] Strategisch könnte er dadurch veranlasst sein, dass in der polemischen Optik der Neuen Rechten die Religion des Islams den verhassten Migrantinnen und Migranten zugerechnet wird, während die Vertreter der evangelischen und römisch-katholischen Kirchen zu den menschenrechtsliberalen Eliten zählen, die an der Auflösung des Volkes arbeiteten. Gleichwohl ist gerade in einer historisch angelegten Affirmation des Volksbegriffs die Ausblendung der Religion nicht nachvollziehbar. Das soll nun ein vergleichender Blick auf Variationen des Volksbegriffs von nationalkonservativen Theologen der Weimarer Zeit zeigen, auf die Mohler und Weißmann selbst verweisen.[29]

2. Der Volksbegriff nationalkonservativer Theologen der Weimarer Zeit

Die deutsche Kriegsniederlage, der durch die Revolution 1918 erzwungene Abschied von der monarchischen Obrigkeit und vom landesherrlichen Summepiskopats sowie das Versailler

Friedensabkommen bilden den zeitgeschichtlichen Hintergrund für die Sozialethik der nationalkonservativen Theologen der Weimarer Zeit. Die Kulturkriegspropaganda der Weltkriegszeit wirkt bei ihnen weiter nach. Man bewegt sich in Äquidistanz zum kommunistischen Regime in Russland und zu den liberalen Demokratien des Westens. Sowohl die Kritik an den beiden abgelehnten Wegen als auch die Affirmation des eigenen Gesellschafts- und Staatsmodells werden vermittelst der Zentralstellung der Kategorie des deutschen Volkes begründet.

Emanuel Hirsch (1888–1972) knüpft bei Herder an und geht von der Individualität und Pluralität der Völker aus, die die historische Individualität von Staaten begründet.

> Zu jedem Staate gehört ein Land, ein Stück dieser Erde, das gerade er und kein andrer im Besitz hat, und das sich von jedem andern Stück Erde unterscheidet. Und zu jedem Staat gehört eine Bevölkerung, eine Gruppe von Menschen, die gerade in ihm und in keinem andern leben und ihre Besonderheit haben gegenüber jeder andern Gruppe. Dieses Land und diese Menschen sind in einer Einheit des Lebens und Wollens zu einem selbständigen Ganzen zusammengefaßt, das sich als Gebilde von Eigenart und innerer Geschlossenheit abhebt gegen fremde Einheiten gleichen Ranges. Erst wer den Staat konkret als solch Ganzes sieht, sieht sein eigentliches Wesen.[30]

Der Staat repräsentiert den politischen Willen eines Volkes und daher ist „Staatseinheit [...] ohne Nationaleinheit nicht denkbar."[31] Der Staat ist als Persönlichkeit zu denken, die über einen einheitlichen Willen verfügt. Daher formuliert Hirsch im anti-parlamentarischen Gestus: „Der Staat muß wieder ein geschlossener Wille, eine geschlossene Persönlichkeit werden."[32] Da aber nach Hirschs Auffassung die Monarchie in Deutschland jeden Kredit verloren hat, schwebt ihm die Weiterentwicklung der Reichsverfassung zu einer Art Diktatur des Reichspräsidenten und des Reichswirtschaftsrates vor,[33] die „auf Kosten des Reichstages" und gestützt auf das „Fachbeamtentum" regieren.[34] Hirsch antizipiert also 1921 denjenigen Weg, den die Weimarer Republik ab 1930 mit den autoritären Präsidialregierungen selbst gegangen ist.

Die Einzelnen sind von Geburt und Erziehung her in die Lebensgemeinschaft von Volk und Staat hineingeboren und von ihr her bestimmt.[35] Hirsch sieht dieses Nationalgefühl als Teil des natürlichen Daseins, es sei „in lebendiger Unmittelbarkeit"[36] gegeben, werde „am fühlbarsten in dem Verhältnis, wie wir es [...] zu vergangenem Leben gewinnen"[37], also im historischen Bewusstsein, trete hervor in dem Willen, sich der Vergangenheit in „Dankbarkeit"[38] Wert zu zeigen und das Erbe schöpferisch und verantwortungsvoll weiterzuentwickeln.[39] Diese Einbindung der Einzelnen in das Volk ist zugleich ein Argument gegen die liberale Vorstellung von Freiheit und Gleichheit der Einzelnen und – damit verknüpft – ein Argument gegen die Demokratie. Freiheit und Gleichheit werden zu abstrakten Normen, wenn man von der konkreten Stellung der Einzelnen im Volksorganismus absieht.

> Wenn man unter Demokratie eine Regierungsverfassung versteht, die den Staat ganz in die Hände [...] ihrer Mehrheit [...] gibt, so ist Demokratie eine große Verkehrtheit."[40] Denn auf diese Weise wird die Nation zur Beute Einzelner, die vorübergehend das Recht haben, „frei über den Staat zu verfügen.[41]

Daher sei einerseits der Staat vom Verfügungsrecht Einzelner zu trennen: „der Staat, das ist das oberste Gut der Nation in allen ihren Geschlechtern. Der Staat ist das über uns."[42]

Zum Aufbau und Verinnerlichung der erforderlichen Nationalgesinnung im Volk unterbreitet Hirsch konkrete identitätspolitische Vorschläge.[43] Mittel zur Stärkung des Staates ist z.B. eine zweijährige „Arbeitsdienstzeit", in der Männer und Frauen „dem Staat in notwendiger wirtschaftlicher Arbeit ohne anderen Entgelt als Kleidung und Nahrung zu dienen" hätten. Diese Einrichtung „hätte ebenso stramm auf dem Befehlen und Gehorchen zu stehen wie das alte Heerwesen."[44] Dazu kommen sozialpolitische Maßnahmen wie ein „neues Bodenrecht und die Sozialisierung von Betrieben"[45], übrigens um den Ausverkauf von deutschen Schlüsselindustrien an ausländische Investoren zu verhindern. Hier begegnet wie bei anderen nationalkonservativen Theologen jener Zeit eine anti-kapitalistische Haltung, die sie – an diesem Punkt – in die Nähe zum (religiösen) Sozialismus bringen. Wie bei der Neuen Rechten wird das kapitalistische Wirtschaften als Ausdruck des westlichen Individualismus scharf kritisiert. Alle Maßnahmen, die Hirsch und andere Nationalkonservative vorschlagen, dienen der Herstellung politischer Homogenität. Hirsch wünscht sich „eine Schule der Staatsgesinnung, ein Band der Reichseinheit"[46].

Die ethische Bedeutung der Religion sieht Hirsch darin, die Bindung der Menschen an das Volk zu festigen. „Wir sind in diese Welt gestellt von Gott, auf daß wir die Pflichten, die uns aus dem Irdischen entspringen, erfüllen im Aufblick zu ihm."[47] Die Verinnerlichung der Pflichten geschieht „im ringenden Gespräch mit ihm"[48], in dem Gottes konkreter Wille erkannt und im Gehorsam umgesetzt wird. Daher begründet das im Gewissen verankerte Verhältnis zu Gott eine „innere Selbständigkeit des Christentums gegenüber dem Weltleben"[49], die den Eigenwert des Einzelnen in Gott und die vom Einzelnen im Gewissen zu verantwortende moralische Rückvermittlung in die Welt (d.h. zu Volk und Staat) zum Inhalt hat. Im Unterschied zum „natürlichen Affekt der Vaterlandsliebe"[50] wird diese also erst „dann wahrhaft sittlich, wenn sie in der Entscheidung mit der ganzen Person ergriffen wird“[51] und Gott im Gewissen zum „Herr des Lebens“ und zur Quelle des persönliches Ethos wird. Damit wird einerseits die natürliche Vaterlandsliebe bestätigt und verstärkt, aber andererseits auf Distanz gebracht. Denn sie wird nicht im Sinne eines Nationalismus absolut gesetzt. Vielmehr eröffnet sie dem Einzelnen eine Freiheit der Entscheidung, wie er sein Handeln zugunsten der Nation bestimmen will,[52] ermöglicht Kritik[53] und anerkennt die anderen Nationen als gleichberechtigte Akteure der Weltgeschichte.

Diese hier bei Hirsch erkennbare Differenz wurde von anderen nationalkonservativen Theologen stärker betont. Auch für Paul Althaus (1888–1972) gehört das Volk zu den unhintergehbaren „überindividuellen Lebenseinheiten“[54], in die das Leben des Einzelnen eingebettet und dem es bleibend verpflichtet ist.

> *Volk* ist die über Familie, Sippe, Stamm hinausgreifende, durch körperliche und geistige Fortzeugung über die Jahrhunderte reichende Lebenseinheit von Menschen gemeinsamer seelischer Art. Dieses besondere Seelentum heißt *Volkstum*. Es offenbart sich in der Sprache und in dem gesamten Kulturschaffen des Volkes.[55]

Die Vielzahl der Völker ist „im göttlichen Schöpferwillen und Schöpferreichtum begründet.“[56] Im gegenwärtigen Diskurs wird dies als Ethnopluralismus bezeichnet. Der Hinweis auf die ‚Volksseele‘ deutet an, dass die Größe ‚Volk‘ als organischer Körper mit einer überindividuellen Einheitsinstanz gedacht wird, der sich die Einzelnen einzuordnen haben und der die Staatsform Ausdruck geben muss. Der Staat soll mit seiner Verfassung und seinen Gesetzen der Identität des Volkes entsprechen. Für Althaus bedeutet das, das organisch-aristokratische Staatsideal „tief in der deutschen Geschichte und deutschem ständischen Denken begründet“[57] ist. Die egalitäre Gleichheitsidee der französischen Revolution wird daher abgelehnt: „Die Liebe des Evangeliums ist Wille zur Gemeinschaft, aber nicht Wille zur Gleichheit.“[58] Gleiches gilt für den demokratischen Staat, denn dieses Staatsideal stammt aus

> der ausgehenden Antike und der Aufklärung […], ist vom abstrakten Gleichheits- und Menschheitsgedanken getragen; es ist einseitig individualistisch und unorganisch, d.h. es löst den Menschen aus seinen Zusammenhängen und organischen Verhältnissen (daher gleiches Wahlrecht, Frauenstimmrecht).[59]

Aus der Einbettung der Einzelnen in das Volk werden mehrere moralische Pflichten abgeleitet, die von der christlichen Ethik verarbeitet werden. Einmal gehören die Akzeptanz, die Verinnerlichung des Geprägt-Seins durch das „Volkstum“ und die „Treue, die Verantwortung für das Erfüllen der Volks-Sendung“[60] zu den moralischen Grundpflichten, die die christliche Ethik vom „rational-kritizistischen, individualistischen Geist[…] der Aufklärung“[61] unterscheidet. Da die Möglichkeit einer rassetheoretischen Untermauerung der Volkstheorie von Althaus ausdrücklich anerkannt wird,[62] gehören zu den grundlegenden Aufgaben die Erhaltung seiner biologischen „Gesundheit und Güte“ und die Abwehr „der Gefahr seiner biologischen Verwahrlosung […] (‚Rassenhygiene[‘])“[63]. Das Volk

> soll sich in der ihm anvertrauten Eigenart und besonderen Sendung erfassen und durch Abwehr aller Überfremdung treu behaupten; es muß alles daran setzen, den in seiner Anlage und Geschichte liegenden Schöpferwillen […] zu erfüllen. Das bedeutet für alle seine Glieder Verantwortlichkeit für die biologische Erhaltung des Volkes durch gesunden tüchtigen *Nachwuchs*, die Pflicht der *Treue* gegenüber der Volksart und Volksgemeinschaft, aus der ihr eigenes Leben wächst.[64]

Die mit diesen Formulierungen vollzogenen Abgrenzungen richten sich gegen das jüdische Volk, dem man in „*Fremdheit*“[65] gegenübersteht, die „in der Gestaltung des äußeren Schicksals der Juden und der Prägung der jüdischen Geistigkeit durch die *Ausstoßung Jesu*“[66] wurzelt.[67]

Althaus' theologische Affirmation des bereits in den 1920er Jahren rassistisch aufgeladenen Volksbegriffs und seine identitätspolitischen Maximen werden allerdings von ihm mit zwei Bremsen versehen. *Einmal* liegt in der schöpfungstheologischen Anerkennung der Bestimmtheit des eigenen Volkes auch die Anerkennung der „*Einheit der Menschheit* nach Schöpfung und Bestimmung“[68]. Daher ist die Kirche verpflichtet, nicht nur das eigene Volk im Blick zu haben, sondern auch „den Willen zu übervölkischer Gemeinschaft in der Gewißheit des einen Schöpfers und Herrn und des in Christus angebrochenen [...], durch ihn kommenden Gottesreiches“[69] zu erwecken. Der christliche Glaube steht also auch im Dienst der kosmopolitischen Zusammengehörigkeit aller Menschen über die durch die Volkszugehörigkeit gesetzten Schranken hinweg. Für die Begründung von Recht und Staat wirkt sich die schöpfungstheologische Begründung des Volkes als Lebenseinheit *sodann* so aus, dass lediglich der „Rechts*gedanke*“ als „unbedingt verbindliche *Form*“[70] gilt. Von ihm her erhält auch der Staat seine „Würde“ und „Autorität“.[71] Aber die Setzung des positiven Rechts und die konstitutionelle Gestaltung des Staates sind für Althaus politische Aufgaben, für die aus dem Evangelium keine unmittelbaren Ableitungen getroffen werden können. Überdies zieht Althaus dem Staat ebenso wie der ethischen Volksbindung des Einzelnen klare Grenzen: „Die Gemeinde kämpft z.B. gegen den Anspruch des Staates auch das *geistige* Leben des Volkes beherrschend zu regeln. Der Staat kann das Opfer des Lebens, aber nicht das Opfer des Gewissens fordern."[72]

Mit dieser Differenzierung werden holistische Überdehnungen im Volks- und Staatsverständnis gedanklich verhindert. Die im Gewissen des Einzelnen verankerte reformatorische Theorie des Christentums hält im kritischen Gegenüber zu Volk und Staat den nicht mit ihnen verrechenbaren Selbststand des Individuums fest.

Friedrich Gogarten (1887–1967) geht noch einen Schritt weiter. Er entwickelt in seiner Monographie „Politische Ethik"[73] die christliche Staatsidee auf streng lutherische Weise und geht bezeichnender Weise auf den Volksbegriff erst nachgeordnet ein. Sein grundsätzlicher Anti-Liberalismus, den er mit allen Konservativen teilt, zeigt sich in seinem Menschenverständnis, das im Kern pessimistisch und von einem starken Sündenbegriff bestimmt ist. Die souveräne, weil von Gott verliehene Hauptaufgabe des Staates besteht darin, die Sünde zurückzudrängen und die zivile Ordnung zwischen den Menschen herzustellen. Zur Beschreibung der moralischen Pflichten knüpft Gogarten etwas freihändig an die lutherische Ständelehre an. Der Mensch lebt im Gefüge von „Von-einander-her-sein" (Ordnungen wie Familie, Recht, Wirtschaft, Sitte) und „Für-einander-da-sein" (Selbstbestimmung in Verantwortung für den Nächsten im Rahmen der vorgegebenen Ordnungen). Im und durch den Glauben erkennt der Mensch die Unbedingtheit der vorgegebenen Ordnung und der durch sie gesetzten Pflichten, denen er zu folgen hat.

> Daß Gott damit, daß er Staat, Obrigkeit und alle Ordnungen und Sitte, die dazugehören, sein läßt, in einem ausgezeichneten Sinn sein Schöpferwerk tut [...], das kann nur erkannt werden, wo in der Erlösung Gottes Den-bösen-Menschen-gut-sein erkannt ist. Nur der Glaube kann erkennen, daß Obrigkeit, wo sie ist, von Gott verordnet ist [...].[74]

Damit wird implizit ein autoritärer Staatsaufbau befürwortet, der durch den Verweis auf die dem einzelnen Leben verbindlich vorgelagerten Ordnungen grundsätzlich für den Volksgedanken offen ist. Gogarten kommt auf ihn im Zuge der Erörterung des Verhältnisses von Kirche und Staat zu sprechen, um auf die aktuellen Diskurse einzugehen. Ebenso wie die Neue Rechte der Gegenwart deutet die Betonung des Volksgedankens als „Reaktion auf seine Vergesellschaftung und die mit ihr verbundene Internationalisierung. Es meldet sich in ihr das geschichtlich-traditionsmäßige Element des Staatslebens."[75] Die Rückbesinnung auf das Volk ist für Gogarten also der konzeptionelle Gegenschlag zur Individualisierung und Globalisierung, der die sittliche Einhegung des Individuums in das Leben der Nation betont:

> Es handelt sich dabei ja um nichts Geringeres als um das geistig-sittliche Leben eines Volkes, um das, was wir Sitte und Konvention genannt haben. Es gibt das immer nur als nationale Sitte, das heißt, immer nur in der lebendigen Geschichte und als lebendige Geschichte eines Volkes. Und man braucht sich nur daran zu erinnern, dass es in der Sitte und Konvention um die Ehre geht, um zu sehen, daß der Lebensnerv des Nationalen die Ehre ist. Und da es bei der Ehre um die Existenz des Menschen geht, so betrifft das Nationale allerdings die Existenz des Volkes.[76]

Die politische Aufgabe besteht nun darin, im staatlichen Handeln die Bestimmtheit der Nation und durch sie auch die Einzelnen nach innen und außen zur Anerkennung zu bringen. Gogarten sieht aber den Nationalstaat durch zwei Tendenzen gefährdet. Die *eine* Gefährdung wurde oben mit dem Stichwort „Vergesellschaftung" schon angedeutet. Sie droht, wenn der Staat in die Interessen Einzelner oder (globaler ökonomischer) Gruppen gestellt wird und seine Souveränität verliert. Mit der Diskussion der *anderen* Gefährdung weicht Gogarten von den Überlegungen Hirschs und Althaus' ab. Sie besteht darin,

> daß man den Staat im Nationalen begründet sein läßt, dann behält der Staat nur noch eine geliehene Hoheit. [...] Nämlich die, [...] daß das Nationale sein höchster Zweck ist. Das aber kann der Staat nicht ertragen, ohne schwersten Schaden zu leiden. Der Staat hat seine eigene, ganz und gar nicht abgeleitete Hoheit oder er hört auf, Staat zu sein.[77]

Mit der Formulierung des zuletzt zitierten Satzes spielt Gogarten auf die reformatorische Lehre von der von Gott eingesetzten Obrigkeit an und wendet sie gegen die nationale Begründung des Staates, in der er einen dämonischen Übergriff bzw. eine pseudoreligiöse oder theokratische Verklärung sieht.[78] Die Unterscheidung von Staat und Kirche hat dagegen die Funktion, die Souveränität des Staates als die von Gott eingesetzte Obrigkeit zu begründen und zugleich die wichtige Bedeutung des Nationalen bzw. des Volkes auf Konvention und Sittlichkeit zu beschränken. Die theologische Begründung verdankt sich einer rechtfertigungstheologischen Analogie. Die im Rechtfertigungsglauben erfolgte Befreiung des sündigen Menschen von der Dämonie des Bösen befreit auch von einer dämonischen Vereinnahmung des Staates durch einen religiös aufgeladenen Volksbegriff. Dieser wird daher von Gogarten auf eine sittlich-kulturelle Größe zurechtgestutzt und mit dem Verweis auf das Christentum mit der „europäische[n] Idee der Persönlichkeit" verknüpft.[79]

Für die politische Ethik bedeutet dieser Gedanke, dass der politische Gehorsam zwar durchaus dem Volk geschuldet wird. Das göttliche Gebot, an dem die Christen ihr Handeln ausrichten, wird danach „in den ‚politischen' Ordnungen (Staats- und Volksgesetz) [...] erfahren"[80] und verpflichtet die Christen. „So begegnet uns Gottes Gesetz in demjenigen, [...]

was in den Ordnungen des Staates und Volkes, der Ehe und Familie, im Befehlen und Gehorchen von uns gefordert wird."[81] Aber die ethische Einbindung in den Volksorganismus hat eine Grenze, die zweifach bestimmt wird. *Einmal* räumt Gogarten ein, dass die Bestimmtheit der Ordnungen, in die hinein das göttliche Gesetz weist, kritisiert werden kann: „Selbstverständlich unterliegt es der Kritik. Seine ‚Fassung' ist niemals endgültig. Sie unterliegt aber der Kritik von der Vernunft her"[82]. Diese Kritik ist dann aber nicht religiös motiviert und bestimmt, sondern ist Sache der vernünftigen Einsicht. Die *andere* Grenze ist religiös bestimmt und sie besteht in der Erfahrung der Offenbarung des Evangeliums, das von der Sünde, das Gesetz nicht erfüllen zu können, befreit und den Eigenstand des Christen im Gottesverhältnis jenseits seiner Einbettung in die irdischen Ordnungen beschreibt. Das Evangelium ist die absolute Grenze der Verstaatlichung oder Nationalisierung des Individuums. Diesen Befund wendet Gogarten ausdrücklich gegen Arthur Moeller van den Bruck, indem er kritisch dessen „verschwollene[…] Sprache" zitiert:

„Denn das Ganze ist nie an und für sich da, sondern es muß vom Einzelnen repräsentiert werden, der auch dann ein Einzelner bleibt, wenn er […] , in der Nation sein Ich als Gemeinschaft wiederfindet'"[83].

3. Der theologische Mehrwert des nationalkonservativen Volksbegriffs

Vergleicht man das Volksverständnis von Alter und Neuer Rechter miteinander, ergeben sich folgende Gemeinsamkeiten: Die Kategorie des Volkes wird als grundlegend für die Rechtsgemeinschaft und für den Staat angesehen. Sie hat den

Status einer dem Individuum vorgegebenen Ordnungsstruktur. Die Volkszugehörigkeit ist daher verbindlich und soll ethisch nicht zur Disposition gestellt werden. Diese moralische Forderung wird unterstrichen durch die Polemik gegen den westlichen Individualismus, gegen die die Einheit des Volkes zerreißende parlamentarische Demokratie und gegen globale Märkte und Kapitalismus. An dieser Stelle ergeben sich Konvergenzen zur sozialistischen Kritik. Gleichursprünglich zu diesen Abgrenzungen ist die Warnung vor der Gefahr vor Überfremdung, die in den 1920er und 1930er Jahren am Judentum festgemacht wird, gegenwärtig an den Migranten. Die Forderung nach Bewahrung völkischer Identität ist maßgeblich mit dieser Fremdsetzung verknüpft. Damals wie heute schwankt man mit Blick auf die Rassenlehre, die die nationalkonservativen Theologen der 1920er und 1930er Jahre unterschiedlich intensiv rezipieren. Dieser Befund gilt auch für die neu-rechte Publizistik in der Sezession der Gegenwart. Gemeinsam ist Alter und Neuer Rechter die Forderung nach hoher Homogenität, die das Volk aufweisen muss, um einen souveränen Staat zu begründen und zu erhalten. Als Kronzeuge galt und gilt Carl Schmitt, der freilich zu den Homogenität stiftenden Faktoren auch die „Religion" rechnete.[84] In einer gewissen Spannung zur Homogenitätsthese steht die von Alter und Neuer Rechte geteilte Einsicht in die Historizität des Volkes, weil die geschichtliche Entwicklung die (diskursiven) Öffnung des Volkes für neue Angehörige denkbar macht, was Heterogenität einschließt.

Bei den Fragen von Staatsform und Staatsaufbau setzen die Unterschiede ein. Die Alte Rechte sehnte sich nach einem autoritären Staat. Die Forderung nach Rückkehr zur Monarchie wurde allenfalls leise erhoben, eine Militarisierung des Staates wurde nicht angestrebt, vielmehr ein Ständestaat mit einer quasi-monarchischen Stellung des Reichspräsidenten. Die Neue Rechte fordert die Verankerung von plebiszitären Elementen in der jetzigen Verfassung, um dem Willen des Volkes gegen die herrschenden Eliten in Medien und Staatsspitze zur Geltung zu bringen. Des Weiteren fällt auf, dass die nationalkonservativen Theologen den Volksgedanken vor allem biologisch-organologisch durchführen. Das entsprach dem damaligen Denken und erlaubte die Anbindung an neutestamentlichen Vorstellungen von der christlichen Gemeinschaft als Leib Christi (1Kor 12,12-27; Röm 12,3f.). Dieser Ansatz findet bei der Neuen Rechten keine Entsprechung. Hier setzt man sich kritisch mit konstruktivistischen Volkstheorien auseinander und verweist positiv auf das kulturell Gegebene, das man auf einer Theorieebene in Anknüpfung an die Philosophie Hegels und ausdrücklich an Gogarten als „Sittlichkeit" bezeichnen könnte. Weil aber bei der Neuen Rechten das Organismus-Paradigma, das immerhin im begrifflichen Zugriff Homogenität suggeriert, faktisch ausfällt, ist sie genötigt, die Homogenität materialiter auszuweisen. Hier bleibt es jedoch bei knappen Verweisen auf die sehr selektiv wahrgenommene bildungsbürgerliche Hochkultur des 19. Jahrhunderts. In beiden Modellen werden die antagonistischen kulturellen Kräfte weggeblendet und verdrängt. Das Merkmal des Agonalen begegnet bei der Alten Rechten vor allem im Verhältnis der Völker, wodurch hier der Krieg auf sozialdarwinistische Weise naturalisiert wird.[85] Bei der Neuen Rechten, die keinen Bellizismus vertritt, wird das Agonale, wie schon bei Carl Schmitt, als „Freund-Feind-Antagonismus" politisiert und nach innen gerichtet, nämlich gegen die Eliten in Politik, Wirtschaft und Medien.

Der größte Unterschied besteht jedoch darin, dass die nationalkonservativen Theologen das kulturell geprägte Verhältnis von Volk und Religion so denken, dass das Gewissen als derjenige Ort zur Geltung gebracht wird, auf den Volk und Staat keinen Anspruch haben, weil hier der mit keiner irdischen Ordnungsmacht verrechenbare Selbststand des Einzelnen normativ verankert wird. In jedem Fall begründet der christliche Glaube so etwas wie eine innere oder geistige Reserve, die dem Einzelnen gegen das Volks-Kollektiv zukommt und die in seinem Gottesverhältnis begründet ist. Überdies verfügen die Theologen über einen klaren Blick für die kulturprägende Bedeutung der Religion, die sie am Beispiel des Christentums in drei Hinsichten bestimmen. *Einmal*, der konfessionelle Gegensatz, der die christliche Religionsgeschichte in Deutschland seit der Reformation prägt, begründet ein Vorverständnis von (religiöser) Pluralität im Volk. *Sodann* verweist die von den Theologen etwas unterschiedlich akzentuierte religiöse Begründung der moralischen Verpflichtung zum Dienst am Volk auf deren Nicht-Selbstverständlichkeit, denn nach übereinstimmender Auffassung der Nationalkonservativen bestand der Hauptgrund für die Kriegsniederlage im nachlassenden Willen der ‚Heimatfront'.[86] *Schließlich* ist den nationalkonservativen Theologen damals klar gewesen, dass die Einbettung des Individuums in das Volk durch das Gottesverhältnis immer schon transzendiert wird. Insbesondere bei Gogarten wurde sichtbar, dass der in Gott begründete Eigenstand des Individuums kritisch gewendet und gegen religiös überhöhten Nationalismus, völkischen Fanatismus oder bestimmte staatliche Gesetze gewendet werden kann. *In summa*: Die von den theologischen Repräsentanten der von der Neuen Rechten sog. konservativen Revolution vertretenen Anschauungen von Volk, Staat und parlamentarischer Demokratie sind überholt, oftmals und mit guten Gründen kritisiert worden und heute vor allem theologiegeschichtlich interessant. Jedoch findet man in der religionstheoretischen Anreicherung des Volksgedankens einen gedanklichen Impuls, der der Neuen Rechten deshalb entgeht, weil sie der Bedeutung von Christentum und Religion keine Beachtung schenken sowie in ihrer überzogenen Liberalismus-Kritik das Individuum im Innenverhältnis mit dem Volk gleichschalten und im Außenverhältnis verachten, wie die Eliten- und Migrationskritik zeigt.

Es dürfte – neben den gedanklichen Schwächen – die von der Elitenpolemik mitbestimmte Kritik an den Kirchen der Grund dafür sein, dass der anti-individualistische Affekt der Neuen Rechten so ungebremst zur Geltung kommt. Dahinter steht womöglich weniger ein Uniformitätsbedürfnis, wie es bei einem Denker wie Emanuel Hirsch durchaus ausgeprägt war, als vielmehr ein dezisionistischer Gegenschlag gegen Multikulturalismus und die Multioptionsgesellschaft. Darin liegt jedoch eine gewisse Paradoxie. Denn in soziologischer Perspektive betrachtet, führen Vertreter der Neuen Rechten (wie etwa Götz Kubitschek) –auch mit Blick auf ihre religiöse Orientierung[87] – individualistische Sonderexistenzen und haben insoweit selbst Anteil an dem, was sie bekämpfen. Man kann darin eine gewisse Komik erkennen, weil es den homogenen Volkskörper, den man imaginiert, gar nicht gibt und er eigens, aber eben nur als individuelle Sonderform inszeniert werden muss. Darin liegt zugleich eine gewisse politische Gefahr, weil sich der politische Wille, die vermeinte Homogenität auf Kosten der Freiheit der Menschen herzustellen, einst formieren könnte. In diesem Fall entstünde aus der Neuen Rechten eine neo-faschistische Bewegung. Immerhin fühlen sich schon jetzt durch solche andauernde verbale Ausgrenzung von Einzelnen und Minderheiten extremistische Täter zu verachtenswerten antisemitischen und islamophoben Gewaltakten aufgerufen.

4. Volk und liberales Staatsverständnis

In der protestantischen Ethik des Politischen der Gegenwart spielt der Begriff des Volkes keine Rolle. In theologiegeschichtlicher Hinsicht ist das eine nachvollziehbare Reaktion auf seine theologische Überdehnung in der ersten Hälfte des 20. Jahrhunderts. Die Annäherung des deutschen Protestantismus an die parlamentarische Demokratie vollzog sich vor allem durch die (rechtfertigungstheologische) Aneignung wichtiger Normen des Grundgesetzes, das man insgesamt – so der Untertitel der berühmten Denkschrift – als „Angebot und Aufgabe“ versteht.[88] Dieser Zugang machte den Rekurs auf die Kategorie des Volkes entbehrlich, was in den achtziger Jahren aus Rücksicht auf die Teilung Deutschlands und den völkerrechtlich unklaren Status der ehemaligen deutschen Ostgebiete angebracht war. So entwickelte sich eine Art protestantischer Verfassungspatriotismus,[89] über den die Kategorie des Volkes vergessen wurde. In jüngster Zeit wurde im Zuge der kritischen Auseinandersetzung mit dem Rechtspopulismus und im Rahmen der in der evangelischen Theologie kontrovers geführten Debatte über die „Flüchtlingskrise“ die Kategorie des Volkes wieder in neu ins Spiel gebracht. Man verwies darauf, dass das den Geflüchteten gegenüber wohlwollende und ethisch gut legitimierte Regierungshandeln dem Volk gegenüber verantwortlich ist und von den Bürgerinnen und Bürgern in den Wahlen kritisch evaluiert wird.[90] Während in diesem Kontext das Volk im Mehrheitswillen der Wahlbürgerinnen und -bürger Gestalt annimmt, begegnet es als Kollektivgröße in der Präambel des Grundgesetzes. Das „Deutsche Volk" bestimmt sich als hier Verfassungsgeber und legitimiert den Staat des Grundgesetzes. Dieser Sachverhalt gilt auch ganz allgemein: „Ohne ein [...] Staatsvolk gibt es keinen Staat, weder verfassungsrechtlich noch völkerrechtlich."[91] Das Volk ist diejenige Größe, die einen Staat fundiert und Zugehörigkeit, Mitwirkung und Rechtsträgerschaft regelt. Sie ist überdies Grundlage der internationalen Verständigung, wie schon ein Blick auf die UN-Charta zeigt, die mit den Worten „Wir, die Völker der Vereinten Nationen" beginnt oder die EU-Grundrechtecharta, die von den „Völkern Europas" und ihren gemeinsamen Werten spricht und zugleich von der Achtung ihrer Kulturen und Traditionen.

Die einschlägigen rechtwissenschaftlichen Kommentare des Grundgesetzes bezeichnen den Begriff des deutschen Volkes als die „Gemeinschaft der Staatsangehörigen"[92] oder „schlicht das Staatsvolk. [...] Das deutsche Staatsvolk umfasst die Gesamtheit derjenigen, die die deutsche Staatsbürgerschaft besitzen"[93]. Das entscheidende Merkmal für die Zugehörigkeit zum Staatsvolk und damit zum mitgliedschaftlich verfassten Personenverband „Staat" ist also eine rechtliche Norm, nämlich die gesetzlich verankerte und definierte Staatsangehörigkeit. Natürliche, ethnische oder kulturelle Aspekte spielen dafür keine Rolle. Diese werden relevant bei den sog. Statusdeutschen, die „als Flüchtling oder Vertriebener deutscher Volkszugehörigkeit oder als dessen Ehegatte oder Abkömmling in dem Gebiete des Deutschen Reiches nach dem Stande vom 31. Dezember 1937 Aufnahme gefunden" (Art. 116 Abs. 1 GG) haben. Auch sie sind Teil des deutschen Volkes im Sinne der Präambel.[94] Nach höchstrichterlicher Definition zählen zu den „‚Statusdeutschen' [...] auch Menschen, die zuvor, neben den zahlreichen osteuropäischen

Staaten mit teils muslimischer Bevölkerung, beispielsweise in China beheimatet waren."[95] Hohe Homogenitätserwartungen sind an den Begriff der Statusdeutschen daher nicht zu stellen. Die Inklusion dieser Deutschen ohne deutsche Staatsangehörigkeit in das deutsche Volk bedeutet also nicht, dass der Volksbegriff des Grundgesetzes hochanteilig durch ethnische Zuordnung oder kulturelle Homogenität bestimmt ist. Vielmehr gilt: „Ethnos und Demos sind entkoppelt"[96]. Das zeigt sich auch daran, dass ethnische Minderheiten wie die Dänen in Schleswig-Holstein und die Sorben in Sachsen deutscher Staatsangehörigkeit sind. Das Verständnis des Begriffs des Deutschen Volkes in der Präambel des Grundgesetzes ist, wie man an den genannten ethnischen Minderheiten deutscher Staatsangehörigkeit ebenso sehen kann wie an der Aufzählung der Bundesländer, von vornherein auf Integration unterschiedlicher regionaler, kultureller und ethnischer Traditionen angelegt,[97] deren Reichweite und Grenzen bei der Bestimmung der gesetzlichen Grundlagen für die Einbürgerung gesamtgesellschaftlich und politisch auszuhandeln sind. Für den Eintritt in die deutsche Staatsbürgerschaft ist zwar nach wie vor das Abstammungsprinzip leitend. Aber seit gut 20 Jahren wurden die Möglichkeiten erleichtert, dass die Kinder in Deutschland lebender Ausländer sich dafür entscheiden können, die deutsche Staatsangehörigkeit anzunehmen. Auch die Schwelle für eine doppelte Staatsbürgerschaft wurde abgesenkt. Bei diesen gesetzlichen Maßnahmen ging es darum, die durch Einwanderung zunehmend größer werdende Kluft zwischen Wohnbevölkerung und Staatsbürgerinnen und Staatsbürgern zu schließen, Integration zu befördern und Partizipation zu ermöglichen. Diese Veränderungen im Staatsangehörigkeitsgesetz waren politisch zwar nie unumstritten. Fragen der ethnischen Zugehörigkeit spielten bei den

Entscheidungen aber keine ausschlaggebende Rolle. Im Ergebnis ist das deutsche Volk durch die Liberalisierung des Staatsbürgerschaftsrechtes ethnisch, kulturell und religiös vielfältiger geworden. Dieser Sachverhalt ist nicht nur durch den Grundrechtskatalog des Grundgesetzes abgedeckt, sondern auch, wie oben dargelegt wurde, durch das Verständnis des Begriffs „Volk“ im Akt der Grundgesetzgebung selbst. Die von der Neuen Rechten vermeinte Homogenität ist also verfassungsrechtlich nicht gedeckt.

Vom Denken der nationalkonservativen Theologen kann man lernen, dass die Ideologisierung des Volksbegriffs religionstheoretisch zu kritisieren ist. In der hier christentumstheoretisch herausgearbeiteten Anerkennung der Subjektstellung der Einzelnen im Volk liegt der Ansatz für ein liberales Staatsverständnis. Er verharrt bei Hirsch und Althaus zwar ganz auf der Ebene des religiösen Gedankens und wird politisch nicht wirksam. Gogarten kann daraus aber bereits eine kritische politische Haltung ableiten und Grenzen der staatlichen Macht und der Ansprüche des Volkes denken. Das ist entscheidend: Ein wesentlicher Aspekt der liberalen Staatsidee ist die Selbstbegrenzung staatlicher Macht an der Subjektstellung des Einzelnen, wie sie bereits in der reformatorischen Lehre von den zwei Regierweisen Gottes präfiguriert ist.[98] Ausgehend von diesem Befund ist der Begriff des Liberalen zu verteidigen gegen die Verflüchtigung der Freiheit in ein Volkskollektiv. Ebenso ist der Begriff in Schutz zu nehmen gegen seine polemische Vernutzung in der pauschalen Kapitalismuskritik. Vielmehr ist „liberal“ im Anschluss an die reformatorische Tradition positiv ins Spiel zu bringen für die Vision einer freiheitlichen Gesellschaft, die verantwortungsbereite Selbstbestimmung der Einzelnen ermöglicht, fördert und die damit verbundene Vielfältigkeit nebst den mit ihr verknüpften Konflikten nicht nur zulässt, sondern auch bejaht. Die liberale Pointierung der freien Selbstbestimmung der Einzelnen impliziert *keinen* Verzicht auf die Verpflichtung im Verhältnis zur Gemeinschaft der Staatsbürgerinnen und Staatsbürger, die über die bloß rechtliche Zugehörigkeit hinaus auch eine moralische Ebene hat, die klassischer Weise als „Volk" bezeichnet wird. Diese wird exemplarisch erfahrbar, wenn man als Deutsche und Deutscher im Ausland auf die deutsche Kultur oder Geschichte angesprochen und durch solche Zuschreibung in die Verantwortung genommen wird. An diesem Beispiel wird deutlich, dass sich die Frage nach der geschichtlichen Identität des Volkes auch jenseits der Rechtsgemeinschaft und zwar für jede und jeden Einzelnen stellt. Im Innenverhältnis ist die Größe „Volk" für die Demokratie relevant, insofern die aus der Volkssouveränität abgeleiteten Prozeduren für Verfahren, Wahlen und Mandate im demokratischen Staat an sie gebunden sind. Die politischen Mandatsträger und Inhaber staatlicher Ämter sind dem Volk verpflichtet. Der religiöse Gehalt dieser moralischen Verpflichtung wird exemplarisch an der Formulierung des Amtseides kenntlich.

„Ich schwöre, dass ich meine Kraft dem Wohle des deutschen Volkes widmen, seinen Nutzen mehren, Schaden von ihm wenden, das Grundgesetz und die Gesetze des Bundes wahren und verteidigen, meine Pflichten gewissenhaft erfüllen und Gerechtigkeit gegen jedermann üben werde. So wahr mir Gott helfe." (GG Art. 56 Abs. 1)

Die in der Eidesformel verwendeten Begriffe „Wohl", „Nutzen" und „Schaden" verweisen wiederum auf das gemeinsame und (angesichts der offenen und durch politisches Handeln nur anteilig beeinflussbaren Zukunft) auch ungewisse Schicksal des Volkes, das die Menschen *gemeinsam* betrifft, von dem die Einzelnen allerdings in sehr unterschiedlicher Weise tangiert sind. In ethischer Perspektive ergibt sich daraus, dass das Volk jenseits seiner rechtlichen Verfassung als eine Schicksals- und Verantwortungsgemeinschaft zu verstehen ist, in die die Einzelnen eingebunden sind, an der sie partizipieren und die sie beeinflussen. Diese vorrechtliche Ebene zwischen den Einzelnen und dem Staat ist es, auf der vor dem Hintergrund der Geschichte und der Zukunft die politischen Interessen artikuliert, Konflikte ausgetragen und die Folgen politischer Entscheidungen getragen werden. Daher werden auf dieser Ebene auch die sittlichen Grundlagen des Zusammenlebens thematisch. Diese verstehen sich unter den Bedingungen von religiös-weltanschaulicher Pluralität nicht von selbst. Sie können von niemandem dekretiert und als für alle gültig vorgegeben, sondern müssen miteinander ausgehandelt werden. Eine Minimalbedingung dafür ist die ethische Bereitschaft, in diesen Prozess einzutreten und füreinander Verantwortung zu übernehmen. Diese als Volk geteilte Verantwortungsbereitschaft dürfte unverzichtbar sein für die politische Begründung etwa von (unterschiedlichen) Steuerlasten, insbesondere aber für die Begründung und die Weiterentwicklung des Bildungs-, Sozial- und Wohlfahrtsstaates.

Die Fragen nach Zugehörigkeit und Identität eines Volkes können nur diskursiv beantwortet werden und diese Antworten stehen nicht ein für allemal fest. Schon Emanuel Hirsch hatte darauf aufmerksam gemacht, dass sich das Nationalgefühl wesentlich durch Erinnerungsarbeit aufbaut.[99] Dem wird man zustimmen und für das deutsche Volk wird das bedeuten, dass die antagonistischen Bewegungen und agonalen Kräfte in der deutschen Geschichte präsent gehalten und neben den kulturellen (und politischen) Leistungen des Volkes auch die Erinnerung an die totalitären Diktaturen und die im Namen Deutschlands entfesselten Verbrechen ihren festen

Ort im kollektiven Gedächtnis behalten. Weil man diese Gegenläufigkeiten planmäßig unterdrückt, greift die Geschichtspolitik der Neuen Rechen zu kurz und erreicht nicht einmal das Niveau wesentlicher Vertreter der konservativen Revolution, auf die man sich beruft.

Das „Volk" ist eine grundlegende staatsethische Kategorie und ist auch für die theologische Ethik des Politischen bleibend relevant, vorausgesetzt man versteht sie in einer liberalen und mit Blick auf die Zugehörigkeit offenen Weise. An dieser Stelle wird man in der protestantischen Sozialethik in der hier angedeuteten Perspektive weiterzuarbeiten haben.[100] Denn die Kategorie „Volk" kann leitkulturelle Kraft nur gewinnen, wenn sie ihrer integrativen Aufgabe und synthetischen Struktur eingedenk ist, zu der wesentlich die Freiheit und Würde der Einzelnen gehört, deren Schutz und Förderung die Aufgabe des Staates ist.

Rochus Leonhardt

Die politische Kultur Deutschlands im Schatten des Rechtspopulismus

Als mich Johann Hinrich Claussen im Sommer 2020 wegen der Mitwirkung am vorliegenden Sammelband über die Neue Rechte angefragt hat, habe ich spontan zugesagt. Für meine damals umgehend bekundete Bereitschaft, einen Text beizusteuern, spielten insbesondere zwei Gründe eine Rolle. Zum einen hatte ich im letzten Semester vor Beginn der Corona-Pandemie, also im Wintersemester 2019/20, in Leipzig ein Seminar zum Thema „Populismus und Protestantismus" angeboten. Von daher war ich ein wenig vertraut mit dem Thema Rechtspopulismus, auch wenn ich mich weder damals noch seither mit konkreten Positionen der sog. Neuen Rechten so eingehend befasst habe wie die Mitautoren dieses Buches in ihren Beiträgen.

Zum anderen signalisierte mir Claussen, dass meine Mitwirkung auch deshalb willkommen und gewünscht sei, weil ich nicht nur an einer Universität in den neuen Bundesländern lehre, sondern vor allem, weil ich aus der DDR stamme, hatte ich doch das Glück, 2011 an die Theologische Fakultät der Stadt berufen zu werden, in der ich 1965 geboren worden war. Von daher könne ich, so Claussen sinngemäß, die ostdeutsche Perspektive sozusagen aus der Sicht eines *native speakers* einbringen. Ein Motiv für meine Mitarbeit war dies deshalb, weil die derzeit akuten Veränderungen in der politischen Kultur Deutschlands jedenfalls auf dem Gebiet der ehemaligen DDR auch Auswirkungen auf die Erinnerung an die zweite deutsche Diktatur haben. „Man darf ja heute nicht mehr offen sagen, was man denkt, das ist fast schon wieder so wie früher!" – Sätze wie diesen bekomme ich seit einigen Jahren zu hören, Tendenz: zunehmend.

Im vorliegenden Text frage ich in einem *ersten* Schritt nach der Plausibilität der zuletzt erwähnten Parallelisierung von DDR und gegenwärtigem Gesamtdeutschland. Ich möchte dabei zunächst deutlich machen, dass diesbezügliche Vergleiche oder Gleichsetzungen sehr unterschiedlich aussehen können und für die in diesem Beitrag verfolgte Frage nur zum Teil relevant sind. Daraufhin werde ich anhand einiger Beispiele aus der gegenwärtigen gesamtdeutschen Lebenswelt zu zeigen versuchen, worin – jedenfalls aus der Sicht eines „Gesamtdeutschen" mit DDR-Hintergrund – das Wahrheitsmoment einer solchen Parallelisierung liegt. In einem *zweiten* Schritt wende ich mich dem Phänomen „AfD" zu, jener Partei also, die regelmäßig und selbstverständlich als parlamentarische Repräsentantin des Rechtspopulismus betrachtet wird, mit Protagonisten der Neuen Rechten vernetzt ist und vielfach als eine Gefahr für die freiheitlich-demokratische Rechtsordnung des Grundgesetzes gilt. Meine Frage wird sein, wie dieser durchaus weitreichende Konsens einzuschätzen ist und, vor allem, wie sich die Kultivierung eines solchen Konsenses auf die politische Kultur Deutschlands ausgewirkt hat und weiterhin auswirken kann. Schließlich, in einem *dritten* Schritt, möchte ich die bis dahin dargestellten Beobachtungen und Einsichten aus der Perspektive des evangelischen Christentums beurteilen, und zwar vom Standpunkt einer protestantischen Ethik des Politischen aus.

Noch ein Wort zur Machart und zum Anspruch des Textes. Mir geht es primär um die Darstellung meiner persönlichen (und eben: ostdeutsch geprägten) Sicht auf die politische Kultur Deutschlands im Schatten des Rechtspopulismus; dieser persönliche Charakter wird auch durch die Verwendung der ersten Person Singular signalisiert. Einen streng wissenschaftlichen Objektivitäts- und Geltungsanspruch erhebe ich daher – jedenfalls in den Abschnitten 1 und 2 – nicht, zumal ich inhaltlich nur begrenzt kompetent bin; als Theologe verfüge ich weder über sozialpsychologische noch über politikwissenschaftliche Sachkunde. *Einen* Anspruch mache ich allerdings doch geltend: Ich verstehe mich selbst als einen politisch interessierten und informierten sowie aus evangelisch-christlicher Grundhaltung heraus demokratisch gesinnten Bürger. Und insofern wirbt mein Beitrag für das m. E. dringend nötige zeitdiagnostische Gespräch über die Lage der deutschen Demokratie und die Möglichkeit ihrer Stabilisierung und Weiterentwicklung – und hofft insofern auf Zustimmung oder kultivierte Entgegnung.

1. Gesamtdeutschland als „DDR 2.0"?

Die Warnung vor irgendwelchen „Nazis" […] war auch in der SED und vor allem anno 1989 *en vogue*, damals war Helmut Kohl einer und mit der Wiedervereinigung drohte das Vierte Reich. Inzwischen hat sich die SED-Diktion bis in die Union durchgesetzt, denn wir leben ja in einer DDR 2.0.

Diese Formulierungen stammen aus dem online-Tagebuch „Acta diurna"[1] des Journalisten und Schriftstellers Michael Klonovsky. Der 1962 im Erzgebirge geborene und in Ost-Berlin aufgewachsenen Klonovsky, der im Jahr 2005 den Roman *Land der Wunder*[2] publiziert hat, ist seit 2018 als persönlicher Referent von Alexander Gauland tätig und wird bei der Bundestagswahl 2021 als parteiloser Chemnitzer Direktkandidat für die AfD antreten. Damit ist eine Nähe zwischen der Parallelisierung von DDR und gegenwärtigem Gesamtdeutschland einerseits und der AfD andererseits bereits deutlich angezeigt. Insofern ist es nicht überraschend, dass der AfD-Bundestagsabgeordnete Enrico Komning (Neubrandenburg) der „Merkel-Regierung" vorgeworfen hat, sie arbeite „hart an einer auf Westdeutschland ausgedehnten DDR 2.0" (Rede vom 27. September 2018).[3]

Den zitierten Voten von Klonovsky und Komning gemeinsam ist eine spezifische Zuspitzung, was den vergleichenden Blick auf die untergegangene DDR und die gesamtdeutsche Gegenwart angeht. Grundsätzlich ist die Neigung zu solchen Assoziationen jedenfalls dort nicht nur verständlich, sondern sogar unvermeidlich, wo die Erinnerung an die DDR noch lebendig ist. „Sie werden endlich wieder platziert" – diese Formulierung ist mir im Herbst 2020 auf einer Tafel vor der Gaststätte „Moritzburg" im sächsischen Mittweida aufgefallen. Hier wurde ironisch darauf aufmerksam gemacht, dass die einstmals für die DDR-Gastronomie typische Praxis des Platziert-Werdens von Gästen durch das Restaurantpersonal angesichts der Corona-Pandemie eine kleine Renaissance erlebt hat, jedenfalls solange Gaststätten überhaupt noch öffnen durften.

Andere Assoziationen sind weniger harmlos. So kann ein den 19. Deutschen Bundestag bestimmender Sachverhalt durchaus gewisse Erinnerungen an die politische Wirklichkeit in der DDR wachrufen. Gemeint ist die Tatsache, dass der Gegensatz zwischen den Regierungs- und den Oppositionsfraktionen überlagert wird vom Gegensatz zwischen den aus den etablierten Parteien rekrutierten Fraktionen auf der einen und der AfD-Fraktion auf der anderen Seite. Dieser pauschal gegen die AfD gerichtete Schulterschluss einschließlich der damit verbundenen Ausgrenzungsmechanismen – von all dem wird in Abschnitt 2 noch die Rede sein – kann durchaus analogisiert werden mit dem Agieren der sog. Blockparteien im parlamentarischen System der DDR – freilich mit dem Unterschied, dass es eine echte Oppositionspartei niemals in die Volkskammer geschafft hätte. Weniger auf diesen Unterschied als vielmehr auf die Gemeinsamkeit hat der bereits zitierte Michael Klonovsky in einem „Acta diurna"-Eintrag vom 2. März 2018 hingewiesen:

> Heute haben sie im Bundestag über einen Antrag der AfD debattiert, den Satz: „Die Landessprache in der Bundesrepublik Deutschland ist Deutsch" als Artikel 22 Absatz 3 ins Grundgesetz einzufügen. Die Blockparteien schickten ihre rhetorischen Genies ins Rennen, um den Antrag getreu den Gepflogenheiten dieser parlamentarischen Hüpfburg abzuschmettern.[4]

Schließlich, speziell in der zitierten Formulierung von Enrico Komning, schlägt die Kritik am vermeintlich DDR-analogen Umgang mit der politischen Opposition in die Unterstellung eines Restaurationsplanes um: Mit Hilfe der sich selbst zu Blockparteien und damit Erfüllungsgehilfen der Regierungs-Agenda depotenzierenden Nicht-AfD-Opposition kann, so die verschwörungstheoretische These, die „Merkel-Regierung" ihren Plan einer Neuschaffung der DDR nahezu widerstandslos umsetzen. Die am 15. Oktober 2005 in der *taz* abgedruckte Aussage von Klaus Bittermann, in Angela Merkel erhebe „die DDR noch einmal ihr hässliches Haupt", wird also, mit deutlicher Verspätung, von rechtpopulistischen Verschwörungstheoretikern affirmiert.

Das Spektrum der DDR-Vergleiche reicht also, wie die vorstehenden Beispiele gezeigt haben, von locker-harmlosen Assoziationen über Hinweise zu Analogien, was den Umgang mit der Oppositionspartei AfD angeht, bis hin zur Unterstellung eines von der amtierenden Regierung verfolgten Plans zur Abschaffung der Demokratie durch die Etablierung einer „DDR 2.0", ein Plan, dem die AfD ihre Vision einer „Wende 2.0" entgegensetzt, womit sie ihre politische Agenda in die Tradition der friedlichen Revolution 1989 stellt.

Für die hier anstehende Frage nach der Verfasstheit der gesamtdeutschen politischen Kultur im Schatten des Rechtspopulismus sind die zuerst genannten Assoziationen ebenso irrelevant wie die zuletzt erwähnte Unterstellung. Erstere spielen keine Rolle, weil von ihnen, solange sie locker-harmlos bleiben, keine signifikanten Folgen für die politische Kultur zu erwarten sind. Letztere sind hier nicht zu diskutieren, weil sie einen explizit verschwörungstheoretischen Hintergrund haben; und für Verschwörungstheorien ist es nun einmal typisch, dass ihre Falsifikationsbedingungen planmäßig nicht offengelegt werden, was eine Sachauseinandersetzung unmöglich macht. Das stattdessen übliche Appellieren an vermeintliche Evidenzen folgt erkennbar keinem argumentativen, sondern einem politischen Interesse, das vielfach mit einem typisch populistischen Alleinvertretungsanspruch verbunden ist.[5] Argumentativ satisfaktionsfähig (und insofern hier relevant) ist allerdings die an zweiter Stelle genannte Variante der DDR-Vergleiche, also die Kritik an der parlamentarischen Einheitsfront gegen die AfD.

Bevor ich auf diese parlamentarische Situation näher eingehe, möchte ich einen Blick auf bestimmte Phänomene richten, die als aktuell-lebensweltliche Analoga zur Anti-AfD-Einheitsfront gelten können. Diese Phänomene sind m. E. sowohl signifikant für die Realität der gegenwärtigen gesamtdeutschen Gesellschaft als auch dafür geeignet, die *particula veri* der argumentativ satisfaktionsfähigen DDR-Vergleiche zu beschreiben. Ich führe zunächst einen konkreten Sachverhalt vor Augen, von dem ich allerdings meine (und dann zu zeigen versuche), dass er alles andere als ein „Einzelfall" ist, sondern vielmehr eine bestimmte zunehmend verbreitete gesellschaftliche Atmosphäre exemplarisch repräsentiert, eine Atmosphäre, die, so denke ich, der politischen Kultur Deutschlands alles andere als zuträglich ist.

In einem Interview, das der Mainzer Politikwissenschaftler und Honorarprofessor für Landespolitik Gerd Mielke im November 2015 dem SWR Fernsehen gab, äußerte er sich zum Themenkreis „PEGIDA und AfD" folgendermaßen: „Man sollte auf eine konsequente Einschüchterung des Packs durch eine konsequente Kriminalisierung setzen, eine Strategie, die zumindest die AfD und die PEGIDA von ihren autoritären Mitläufermassen trennen würde." Und weiter heißt es: „Wenn sich die Mengen von rechtsaffinen Kleinbürgern in Dresden in einem dreistündigen Polizeikessel erst alle mal in die Hose gepinkelt haben und abschließend mit Wasserwerfern traktiert wurden, dann haben sie für eine geraume Weile genug vom Demonstrieren." Als früherer Bürger der DDR kann man sich ein Schmunzeln nicht verkneifen angesichts der Tatsache, dass dieser Politikwissenschaftler, der zu Zeiten der rheinland-pfälzischen SPD-Ministerpräsidenten Rudolf Scharping und Kurt Beck in der Mainzer Staatskanzlei tätig war, einen Nachnamensvetter hatte, der, als lebenslang überzeugter Stalinist, ebenfalls ein robustes Vorgehen gegen politisch Andersdenkende befürwortet, ja sogar von einer finalen Lösung geträumt hat. „Wenn wir", so sinnierte *Erich* Mielke einem Tonbandmitschnitt von 1984 zufolge, „nicht gerade hier in der DDR wären [...], wenn ich in der glücklichen Lage wäre wie in der Sowjetunion, dann würde ich einige erschießen lassen. Revolutionäre Gesetzlichkeit [...], nicht etwa den Prozess machen, so meine ich."

Natürlich behaupte ich nicht, dass die Voten der beiden Mielkes *gleich*-zusetzen sind. Wenn man sie aber *ver*-gleicht, dann fällt das gemeinsame Interesse an einer – mit unterschiedlicher Intensität und Nachhaltigkeit vorgestellten – Stillstellung von Menschen ins Auge, die eine bestimmte Auffassung öffentlich vertreten. Und diese Stillstellung soll in beiden Fällen bewirkt werden durch eine politische Instrumentalisierung geltenden Rechts und die dadurch ermöglichte Anwendung von (nur bei Erich Mielke tödlicher) Gewalt: „Revolutionäre Gesetzlichkeit" hier, „Kriminalisierung" und Anwendung von Wasserwerfern dort. Dass die zitierte Verbal-Entgleisung von 2015 Erinnerungen weckt an die notorische Haltung der DDR-Führung gegenüber Oppositionellen, ist, so meine ich, nicht überraschend; ich selbst jedenfalls kann diese Assoziation sehr gut nachvollziehen. Dabei bin ich mir sehr wohl im Klaren darüber, dass zur Zeit der Äußerung von Gerd Mielke auf den PEGIDA-Demonstrationen mindestens verwerfliche, teilweise auch gefährliche Positionen vertreten wurden. Allerdings: Die Entscheidung darüber, wann genau eine in Art. 8 Abs. 2 GG ja ausdrücklich ermöglichte Beschränkung der Versammlungsfreiheit geboten ist, sollte man nicht einem „Honorarprofessor aus der südwestdeutschen Provinz" überlassen.[6]

Nun ist das zitierte Votum von Gerd Mielke einerseits eine ganz und gar unmaßgebliche Einzelmeinung, die es zwar zufällig ins Fernsehen geschafft hat, aber für die darin angesprochenen „rechtsaffinen Kleinbürger" keinerlei Folgen hatte. Andererseits – und deshalb habe ich diese Äußerung hier angeführt – kann sie doch auch als ein Symptom für eine nach meiner Beobachtung gesamtgesellschaftlich zunehmende Neigung gelten, Menschen mit bestimmten (vornehmlich) politischen Auffassungen zu stigmatisieren, auszugrenzen, gesellschaftlich zu ächten und dafür staatliche Unterstützung einzufordern. Hinzu kommt, dass dieser Neigung nicht nur zunehmend entsprochen, sondern dass der Vollzug von Stigmatisierung, Ausgrenzung und Ächtung vielfach sogar moralisch honoriert wird, was wiederum die benannte Neigung verstärkt. Auch hier zwei kleine, für sich betrachtet ganz unbedeutende, aber, nimmt man sie als Indizien für eine bestimmte Tendenz ernst, doch beunruhigende Beispiele.

(1) Der Politiker Andreas Kalbitz, der bis zum Entzug der AfD-Mitgliedschaft im Mai 2020 Mitglied des AfD-Bundesvorstandes war und als Landesvorsitzender der AfD Brandenburg sowie als Fraktionsvorsitzender der AfD-Fraktion im brandenburgischen Landtag amtiert hatte, wollte am 16. September desselben Jahres gemeinsam mit einem Bekannten das Berliner „Ristorante calice d'oro" besuchen. Laut der über den Bloggingdienst *Twitter* verbreiteten Auskunft des Restaurantinhabers sei – aus Rücksicht auf andere Gäste – das frühere Mitglied der inzwischen verbotenen Heimattreuen Deutschen Jugend „höflich darauf aufmerksam gemacht" worden, „dass seine Anwesenheit in unserer Gastronomie unerwünscht ist. Wir haben ihm die Bewertung dieser Aussage überlassen, worauf er unser Restaurant verlassen hat." Diesen Vorgang nahm eine gewisse Lilli Fischer, Jahrgang 2000 und CDU-Stadträtin in Erfurt, zum Anlass für folgende Twitter-Äußerung: „Ich möchte euch allen den den Laden [Wortwiederholung im Tweet] ‚Ristorante calice d'oro' Unter den Linden #Berlin empfehlen. Die haben hier gerade #Kalbitz und noch einen AfD Mann rausgeschmissen. Großartig! Ganz stark!"

(2) Am 24. Juli 2019 traf sich der deutsche Filmproduzent Hans Joachim Mendig (u.a. „Ein Fall für zwei"), seit 2015 in seiner Eigenschaft als Geschäftsführer der HessenFilm und

Medien GmbH verantwortlich für die Filmförderung des Landes Hessen, in einem Frankfurter Restaurant mit dem PR-Berater Moritz Hunzinger sowie mit dem AfD-Bundesvorsitzenden Jörg Meuthen. Meuthen hatte noch am selben Tag ein Foto dieser Begegnung gepostet. Doch erst nachdem im September das Stadtmagazin *Journal Frankfurt* über das Treffen berichtet hatte, wurde der Vorgang einem breiten Publikum bekannt. Der Filmkritiker und Regisseur Rüdiger Suchsland initiierte daraufhin eine an Mendig gerichtete Rücktrittsaufforderung, der sich, so die Onlineausgabe der *Frankfurter Rundschau*, „mehr als 150 Filmschaffende" anschlossen.[7] Am 24. September entschied sich dann der Aufsichtsrat der „HessenFilm und Medien GmbH" einstimmig dafür, die Zusammenarbeit mit Mendig zu beenden.

Ich möchte hier weder die an Kalbitz geäußerte Bitte des Restaurantinhabers noch die Verlautbarung der CDU-Jungpolitikerin bewerten. Mir fehlt auch die Detailkenntnis für eine umfassende Beurteilung der Mendig-Entlassung. Mir dienen die beiden Fälle lediglich dazu, die oben behauptete Stigmatisierungs- und Ausgrenzungstendenz noch genauer zu bestimmen: Sie manifestiert sich nicht nur im Interesse an einer staatlich flankierten Stillstellung von Menschen, deren öffentlich bekundete Auffassungen den Stillstellungsbefürwortern als inakzeptabel gelten. Auch die gewählten rechtspopulistischen parlamentarischen Vertreter dieser Menschen sollen nicht durchweg unbehelligt bleiben, auch nicht im privaten Bereich. Und: Wer sie etwa als Restaurantinhaber nicht bewirtet, steigert dadurch sein gastronomisches Renommee und wird überdies moralisch honoriert. Zu beschädigen sind darüber hinaus auch diejenigen identifizierbaren Personen, die sich mit bekannten Rechtspopulisten in der Öffentlichkeit sehen lassen.

Die Fälle Kalbitz und Mendig machen einerseits deutlich, was die zeitgenössisch-gesamtdeutschen Stigmatisierungs- und Ausgrenzungstendenzen von ihren früheren DDR-Analoga unterscheidet. Damals war es die Partei- und Staatsführung, die solche Tendenzen gefördert und honoriert hat – nicht ohne Unterstützung von Teilen dessen, was man in der DDR Zivilgesellschaft nennen konnte. Dominant waren diesbezüglich in der Bevölkerung aber entweder Gleichgültigkeit oder sogar die Neigung zur (keineswegs ungefährlichen) Solidarisierung mit den Opfern staatlicher Repressionen. Heute dagegen kommen denunziatorische Energie und Repressionslust vor allem aus der Mitte der Zivilgesellschaft. Insofern ist – andererseits – die zunehmende gesellschaftliche Präsenz von denunziatorischer Energie und Repressionslust durchaus geeignet dafür, irritierende Assoziationen daran zu wecken, wie sich die Partei- und Staatsführung der DDR das Verhalten vorbildlicher sozialistischer Persönlichkeiten gewünscht hat.

Das für den Vergleich zwischen den Stigmatisierungs- und Ausgrenzungstendenzen in der früheren DDR und dem gegenwärtigen Gesamtdeutschland entscheidende *tertium comparationis* scheint mir allerdings eine gewisse Unberechenbarkeit der Folgen des eigenen Redens und Handelns zu sein. In der DDR wusste man schlicht nicht, ob systemkritisches Reden und/oder Handeln drakonisch, leicht oder gar nicht geahndet würde(n). Und heute gilt (unter Verwendung der hier einschlägigen populären Anglizismen): Von *Shitstorm* und *Cancel Culture* kann (muss aber nicht) jeder betroffen sein, der etwas sagt oder tut, das sich zwar vollständig im Rahmen der Legalität bewegt, aber als anschlussfähig an rechtspopulistische Positionen interpretiert wird, namentlich als eine „Solidarisierung mit dem rechten Spektrum der Gesellschaft“.[8] Für die Betroffenen verbindet sich damit die Gefahr einer moralischen Ächtung, die für ihre gesellschaftliche Reputation und ihre wirtschaftliche Existenz höchst folgenreich sein kann.

Von den zahlreichen möglichen, sich aus dem Vorstehenden ergebenden Fragen sei hier lediglich eine einzige formuliert, die zugleich zum nächsten Abschnitt überleitet: Handelt es sich bei den hier als Stigmatisierungs- und Ausgrenzungstendenzen charakterisierten Vorgängen nicht um Notwehrmaßnahmen zur Rettung der Demokratie? Anders gesagt: Ist die freiheitlich-demokratische Rechtsordnung, sind Toleranz und kulturelle Vielfalt in Deutschland nicht nachhaltig bedroht durch beunruhigende Tendenzen zur gesellschaftlichen Renaissance einer rechtspopulistischen politischen Ideologie, die auf parlamentarischer Ebene durch die AfD repräsentiert wird?

Diese Frage ist unabweisbar und nicht ganz leicht zu beantworten. Im nächsten Schritt formuliere ich einige Gedanken dazu, die als noch ganz provisorischer Erstversuch einer Antwortfindung zu verstehen sind.

2. Die AfD – eine Gefahr für die Demokratie?

In diesem Abschnitt sollen drei Thesen formuliert und erläutert werden. In der ersten These werden die politischen AfD-Erfolge der letzten Jahre zum Teil in die alt-bundesdeutsche und zum Teil in die gesamtdeutsche Parteienentwicklung eingezeichnet. Die dabei zu plausibilisierende Pointe lautet: Die Wahrnehmung der AfD als Gefahr für die Demokratie ist eine Fehlwahrnehmung, eine gesellschaftlich allerdings weit verbreitete. Die zweite These führt aus, dass die weite Verbreitung dieser Fehlwahrnehmung bestimmte Folgen im parlamentarischen Betrieb hat, die der politischen Kultur Deutschlands ebenso schaden wie die in Abschnitt 1 beschriebenen Tendenzen dem Zusammenleben der Menschen in diesem Land. Die dritte (zum Schlussabschnitt überleitende) These formuliert dann einige Hinweise dazu, wie ein m. E. angemessener und der politischen Kultur Deutschlands zuträglicher Umgang mit der durch die politischen Erfolge der AfD angezeigten Herausforderung aussehen könnte.

These 1: Das Phänomen „AfD" stellt eine *Herausforderung*, nicht eine *Gefahr* für die Demokratie dar.

Gelegentlich war und ist in verschiedenen Medien, auch in Talkshows und parlamentarischen Debatten, vom „Rechtsruck" die Rede, womit eine sich zunehmend artikulierende gesamtgesellschaftliche Sympathie für völkisch-nationalistische Auffassungen einschließlich der damit gern verbundenen Tendenz zur Verharmlosung des Nationalsozialismus bezeichnet wird. Greifbar werde diese dem Geist und Buchstaben des Grundgesetzes klar widersprechende Tendenz eben in den politischen Erfolgen der AfD, bei Landtagswahlen und insbesondere bei der Bundestagswahl 2017.

Richtig ist an den referierten Feststellungen, dass sich mit der AfD eine Partei rechts von der Union parlamentarisch etablieren konnte. Die Behauptung, dieser Vorgang gehe auf einen gesamtgesellschaftlichen „Rechtsruck" zurück, ist allerdings abwegig. Denn, richten wir den Blick zunächst auf die Wahl zum 19. Deutschen Bundestag am 24. September 2017, es waren – zum einen – frühere Wählerinnen und Wähler vor allem von Union, SPD und Linkspartei, der die AfD einen wesentlichen Teil ihrer exakt 5.878.115 Zweitstimmen verdankt hat. Zum anderen rekrutierten sich die Wählerinnen und Wähler der AfD aus dem Kreis der früheren Nichtwähler. Und schließlich hat die AfD zahlreiche Wählerinnen und Wähler derjenigen Parteien für sich gewinnen können, die in den Statistiken gewöhnlich unter „Sonstige" geführt werden. Im Blick auf die Bundesländer ist weiterhin darauf hinzuweisen, dass im Zuge des Aufstiegs der AfD die zuletzt noch in Mecklenburg-Vorpommern und in Sachsen in Landtagen präsente NPD faktisch von der politischen Bühne verschwunden ist.

Es dürfte also weniger ein gesamtgesellschaftlicher „Rechtsruck" gewesen sein, welcher der AfD Wähler zugetrieben hat. Vielmehr haben ihre Wählerinnen und Wähler entweder schon vor dem Auftreten dieser Partei keine politische Heimat gefunden (Nichtwähler); oder sie haben sich durch ihre bisher präferierten Parteien nicht mehr vertreten gefühlt (Wechsel- oder Protestwähler). So schrieb auch Floris Biskamp in der Onlineausgabe des *Tagesspiegel*: „Gerade weil diese (scil. die etablierten) Parteien wie die Mehrheit der Gesellschaft in die liberale Mitte gewandert sind, wo gängigen Auffassungen zufolge Wahlen gewonnen werden, haben sie einige Milieus zurückgelassen."[9] Dieser Befund passt gut zusammen mit der Feststellung, dass „populistische Bewegungen und Parteien als Seismographen für bestehende Repräsentationskrisen gelten" und „auf Selbstabschließungsphänomene der gesellschaftlichen Funktionseliten und auf Einseitigkeiten im politischen Diskurs aufmerksam machen" können.[10]

Anders gesagt: Bei einer so dynamischen politischen Ordnung wie der repräsentativen Demokratie sind Veränderungen im Spektrum der parlamentarisch vertretenen politischen Parteien zum ersten grundsätzlich normal, zum zweiten dann erwartbar sowie aus demokratietheoretischen Gründen sogar prinzipiell zu begrüßen, wenn die etablierten Parteien allesamt und einvernehmlich bestimmte Themen ignorieren, deren politische Bearbeitung aus Sicht einer signifikanten Anzahl von Bürgerinnen und Bürgern dringend notwendig ist. Dies galt in den 80er und 90er Jahren im Blick auf Themen wie Atomkraft, Nachrüstung, Umweltschutz und soziale Gerechtigkeit ebenso wie es gegenwärtig im Blick auf ein Thema wie Migration gilt. Es liegt auf der Hand, dass ein solcher Vorgang „für freiheitliche Demokratien eigentlich nichts Bedrohliches in sich trägt", auch wenn er von den etablierten Parteien „mit dem entsprechenden apokalyptischen Szenario kommentiert wird."[11]

Vom vermeintlichen Rechtsruck wird überdies insbesondere im Blick auf die aus der DDR hervorgegangenen Bundesländer gesprochen, weil die AfD hier überproportionale Erfolge verbuchen konnte. Diese Erfolge werden gelegentlich auf einen noch immer herrschenden Mangel an demokratischem Bewusstsein zurückgeführt. Gegen diese Behauptung sprechen vor allem zwei Argumente. Zum einen wird man in den neuen Bundesländern eine im Vergleich zum Westen höhere Sensibilität für Repräsentationskrisen annehmen können, die der vielfach noch lebendigen Erinnerung an den DDR-Totalitarismus geschuldet ist. Zum anderen dürfte das Fehlen solcher nachhaltigen parteipolitischen Bindungen von Bedeutung sein, wie sie sich in den viereinhalb zusätzlichen Grundgesetz-Jahrzehnten in der Alt-Bundesrepublik ausbilden konnten; zwar erodieren diese Bindungen zunehmend auch dort, aber das geringere Maß an tradierter Parteienbindung in den neuen Bundesländern führt naturgemäß zu einem höheren Anteil an potentiellen Wechsel- oder Protestwählern, ein Potential, das lange der PDS bzw. der Linkspartei und zuletzt der AfD zugutegekommen ist.

Die Behauptung einer Gefährlichkeit der AfD für die deutsche Nachkriegsdemokratie wird auch mit dem Hinweis auf die Rhetorik ihrer gewählten politischen Repräsentanten begründet; Tabus würden gebrochen, die Grenzen des Sagbaren verschoben, innerparteilich würden die Radikalen zunehmend an Boden gewinnen, es gebe keine klaren Abgrenzungen von rechtsradikal-verfassungsfeindlichen Organisationen und Strömungen. All diese Behauptungen sind unzweifelhaft richtig, und es wäre realitätsfern und fahrlässig, die dahinterstehenden Tatsachen zu ignorieren. Gleichwohl sollte – und das ist wichtig für den politischen Umgang insbesondere mit gewählten Mandatsträgern der AfD (vgl. dazu These 2) – nicht vergessen werden, dass die parlamentarische Etablierung neuer Parteien im politischen Spektrum regelmäßig einhergeht mit Provokationen, Tabubrüchen und Flügelkämpfen. Dazu nachstehend ein paar Hinweise.

Was zunächst die Grünen betrifft, so ist daran zu erinnern, dass zu deren frühen Protagonisten auch Werner Vogel gehörte. Die 1907 geborene Leitgestalt des grünen NRW-Landesverbandes repräsentierte eine unappetitliche Mischung aus Nationalsozialismus und Pädophilie. Dass – nicht zuletzt dank der Unterstützung durch Vogel – eine gewisse Pädophilie-Affinität für nicht unwesentliche Teile der Grünen in den 80er Jahren signifikant war, ist ebenso unbestritten wie aufgearbeitet[12] – und dabei doch ein klares Indiz für das Interesse am Tabubruch. Auf der Ebene des parlamentarischen Betriebs seit 1983 manifestierte sich dasselbe Interesse primär auf rhetorischer Ebene. Legendär ist in diesem Zusammenhang Joschka Fischers am 18. Oktober 1984 an Bundestagsvizepräsident Richard Stücklen gerichtetes Votum: „Mit Verlaub, Herr Präsident, Sie sind ein Arschloch." Auch das Bundestagswahlprogramm von 1987 kann in diesem Zusammenhang genannt werden. Darin war gleich in der Präambel vom „zerstörerischen Kurs der Altparteien" die Rede. Diese Formulierung (insbesondere das Wort „Altparteien") ist hier deshalb von Bedeutung, weil die AfD diese Terminologie direkt übernommen hat. Angesichts dieser terminologischen Gemeinsamkeit hat es geradezu realsatirische Züge, dass ausgerechnet Claudia Roth – in ihrer Eigenschaft als Bundestagsvizepräsidentin – den AfD-Abgeordneten Jürgen Braun am 17. Mai 2019 wegen der Verwendung dieses Wortes gerügt hat: „Aus der allerdunkelsten Geschichte ist dieses Wort zitiert worden immer wieder von Joseph Goebbels".

Doch auch für die innerparteilichen Auseinandersetzungen, wie sie zuletzt etwa den AfD-Bundesparteitag in Kalkar (28./29. November 2020) bestimmt haben, gibt es in der Geschichte der Grünen offensichtliche Analogien. Man denke nur an die Konflikte zwischen den maßgeblich von Joschka Fischer dominierten „Realos" und den etwa durch Jutta Ditfurth repräsentierten „Fundis":

> Während die Realos um Joschka Fischer in Hessen an der ersten Regierung mit der SPD auf Länderebene arbeiteten, wuchs parteiintern die Macht der Fundis, die auf einer grundsätzlichen Opposition zum „System" beharrten und [einer] Regierungsbeteiligung skeptisch bis ablehnend gegenüberstanden. Ditfurth und [Reiner] Trampert übernahmen zwei der drei Posten als Parteisprecher; die „Realo-Fundi-Kontroverse" drohte die Partei zu zerreißen.[13]

Was schließlich die häufig betonte mangelnde Verfassungstreue der AfD angeht, so gibt es auch hierfür Entsprechungen bei anderen Parteien. Dabei ist weder auf die Verwurzelung zahlreicher späterer Grünen-Politiker in altwestdeutschen K-Gruppen-Milieus noch auf deren unterschiedliche Haltungen zum RAF-Terrorismus zu verweisen.[14] Stattdessen ist in diesem Fall die Linkspartei in den Blick zu nehmen. So enthält der im Juli 2020 publizierte Verfassungsschutzbericht 2019 noch immer ein Kapitel zu extremistischen Strukturen *innerhalb* dieser Partei.[15] Hinzu kommen – analog zu den Verbindungen mancher AfD-Politiker zum rechtsextremen Bereich – problematische Kontakte der Linkspartei *nach außen*, konkret: in die linksradikale Szene:

> Das linksradikale Milieu, die verzweigte Protestszene bis hin zu Hausbesetzern und Autonomen hat viele Kontakte zum linken Rand der Partei oder deren Jugendorganisation „solid" und ist als Wähler- und Unterstützerreservoir nicht unwichtig. Zu den umstrittensten Kontakten der Linkspartei gehört die „Rote Hilfe", die einstmals juristische Unterstützung für inhaftierte oder angeklagte RAF-Terroristen leistete und sich heute als „Solidaritätsverein für alle Linke" versteht.[16]

Dass diese Kontakte kein unwesentliches Phänomen sind, wird exemplarisch deutlich an der hessischen Politikerin Janine Wissler, die bis vor Kurzem Mitglied im trotzkistischen Netzwerk *Marx21* war und im Februar 2021 zu einer der beiden Vorsitzenden der Linkspartei gewählt wurde. Dass sie in einem Interview die Einschätzung des Verfassungsschutzes als für sich nicht relevant bezeichnet hat,[17] ist ein Zeichen für eine – m. E. nicht gänzlich unangebrachte – entspannte Nonchalance, die man sich als Linkspartei-Politikerin folgenlos leisten kann, während die öffentliche Meinung AfD-Politikern eine vergleichbare Äußerung schwerlich nachsehen würde.

Die vorstehenden Ausführungen hatten nicht das Ziel, die in Teilen der AfD propagierten politischen Positionen zu relativieren. Im Gegenteil: Dass die Verbindungen von AfD-Politikern zu völkischen und rechtsextremen Kreisen besondere Aufmerksamkeit erregen, ist nicht nur verständlich, sondern auch ein Indiz für die Wehrhaftigkeit unserer Demokratie. Zugleich aber halte ich die bereits 1984 von Hermann Lübbe diagnostizierte und gegenwärtig erneut um sich greifende „Unart, aus jeder moralischen oder politischen Streitfrage nach Möglichkeit eine Probe aufs Exempel antifaschistischer Gesinnung zu machen" für hochgradig problematisch. Denn es entsteht dadurch die Gefahr, dass „die Kritik am Nationalsozialismus zu einem zweckrational genutzten Instrument der moralischen und politischen Delegitimierung beliebiger aktueller Gegner"[18] verkommt. Welche problematischen Folgen diese Unart für die politische Kultur hat und welche Alternative ich empfehle, wird in den folgenden Thesen deutlich.

These 2: Die Fehlwahrnehmung der AfD (nicht als Herausforderung, sondern) als Gefahr für die Demokratie führt zu Veränderungen in der politischen Kultur, die der Demokratie schaden.

Ungeachtet dessen, dass sich mit Grünen und Linkspartei zwei parlamentarische Newcomer etabliert haben und diese Etablierungen von Tabubrüchen, Flügelkämpfen und verfassungsfeindlichen Tendenzen flankiert waren und zum Teil noch sind, ist die gesamtdeutsche Demokratie durchaus funktionsfähig. Dieser Umstand ist nach meiner Überzeugung auch darauf zurückzuführen, dass sich die „großen" etablierten Parteien, zunächst nur die SPD, inzwischen auch die Union, mit den genannten Newcomern arrangiert haben, was wiederum deren Arrangement mit der parlamentarischen Demokratie erleichtert hat. Natürlich war das Arrangement der „Altparteien" mit Grünen und Linken nicht von Anfang an ein Wunschziel der Etablierten, aber inzwischen hat sich, unabhängig von weiter bestehenden politischen Differenzen, eine Kultur des gegenseitigen Respekts herausgebildet. Im Blick auf die AfD ist davon derzeit noch nichts zu sehen. Sie wird eben nicht, wie das Aufkommen ihrer Newcomer-Vorgänger, als *Herausforderung*, sondern exklusiv als *Gefahr* für die Demokratie wahrgenommen, eine Gefahr, der nicht konstruktiv zu begegnen ist, sondern die ausgeräumt werden muss; jede Tendenz in Richtung Arrangement wird deshalb konsequent ausgeschlossen.

Die auffälligste Folge dieser Haltung besteht in jener, den Bundestag seit der letzten Wahl bestimmenden doppelten Frontstellung, von der in Abschnitt 1 bereits die Rede war: Einerseits gibt es nach wie vor einen Gegensatz zwischen den Regierungs- und den Oppositionsfraktionen. Dieser Gegensatz wird – andererseits – überlagert vom Gegensatz zwischen den Fraktionen, die sich aus den etablierten Parteien rekrutieren, auf der einen und der AfD-Fraktion auf der anderen Seite. Dabei werden vielfach die Fraktionen von CDU/CSU, SPD, FDP, Linkspartei und Bündnis 90/Grüne als die „demokratischen" Kräfte der „undemokratischen" AfD gegenübergestellt. Diese doppelte Frontstellung, ist, nach meiner Beobachtung, in dieser Deutlichkeit tatsächlich etwas Neues. Zugegeben: Auch den Grünen und der Linkspartei – insbesondere vor der Fusion der WASG mit der PDS – wurde die Integration in den parlamentarischen Betrieb von den Etablierten nicht eben leicht gemacht. Die Besonderheit des Umgangs mit der AfD besteht allerdings darin, so scheint es mir, dass die Ausgrenzungstendenzen im parlamentarischen Betrieb (a) begleitet sind von einer mindestens teilweise politisch motivierten Medienberichterstattung sowie orchestriert werden durch eine – vom parlamentarischen und medialen Zugriff beeinflusste – gesamtgesellschaftliche Stimmung, die auch zu überproportional häufiger Gewalt gegen politische Funktionsträger der AfD führt (b). All dies stärkt natürlich tendenziell eher die radikalen Elemente innerhalb der AfD, weshalb die Partei zunehmend ins Visier des Verfassungsschutzes gerät (c), was wiederum bestimmte Konsequenzen für ihre politische Ausrichtung sowie für ihre Erfolgsaussichten bei der nächsten Bundestagswahl – und entsprechend bei den anstehenden Landtagswahlen – haben dürfte. Um das Ergebnis der folgenden Überlegungen vorweg zu nehmen: Meine Auffassung zu diesem Umgang mit der AfD ist die, dass die selbsternannten Beschützer der Demokratie damit der demokratischen Kultur letztlich schaden.

(a) Bereits im März 2017, also sechs Monate vor der im selben Jahr anstehenden Bundestagswahl, hatte Bundestagspräsident Norbert Lammert eine Änderung der Geschäftsordnung ins Gespräch gebracht, der zufolge der Alterspräsident des Bundestages in Zukunft statt nach Lebensalter nach Dienstalter – also nach der Dauer seiner Parlamentszugehörigkeit – bestimmt werden sollte. Es war das (freilich unerklärt gebliebene) Ziel der geplanten und am 1. Juni 2017 mit der Mehrheit von CDU/CSU und SPD verabschiedeten Neuregelung, die mögliche Alterspräsidentschaft eines Abgeordneten der AfD zu verhindern. Dass sich die Fraktion der Linkspartei enthielt und die Abgeordneten von Bündnis 90/Grüne gegen den Vorschlag votierten, mag grundsätzlich mit ihren eigenen parlamentarischen Erfahrungen zusammenhängen. Speziell bei der Linkspartei dürfte die Erinnerung an den November 1994 eine Rolle gespielt haben. Damals eröffnete der 81-jährige Stefan Heym die erste Sitzung des neu gewählten 13. Deutschen Bundestags; Heym hatte als parteiloser Kandidat in Berlin ein Direktmandat für die PDS gewonnen. So umstritten dieser Auftritt damals aus nachvollziehbaren Gründen war, so deplatziert wirkt doch im Rückblick die demonstrative Applaus-Verweigerung durch die Abgeordneten der Unionsparteien – gerade angesichts der entwaffnenden Harmlosigkeit des Wortlauts der Heym-Rede. Dass den zum Zeitpunkt der Geschäftsordnungsänderung von 2017 möglichen AfD-Alterspräsidenten Wilhelm von Gottberg oder Alexander Gauland (beide wurden tatsächlich gewählt) nicht die Chance gegeben wurde, sich publikumswirksam als seriös zu präsentieren oder sich *coram publico* unmöglich zu machen, ist m. E. ein Zeichen mangelnder politischer Souveränität der „Altparteien". – Ein vergleichbares Zeichen für einen Mangel an Souveränität ist die bekannte Tatsache, dass die AfD bislang mit fünf Wahlvorschlägen für das Amt des Bundestags-Vizepräsidenten an den Gegenstimmen der Etablierten gescheitert ist.

(b) Die exemplarisch benannten Tendenzen zur parlamentarischen Ausgrenzung der AfD werden nun in großen Teilen der veröffentlichten Meinung eher gestützt als kritisiert. Dies ist, im Vergleich zum publizistischen Umgang mit den Grünen in den 80er und der PDS/Linkspartei seit den 90er Jahren, neu und zugleich beunruhigend – jedenfalls wenn man, wie das bei mir der Fall ist, die Mesalliance von SED-Politik und politischer Publizistik in der DDR noch im Hinterkopf hat. Die durch den politischen Aufstieg der AfD insbesondere in den vergangenen fünf Jahren deutlich gewordene stärkere Polarisierung des politischen Feldes, mit anderen Worten: die Konjunktur des Populismus, wird nämlich zuallermeist nicht, wie oben vorgeschlagen, als Folge einer Repräsentationskrise verstanden (vgl. das in Anm. 10 [S. 223] nachgewiesene Zitat). In großen Teilen der AfD-Berichterstattung des Öffentlich-Rechtlichen Rundfunks und der traditionell als maßgeblich geltenden Printmedien wird stattdessen die kritisch-investigative Energie entweder auf die (moralisch und politisch pauschal diskreditierten) parlamentarischen Repräsentanten derjenigen Wählerinnen und Wähler gerichtet, die sich von den etablierten Parteien nicht vertreten fühlen. Oder sie wird auf diese (überproportional häufig ostdeutschen) Wähler direkt gelenkt, die dann von Redaktionstischen in Frankfurt am Main, Hamburg, München oder anderswo aus als nur bedingt demokratiebereit identifiziert werden. Flankiert wird dieses Vorgehen durch die Propagierung eines „Haltungsjournalismus", deutlich greifbar im „Plädoyer für einen werteorientierten Journalismus", das Georg Restle, Chef des ARD-Politmagazins *Monitor*, im Juli 2018 publiziert hat.[19] Dieser Text müsste hier nicht erwähnt werden, wenn nicht die mit der darin verkündeten Verabschiedung des „Neutralitätswahns" (Restle) verbundene „fatale Verschiebung der Koordinaten des Anstands bei vielen großen Medien längst erfolgt" wäre.[20] – Um nicht missverstanden zu werden: Eine Aufdeckung der Verbindungen von AfD-Politkern mit rechtsradikal-verfassungsfeindliche Milieus ist eine wichtige journalistische Aufgabe – ebenso wie die Aufdeckung der Vernetzung von Politikern anderer Parteien mit linksradikal-verfassungsfeindlichen Milieus. Aber – und dies ist dezidiert aufgrund meiner Erinnerungen an den DDR-Gesinnungsjournalismus gesagt – halte ich ein journalistisches Ethos, demgemäß eine bestimmte politische Orientierung bereits die Wahrnehmung des Gegenstands der Berichterstattung steuert, für unseriös. Dass das programmatische Desinteresse an jeder Trennung zwischen Berichterstattung und Meinungsäußerung sogar als Ausdruck besonderer moralischer Integrität ausgegeben wird, macht die Sache noch schlimmer.

Zu den Folgen der zunehmenden gesamtgesellschaftlichen Polarisierung, die mit der Konjunktur des Rechtspopulismus zusammenhängt, gehört auch die Zunahme an Gewalt gegen politische Funktionsträger. Dabei dürfte es auch mit der (zugespitzt formuliert) politisch-medialen „Einheitsfront" gegen den AfD-Rechtspopulismus zu tun haben, dass sich diese Gewalt überproportional häufig gegen Politiker der AfD richtet. Dies zeigt z.B. die Antwort der Bundesregierung auf eine Kleine Anfrage der AfD-Fraktion:[21]

> Danach wurden im ersten Quartal 2019 217 Straftaten gemeldet, die sich gegen Repräsentanten oder Mandatsträger von Parteien richteten. Davon wurden 114 Straftaten gegen Mitglieder oder Mandatsträger der AfD verübt. 21 Straftaten betrafen Repräsentanten oder Mandatsträger der SPD, 19 der Grünen, 16 der Unionsparteien, und neun Straftaten betrafen Politiker der Linken. Vier Straftaten konnten Repräsentanten oder Mandatsträgern anderer Parteien zugeordnet werden.[22]

Dieser Befund sollte auch die engagiertesten Gegner der AfD aus den Reihen der etablierten Parteien aufmerken lassen. Denn das *gewaltsame* Vorgehen gegen Menschen aufgrund ihrer *politischen* Überzeugungen – und seien diese noch so verwerflich – kann im Rahmen einer rechtstaatlich-demokratischen Ordnung von niemandem gebilligt werden, schon gar nicht von denen, die sich für die Erhaltung und Weiterentwicklung des demokratischen Gemeinwesens politisch verantwortlich fühlen. Etwas anderes ist es, wenn verwerfliche politische Überzeugungen zu kriminellen und deshalb strafbaren Handlungen führen. Hier ist zur Sanktion und Prävention naturgemäß Gewalt angebracht, aber eben die *Staatsgewalt*. Was die Antwort auf die Kleine Anfrage anzeigt, ist dagegen *kriminelle Gewalt*, deren Charakter als kriminell nicht dadurch geändert wird, dass die politischen Überzeugungen der Gewaltopfer verwerflich sind.

Nun mag es sein, dass an der – oben allerdings kritisch eingeführten – Unterscheidung zwischen den (durch CDU/CSU, SPD, FDP, Linkspartei und Bündnis 90/Grüne repräsentierten) „demokratischen" Kräften einerseits und der „undemokratischen" AfD andererseits etwas dran ist. Aber selbst wenn dem so wäre, so müsste man doch zugestehen, dass die AfD-Parlamentarier jedenfalls auf demokratischem Wege gewählt sind; sie haben ja ihre Mandate nicht einfach okkupiert. Und auf der Grundlage dieses Zugeständnisses sollte es dann doch zu einem Schulterschluss aller im Bundestag vertretenen Parteien im Blick auf die Ächtung von Gewalt gegen politische Verantwortungsträger kommen können. Allerdings ist selbst dieser eigentlich selbstverständliche Minimalkonsens nicht gegeben. Deutlich wurde dies etwa am vom SPD-Generalsekretär Lars Klingbeil im Januar 2020 initiierten parteiübergreifenden Bündnis gegen Hass. Dabei sollte es um die Möglichkeiten eines besseren Schutzes für Politikerinnen und Politiker angesichts von Gewalt und Drohungen gehen. Eingeladen waren die Generalsekretäre oder Bundesgeschäftsführer aller Bundestagsparteien mit Ausnahme der AfD. Man kann diese Entscheidung nachvollziehen angesichts der unbestreitbaren Tatsache, dass es vielfach gerade AfD-Politiker sind, die, vornehmlich über die sozialen Medien, Hass gegen jene politischen Eliten schüren, an deren Stelle sie gern treten würden. Zugleich freilich gilt: „Will man Hass ernstlich bekämpfen, muss man die AfD in entsprechende Gespräche einbinden. Und so zwingen, Farbe zu bekennen und im eigenen Laden durchzugreifen. Ansonsten geraten derartige Gipfel leicht zur folgenlosen Heerschau der Gutmeinenden."[23]

(c) Abschließend einige Worte zum gegen die AfD gerichteten Einsatz des Verfassungsschutzes. Ich hatte oben ein gewisses Verständnis für die von Janine Wissler vorgeführte entspannte Nonchalance im Blick auf die Einschätzung des Verfassungsschutzes signalisiert. Und in der Tat: Die jahrzehntelangen gegen PDS bzw. Linkspartei gerichteten Beobachtungsaktivitäten[24] wirken doch retrospektiv ziemlich lächerlich. Durch die Wahl von Bodo Ramelow zum Ministerpräsidenten des Freistaates Thüringen – und damit den Erfolg einer *links*populistischen Partei[25] – ist dieses Bundesland keinesfalls zu einem sozialistischen Arbeiter- und Bauernstaat zurücktransformiert worden; die als Anlass der Beobachtung von Ramelow dienenden in die 1980er Jahre zurück reichenden Kontakte zur Deutschen Kommunistischen Partei haben also ersichtlich nicht zur Errichtung einer linkstotalitären Diktatur geführt.[26] Hinzu kommt, dass die Legalitätsanforderungen an eine Beobachtung hoch sind; was konkret Ramelow angeht, so hat der Zweite Senat des Bundesverfassungsgerichts am 17. September 2013 entschieden, dass die Überwachung seiner Person unzulässig war (vgl. BVerfGE 134, 141–202).

Die Pointe der vorstehenden Hinweise gilt auch für den Einsatz des Verfassungsschutzes gegen die AfD. Die dafür entscheidende Formulierung hat – keineswegs zufällig – eine Politikerin der Linkspartei beigesteuert, die von der Beobachtung durch den Verfassungsschutz selbst betroffen war und diese als ein politisches Instrument bezeichnet hat; gemeint ist Petra Pau. „Keine staatliche Stelle“, so hat sie treffend formuliert, „wird uns ersparen, uns mit der AfD und den sie tragenden Strukturen auseinanderzusetzen.“[27] – Dieses Votum entspricht einer Bemerkung der Linken-Abgeordneten Katrin Werner vom 1. Juni 2017; es stammt aus dem Kontext der in (a) erwähnten Debatte über die Änderung der Geschäftsordnung des Bundestages: „Das demokratische System darf sich nicht vor einem drohenden Einzug der AfD beugen. Es bedarf vielmehr einer argumentativen Auseinandersetzung mit den Inhalten der AfD und einem deutlichen sowie lauten Bekenntnis zu einer solidarischen, demokratischen und offenen Gesellschaft."[28] – Den beiden zuletzt zitierten Aussagen stimme ich uneingeschränkt zu.

These 3: Ein der politischen Kultur im demokratischen Gemeinwesen zuträglicher Umgang mit der AfD bestünde in der konsequenten Verlagerung der politischen Auseinandersetzungen auf die Sachebene.

Die Erläuterungen zu den Thesen 1 und 2 haben zunächst eine Einordnung des Phänomens „AfD" in die alt- und gesamtbundesdeutsche Parteiengeschichte versucht und im Zusammenhang damit die Behauptung aufgestellt, dass der von signifikanten Teilen der etablierten Parteien und maßgeblichen Massenmedien kultivierte Umgang mit diesem Phänomen der politischen Kultur unseres demokratischen Gemeinwesens schadet. Mit dieser dritten These soll eine – in den bislang formulierten kritischen Hinweisen bereits angedeutete – alternative Umgangsart vorgeschlagen werden. Da dieser Vorschlag bereits die erst in Abschnitt 3 explizit zu machenden protestantisch-christlichen Hintergründe der mir vor Augen stehenden Handlungsoption voraussetzt, kann das Folgende zugleich als Hinführung zum Schlussabschnitt gelesen werden.

„Rechts von der CSU darf es keine demokratisch legitimierte Partei geben!" – Mit diesen Worten reagierte der damalige Ministerpräsident Franz Josef Strauß auf den 3,0%-Achtungserfolg, den die Partei „Die Republikaner" bei der bayrischen Landtagswahl am 12. Oktober 1986 für sich verbuchen konnte. Mit den parlamentarischen Erfolgen der AfD ist dieser Grundsatz obsolet geworden. Vielmehr stellt sich derzeit die Frage: Was soll getan werden, wenn es doch eine demokratisch legitimierte Partei rechts von der Union gibt? Die am Ende der Erläuterungen zu meiner zweiten These herangezogenen Zitate geben darauf eine klare Antwort: Geboten ist eine inhaltlich-argumentative Auseinandersetzung, die, so kann man ergänzen, letztlich darauf zielt, die verloren gegangenen Wählerinnen und Wähler für das etablierte Parteispektrum zurückzugewinnen. Diese Intention ist getragen von der Überzeugung, dass die AfD zwar falsche Antworten formuliert, damit aber jedenfalls auf real gestellte und insofern akute Fragen reagiert hat, Fragen, die von den Etablierten nicht hinreichend ernst genommen worden waren. Die derzeit dominante Wahrnehmung der AfD ist allerdings, wie zahlreiche zu den Thesen 1 und 2 formulierte Hinweise gezeigt haben, anderer Art. Hier wird, vereinfacht gesagt, vielfach davon ausgegangen, dass jene Fragen, auf die die AfD falsche Antworten formuliert, gar nicht wirklich akut, sondern Ausdruck unbegründeter Ängste einer frustrierten Minderheit sind, weshalb die neue Partei als überflüssig gelten kann.

Ironischerweise gibt es derzeit Hinweise darauf, dass sich diese Annahme als richtig erweisen könnte. Seit die sog. Flüchtlingskrise, infolge derer die AfD flächendeckend zu einer parlamentarisch relevanten politischen Kraft werden konnte, von der Corona-Krise überlagert wurde, brechen, jedenfalls nach Ausweis einschlägiger Umfragen, die Zustimmungswerte der Rechtspopulisten ein – zumindest auf Bundesebene. Überdies gibt es innerparteiliche Auflösungstendenzen; in mittlerweile drei Landesparlamenten können die AfD-Abgeordneten wegen persönlicher Zerwürfnisse und politischer Radikalisierungen keine Fraktion mehr bilden: in

Bremen, Niedersachsen und Schleswig-Holstein. Die mit den Radikalisierungen verbundene Polarisierung bringt auch einen Aderlass an prominenten Akteuren mit sich; so hat etwa der prominente Journalist Konrad Adam, seit 2013 AfD-Mitglied und Gründungsvorsitzender der parteinahen Desiderius-Erasmus-Stiftung, seinen Austritt aus der AfD mit Wirkung zum 1. Januar 2021 erklärt. Schließlich dürfte der Einsatz des Verfassungsschutzes gegen die AfD auch in Zukunft fortgesetzt werden. Die trotz des in Anm. 27 (S. 225 f.) erwähnten Kölner Urteils noch immer mögliche Einstufung der Gesamtpartei als „Verdachtsfall" würde nicht nur die innerparteilichen Richtungskämpfe weiter forcieren, sondern auch etliche eigentlich Grundgesetz-treue Sympathisanten und potenzielle Funktionsträger mit Rücksicht auf ihre beruflichen Karrieren von einem Engagement abhalten.

Es könnte also sein, dass im Fall der AfD die Ausgrenzungsoption effektiv sein und die Partei in den Wahlen der nächsten Jahre politisch marginalisiert wird, auch wenn es momentan als unwahrscheinlich gelten kann, dass sie gänzlich von den parlamentarischen Bildflächen verschwindet. Man wird, sollte dies so eintreten, mit einem breiten Konsens darüber rechnen können, dass diese Entwicklung zu begrüßen ist. Ich selbst freilich würde im dann erfolgreichen Triumph des Moralismus über die Sachauseinandersetzung eher ein Armutszeugnis für die politische Kultur erblicken. Denn die der AfD zwischen 2015 und 2017 zugelaufenen Wählerinnen und Wähler wären ja keineswegs durchweg „bekehrt" und erst recht nicht einfach verschwunden, sondern lediglich abgeschreckt; für ihr zukünftiges Wahlverhalten ließe dies wenig Gutes erwarten. Und die von der AfD durchaus mit Recht gestellten (wenn auch vielfach unzureichend beantworteten) Fragen wären weiter tabuisiert, und jeder, der zukünftig auf Ihre Virulenz aufmerksam machte, liefe Gefahr, als Wiedergänger der Rechtspopulisten diskreditiert zu werden.

Anstelle der Ausgrenzungsoption bevorzuge ich, dies dürfte bereits deutlich geworden sein, die der Integration. Dies hat nichts mit einer Übernahme von AfD-Positionen zu tun, wohl aber mit dem Interesse an einer Sachauseinandersetzung. Erst kürzlich (in einem Interview mit der *Welt am Sonntag* vom 20. Dezember 2020) hat Alt-Bundespräsident Joachim Gauck darauf hingewiesen, „dass oftmals eine moralische Voreiligkeit die notwendigen Klärungen in der Sache erschwert."[29] Eine Verabschiedung der damit kritisierten „moralisierende[n], nämlich gegnerische Personen oder Gruppen disqualifizierende[n] Form der politischen Auseinandersetzung"[30] ist einerseits voraussetzungsreich; andererseits kann damit an die Erfahrungen mit der – weder selbstverständlich zu erwartenden noch reibungslos verlaufenen – Integration von Grünen und Linken in den parlamentarischen Betrieb angeknüpft werden.

Was aber müsste seitens der Etablierten vorausgesetzt sein, damit die Integrationsoption – also eine Fokussierung der politischen Gegnerschaft auf die Sachebene – möglich würde? Zu nennen ist dabei an erster Stelle die – meinethalben zunächst noch nicht hinreichend empirisch gesättigte – Annahme, dass gewählte AfD-Parlamentarier ein nicht weniger vitales Interesse an der Weiterentwicklung der Demokratie haben als die Mandatsträger anderer Parteien. An zweiter Stelle wäre die Überzeugung von Bedeutung, dass sich vorhandene radikale und demokratiefeindliche Haltungen (z.B. von AfD-Abgeordneten) im parlamentarischen Tagesgeschäft abschleifen sowie an den Verfahrenswegen brechen werden und deshalb die demokratische Ordnung im ganzen nicht gefährden können. – Dieses Votum entspricht übrigens ziemlich genau einer der von Jan-Werner Müller formulierten Empfehlungen zum demokratischen Umgang mit dem Populismus:

> Die Frage ist, ob man Populisten im Rahmen demokratischer Debatten nicht doch dazu bringen kann, von ihren Alleinvertretungsansprüchen abzurücken oder sie ganz fahren zu lassen. Solange sie de facto den Pluralismus anerkennen [...], sollte man gelassen bleiben und immer wieder die Auseinandersetzung suchen. [Sobald Populisten aber] eindeutig Volksverhetzung betreiben oder gar zur Gewalt aufrufen [...,] greift ohnehin das Strafrecht.[31]

Die hier skizzierte Integrationsoption hat gegenüber der Ausgrenzungsvariante m.E. zunächst pragmatische Vorteile. Denn: Auch Populisten können einmal recht haben. Die oben skizzierte doppelte Frontstellung im Bundestag erzwingt allerdings die a-priori-Zurückweisung aller von der AfD stammenden Anliegen und Initiativen – und dies nicht wegen des Inhalts solcher Anliegen und Initiativen, sondern lediglich wegen deren parteipolitischer Provenienz. In Absurdität umzuschlagen droht solche Ausgrenzungspraxis, wenn sie auf Grundsatzbeschlüsse gestützt ist, die jede Zusammenarbeit mit der AfD – mithin auch jede gemeinsame Abstimmung zur Herbeiführung eines vielleicht wirklich sachlich gebotenen Beschlusses – verbieten. Dieser Umschlag in Absurdität wird, wie schon in den 90er Jahren hinsichtlich der PDS, auf kommunaler Ebene besonders evident. Ob es, wie in der brandenburgischen Gemeindevertretung Forst, um den *Neubau* eines Jugendclubs (anstelle der *Sanierung* einer Villa) geht oder, wie im thüringischen Hildburghausen, um die sinnvollste Ausbauvariante für das Schwimmbad (Kombibecken *versus* Sportbecken) – regelmäßig werden die schließlich zustande gekommenen Entscheidungen dann (und nur dann) überregional bekannt sowie notorisch skandalisiert, wenn sie auch mit den Stimmen gewählter AfD-Mandatsträger zustande gekommen sind. Die Debatte über das angekündigte Wahlverhalten der Sachsen-Anhaltinischen CDU bei der dann abgesetzten Landtagsabstimmung über den Medienstaatsvertrag hat gezeigt, dass die mit dem pauschalen Kooperationsverbot verbundenen Probleme bereits die Landesebene erreicht haben. „Wir lassen uns nicht dadurch von unseren Überzeugungen abbringen, dass jetzt auch die AfD sagt, sie habe an der einen oder anderen Stelle die gleiche Auffassung wie wir."[32] – Dass diese aus einem (ebenfalls bundesweit bekannt gewordenen) Interview mit der Magdeburger *Volksstimme* stammende Aussage des (inzwischen ehemaligen) CDU-Innenministers von Sachsen-Anhalt, Holger Stahlknecht, gegenwärtig als inopportun gilt, kann ich beim besten Willen nicht als einen Fortschritt in der Entwicklung der deutschen Demokratie wahrnehmen. Ein solcher Fortschritt wäre m. E. eher durch eine Versachlichung des Umgangs mit der AfD zu erreichen; diese Versachlichung könnte jedenfalls dazu führen, dass die Mandatsträger derjenigen Parteien, die sich als Verteidiger der Demokratie verstehen, ihre Eigenüberzeugungen auch dann zur Geltung bringen können, wenn es inhaltliche Schnittmengen mit den Auffassungen von AfD-Parlamentariern gibt.

Doch es gibt nicht nur pragmatische Gründe für die Integrationsoption. Ich denke, dass sie sich auch vom Standpunkt einer protestantischen Ethik des Politischen her nahelegt. Dies ist abschließend zu zeigen.

3. Protestantismus und Rechtspopulismus

In diesem Abschnitt möchte ich, anknüpfend an meine zuletzt begründete Bevorzugung der Integrationsoption, die in den Abschnitten 1 und 2 dargestellten Beobachtungen und Einsichten aus der Perspektive einer christlich-politischen Ethik beurteilen.

Den Ausgangspunkt meiner Überlegungen bilden die thematisch einschlägigen Ausführungen, die der Tübinger Theologe Eilert Herms in seinem 2017 erschienen *opus magnum* vorgetragen hat. Darin wird die Beständigkeit von faktisch bestehenden Gewaltmonopolen – also die Stabilität politischer Gemeinwesen – als abhängig behauptet von der Möglichkeit und der Bereitschaft der Regierten, zur Erhaltung und Weiterentwicklung der politischen Ordnung beizutragen:

> Faktisch bestehende Gewaltmonopole (Herrschaften) sind stabil, soweit die Untertanen mit ihrer Ausübung zufrieden sind und sie unterstützen, also auch an ihrer Erhaltung und Ausübung partizipieren. *Soweit* die Untertanen mit der bestehenden Herrschaft unzufrieden sind und sie nicht unterstützen und an ihrer Ausübung nicht partizipieren, ist Herrschaft labil.[33]

Vorausgesetzt ist dabei, dass es sich beim „Zusammenleben von Menschen" um „das Zusammenleben von innerweltlich-leibhaften *Personen*" handelt, weshalb „das Gewaltmonopol nur ausgeübt werden [kann] im *verstehenden* asymmetrischen Zusammenspiel von Gewaltmonopolist und Untertan." Die in dieser Konstellation idealerweise gegebene „Zufriedenheit" meint

> denjenigen Modus verstehender Teilnahme der Untertanen, der von den [es muss wohl heißen: dem] Gefühl und der Einsicht getragen ist, daß die Unterhaltung des den Untertanen durch den Willen des Gewaltmono-

polisten *zugemuteten* Zusammenspiels mit ihm aktuell ein Verhältnis zwischen Vorteilen und Nachteilen einschließt, das keine schlechterdings unerträglichen Zumutungen enthält und zu dem eine günstigere Alternative aktuell nicht in Sicht ist. [...] Sobald diese Zufriedenheit abnimmt, nimmt die Stabilität der Herrschaft ab. [...] Gegen die klare Unzufriedenheit der relevanten Mehrheit der Untertanen kann eine einmal erreichte Form der Herrschaft auf Dauer nicht aufrechterhalten werden.[34]

Als eine politiktheoretische Konsequenz der anthropologisch fundierten Rede vom „*verstehenden* asymmetrischen Zusammenspiel" kann Herms' Hervorhebung des Partizipationsgedankens gelten: Die Möglichkeit von Teilhabe an der Erhaltung und Ausübung des Gewaltmonopols befördert jene Zufriedenheit, die für die Stabilität des politischen Gemeinwesens wichtig ist. In der Tradition der protestantischen politischen Ethik gibt es nun sehr unterschiedliche Auffassungen, was die konkrete Gestalt der „Untertanen"-Partizipation angeht. Die hier nicht nachzuzeichnende Entwicklung[35] lief, jedenfalls in Westdeutschland, in der zweiten Hälfte des 20. Jahrhunderts schließlich auf eine christlich fundierte Zustimmung zur Rechtsordnung des Grundgesetzes hinaus – nicht weil die parlamentarische Demokratie eine christliche Staatsordnung wäre, sondern weil hinsichtlich der der demokratischen Staatsform zugrunde liegenden Achtung der Würde des Menschen sowie der Anerkennung der daraus abgeleiteten Grundrechte eine besondere Nähe zum christlichen Menschenbild konstatiert werden kann. – Die letzten Formulierungen nehmen Bezug auf die EKD-Denkschrift „Evangelische Kirche und freiheitliche Demokratie" von 1985,[36] ein Text, auf den auch Herms explizit rekurriert, wenn er „die Vorzüge der Herrschaftsform des gewaltenteiligen föderalen Rechtstaates der parlamentarischen Demokratie" betont.[37] Seine eigene

Begründung für diese Bevorzugung schließt ausdrücklich an die bereits notierte Hochstufung des Verständnis- und Partizipationsaspekts an:

Der Grund dieser Bevorzugung ist [...] das Faktum, daß diese Gestalt von Herrschaft durch ihre Ordnung besonders gute Chancen dafür bietet, daß die Aufgaben tatsächlich erfüllt werden, die für Herrschaft aus christlicher Sicht unabweisbar vor- und aufgegeben sind [...]. Das sind die beiden Aufgaben, a) allseitiges wechselseitiges Verstehen zu erlangen, zu ermöglichen und zu fördern, also den „Frieden äußerlich" als Motor für den „Frieden von innen heraus" zu pflegen und b) möglichst allen Gliedern des Gemeinwesens zu ermöglichen, durch ihr eigenes rationalverantwortliches Wollen und Wirken an der Gestaltung des Gemeinwesens mit teilzunehmen.[38]

Bezieht man die zitierten theologisch fundierten Einsichten auf die im vorliegenden Beitrag formulierten Überlegungen zur politischen Kultur Deutschlands im Schatten des Rechtspopulismus, so ergibt sich auch von hier aus ein Plädoyer für die (in Abschnitt 2 zu These 3 zunächst pragmatisch begründete) Integrationsoption. Denn nimmt man ernst, dass das Aufkommen populistischer Bewegungen und die Wahlerfolge populistischer Parteien auf Repräsentationskrisen verweisen (vgl. Abschnitt 2 zu These 1), dann schaden die in Abschnitt 1 erwähnten zivilgesellschaftlichen Stigmatisierungs- und Ausgrenzungstendenzen sowie ihre in Abschnitt 2 zu These 2 dargestellten parlamentarischen Parallelen dem demokratischen Gemeinwesen insofern, als sie von Partizipation tendenziell exkludieren, dadurch bestehende Unzufriedenheiten verstärken und im Ergebnis, in Hermsscher Terminologie gesagt, ein wechselseitiges Verstehen im asymmetrischen Zusammenspiel von Gewaltmonopolist und Untertan erschweren – jedenfalls was diejenigen „Untertanen" angeht, die, etwa durch ihr Wahlverhalten, Sympathie dafür bekunden, dass von den etablierten Parteien nicht hinreichend ernst genommene Probleme durch populistische Newcomer auf die politische Agenda gesetzt werden.

Reiner Anselm – er lehrt an der Münchener Evangelisch-Theologischen Fakultät und ist dort innerhalb der Systematischen Theologie für die Ethik zuständig – hat vor kurzem kritisch darauf hingewiesen, dass es eine gerade auch im Protestantismus verwurzelte kirchliche Deutung der christlich fundierten Zustimmung „zur Herrschaftsform des gewaltenteiligen föderalen Rechtstaates der parlamentarischen Demokratie" (Herms) gibt, die dringend revisionsbedürftig ist – gerade im Schatten des Rechtspopulismus. Als Voraussetzung jener eben erwähnten kirchenamtlichen „positiven Einschätzung der Bonner Republik" gelte, so Anselm, die staatliche Anerkennung der Kirchen „als maßgebliche Instanzen für die sittliche Grundierung von Recht und Politik" und damit als diejenigen gesellschaftlichen Akteure, „die dem politischen System Legitimität verschaffen und für die moralische Orientierung zuständig sind."[39] Dieses Selbstverständnis sahen die Kirchen gedeckt durch eine bestimmte Interpretation des sog. Böckenförde-Theorems, jenes in mehreren Kontexten bis zum Überdruss strapazierten Diktums des 2019 verstorbenen katholischen Rechtsphilosophen Ernst-Wolfgang Böckenförde, dem zufolge der „*freiheitliche, säkularisierte Staat* […] *von Voraussetzungen* [lebt], *die er selbst nicht garantieren kann*"[40]: Für die Sicherstellung der nicht vom Staat garantierbaren vorstaatlichen Voraussetzungen der freiheitlich-säkularisierten Rechtsordnung seien, so die erwähnte Deutung, die Kirchen zuständig. Bei einer der moralischen Orientierung durch die Kirchen bedürftigen staatlichen Ordnung handele es sich aber, so Anselm, lediglich um „eine spezifische Form der Elitendemokratie".[41] Anselm geht sogar so weit, die mit dem skizzierten kirchlichen Selbstverständnis verbundene „Tendenz zur moralisierenden Bevormundung“ zu parallelisieren mit dem gleichermaßen pluralismusfeindlichen Alleinvertretungsanspruch der zeitgenössischen Rechtspopulisten; diese erwiesen sich „als gelehrige Schüler“ der Kirchen, „die mit ihrem Anspruch auf Alleinvertretung des moralischen Common-Sense selbst faktisch antipluralistisch agierten und mitunter noch agieren.“[42] „Vor diesem Hintergrund“, so lautet dann die Konsequenz, „sehen sich die evangelischen Kirchen vor der Herausforderung, ihr Verständnis von und ihr Verhältnis zur Demokratie neu zu bestimmen.“[43]

Ich halte die Kritik am moralischen Paternalismus, der im kirchenamtlichen Protestantismus auch gegenwärtig noch eine Rolle spielt, für durchaus berechtigt (dazu gleich mehr). Allerdings verbindet Anselm seine zustimmungsfähige Missbilligung dieses Paternalismus mit einer, wie kurz zu zeigen ist, unplausiblen Kritik an der Demokratie-Denkschrift von 1985.

Die Denkschrift, so der Vorwurf, sei von der Leitvorstellung bestimmt, „dass in der Gesellschaft eigentlich der Konsens und nicht der Konflikt herrschen sollte“.[44] Anselm stützt diesen Vorwurf durch den Verweis auf bestimmte Denkschrift-Formulierungen, die aus deren zweitem Teil stammen, in dem die „Grundelemente des freiheitlichen demokratischen Verfassungsstaates“ entfaltet werden. Die Denkschrift betone zwar, so Anselm, „die Notwendigkeit des politischen Streits“, kritisiere „aber fast im selben Atemzug die Rolle der Parteien“ und hebe „das menschliche Streben nach Harmonie und Eindeutigkeit“ hervor.[45] Ein Blick auf den Wortlaut der so resümierten Denkschrift-Passagen zeigt allerdings, dass Anselms Kritik durch die referierten Stellen nicht gestützt wird. So wird von dem in der Tat erwähnten „Streben nach Einmütigkeit und Eindeutigkeit" sowie dem menschlichen „Verlangen nach Harmonie" gesagt, es stehe „in Spannung zur Vielfalt und Konkurrenz der Meinungen und dem daher notwendigen politischen Streit." Letzterem aber müsse „um der Freiheit willen Raum gegeben werden."[46] – Es geht in der Denkschrift also gerade nicht, wie Anselm es darstellt, darum, die Notwendigkeit politischen Streits durch den Hinweis auf das menschliche Konsens- bzw. Harmoniebedürfnis zu relativieren. Es wird, ganz im Gegenteil, gefordert: „Eine demokratische Gesellschaft muß konfliktfähig sein. [...] Öffentlicher Konfliktaustrag erfordert aber, daß die Auseinandersetzungen sachlich geführt werden und daß die Konfliktpartner sich am Ziel eines Konsenses oder eines Kompromisses orientieren."[47] Auch die in der Denkschrift geäußerte Kritik an der Rolle der Parteien hat nicht die von Anselm unterstellte Pointe, den Konsens als demokratischen Normalfall auszuweisen. Moniert wird lediglich die nach Auffassung der Denkschrift durch Art. 21 Abs. 1, Satz 2 GG[48] nicht gedeckte Situation, dass die politischen Parteien „ihren Einflußbereich in weite Lebensbereiche hinein ausgedehnt und damit die Freiräume politischer Willensbildung außerhalb und neben den Parteien eingeengt" haben.[49] Zu den Negativ-Folgen dieser Mitte der 1980er Jahre konstatierten westdeutschen Entwicklung gehören der Denkschrift zufolge Klagen „über den Verlust an Bürgernähe und über die mangelnde Sensibilität der Parteien gegenüber neuen Problemen und neuen Bewußtseinslagen der Bevölkerung".[50] – Es geht also auch hier gerade nicht, wie Anselm insinuiert, um die Priorisierung einer Konsensgemeinschaft gegenüber einer Konfliktgesellschaft, sondern schlicht um den Hinweis darauf, dass Repräsentationskrisen dann entstehen können, wenn „die Parteien die politische Willensbildung allein bestimmen und beherrschen."[51] Insgesamt wird man sagen können, dass die Demokratie-Denkschrift von 1985 kaum weniger pluralismus- und konfliktaffin ist als das Impulspapier der Kammer für Öffentliche Verantwortung der EKD von 2017, ein Text, dessen Innovationsanspruch ebenfalls auf einer Abgrenzung von der vermeintlichen Konsensorientierung der 32 Jahre älteren Denkschrift fußt.[52]

Ungeachtet der eben vorgetragenen Kritik sind, wie schon gesagt, die von Anselm gegen den kirchlichen Moral-Paternalismus gerichteten Einwände m. E. nachvollziehbar. Im Horizont des Öffentlichen Protestantismus, dessen Programm Anselm gemeinsam mit dem Münchener Praktischen Theologen Christian Albrecht in einer Reihe von Publikationen profiliert und illustriert hat, richtet sich der kritische Blick vor allem auf die deutsche Ausprägung der sog. Öffentlichen Theologie. Von dieser wird zunächst festgehalten, dass sie „einen sich einmischenden Protestantismus" vertritt, „der die politischen und ethischen Streitfragen der Zivilgesellschaft im Lichte religiöser und theologischer Traditionen reflektiert" – und dies so, dass „das Augenmerk besonders auf die Anwaltschaft für die Schwachen" gelegt wird.[53] Diese Öffentliche Theologie, der zufolge die Kirche als das „Organ des göttlichen Anspruchs auf das ganze Leben in der Welt" agiert, neige aber, so der dann angeschlossene Vorwurf, dazu, für ihre konkreten *politischen* Stellungnahmen „*religiöse* Gewissheitsgründe [...] in Anspruch [zu] nehmen"; dadurch aber setze sie sich dem Verdacht aus, jene politischen Überzeugungen, „aus denen sie [scil. die Stellungnahmen] sich speisen, religiös überhöhen zu wollen."[54] – Sofern diese Neigung dazu führt, „dass die berechenbare Parteinahme für bestimmte politische Lager den Versöhnungsanspruch des Evangeliums zu unterlaufen droht",[55] handelt es sich um eine protestantischchristliche Variante jener Ausgrenzungsoption, von deren politischer Version in Abschnitt 2 die Rede war.

Der mit der gegenwärtigen Konjunktur des Rechtspopulismus für die politische Kultur Deutschlands gegebenen Herausforderung wird daher nach meiner dezidierten Überzeugung die evangelische Kirche – sowohl auf der Ebene der Amtsträger als auch im Kontext der gesellschaftlichen Lebenswelt – nicht dadurch gerecht, dass sie sich das von den etablierten Parteien installierte apokalyptische Narrativ einer Gefährdung der Demokratie zu eigen macht. Vielmehr sollte sie mit der Tatsache des (in diesem Fall nach rechts) erweiterten politischen Spektrums so umgehen, dass der oben in Anlehnung an Herms formulierte Partizipationsgedanke ernst genommen wird. In Anknüpfung an Anselm gesagt: Die Kirche muss sich immer wieder darüber Rechenschaft ablegen, „ob sie in ihrem Verhalten wirklich zu einer partizipativen Demokratie“ beiträgt.[56] Dazu gehört nicht zuletzt die selbstkritische Frage, ob sich das als tolerabel geltende politische Meinungsspektrum nicht in einer Weise verengt hat, die eher an elitedemokratische Traditionen als an eine partizipative Demokratie erinnert.[57]

Die Frage nach den Realisierungschancen der von mir klar präferierten protestantisch-christlichen Variante der Integrationsoption ist hier ebenso wenig zu behandeln wie die nach denkbaren kirchlich-handlungspraktischen Manifestationen solcher Integration. Abschließend ist lediglich auf das hinter der Integrationsoption stehende religiös-theologische Fundament zu verweisen.

„Ich selbst jedenfalls“, so hat es der Münchener Religionsintellektuelle Friedrich Wilhelm Graf einmal formuliert, „kenne durchaus fromme Menschen, bei denen mir ein modus vivendi reicht. Zur Bürgerfreiheit gehört es auch, auf Distanz zu Zeitgenossen gehen zu dürfen, deren Weltbilder nun einmal nicht diskursiv veränderbar erscheinen."[58] Diese Bemerkungen richten sich gegen die von Graf bei Habermas diagnostizierte Tendenz zur Überstrapazierung der kommunikativen Vernunft und den damit verbundenen „allzu emphatischen Begriff der Bürgergesellschaft".[59] Vorausgesetzt ist also das in den westlichen Gesellschaften der Moderne gegebene Faktum einer Pluralität von jeweils spezifisch religiös-weltanschaulich fundierten Lebensorientierungen. Und gesagt wird, dass umfassendes gegenseitiges Verstehen für eine friedliche Koexistenz nicht erforderlich ist.

Was hier hinsichtlich des Zusammenlebens unterschiedlicher, ja stark differierender religiös-weltanschaulicher Identitäten im selben politisch-gesellschaftlichen Kontext als möglich avisiert wird, nämlich ein distanzierter *modus vivendi*, kann, mit entsprechender Modifikation, auch auf das Faktum verschiedener, ja stark differierender politischer Auffassungen im Horizont derselben religiösen Orientierung bezogen werden. Innerhalb des evangelischen Christentums sollte eine Unterschiedlichkeit politischer Optionen und Präferenzen in besonderer Weise tolerabel sein. Denn protestantische Christenmenschen sind zwar auf innerweltliches Engagement orientiert; gleichwohl aber hat dieses Engagement nicht den Charakter des Letzten, sondern nur den des Vorletzten. Dies bedeutet, dass die Konkretionen des christenmenschlichen Welthandelns keine Heilsrelevanz haben. Deshalb ist es auch nicht direkt der Glaube selbst, der die Gestalt des Welthandelns normiert, sondern die durch den Glauben zu entspannter Sachlichkeit befreite Vernunft.

Der im Graf-Zitat apostrophierte distanzierte *modus vivendi* artikuliert sich in dieser Lage weniger in Form entlastender Ignoranz als vielmehr im Versuch, auf eine Reduktion oder auch nur eine Festlegung des anderen Christenmenschen auf (z. B.) seine politische Positionierung zu verzichten. Eine dieser Verzichtsanmutung entsprechende kirchliche Handlungsoption könnte darin bestehen, Räume zu schaffen und Gemeinschaftsformen zu kultivieren, innerhalb derer die „vorletzten“ Konflikte dezidiert *nicht* permanent ausgetragen werden. Durch solchen programmatischen Verzicht auf den moralisierenden Paternalismus der Elitedemokraten könnte, im Verhältnis zu parlamentarischen und gesellschaftlichen Diskursen, eine Abkühlung der Debattentemperatur bewirkt werden (anstelle einer weiteren Steigerung der Debattenhitze).

Als die (spezifisch protestantische) *dogmatisch*-theologische Grundlage, von der her sich diese politisch-*ethische* Orientierung – die erwähnte Verzichtsanmutung (und damit die partizipationspraktisch gehaltvolle Integrationsoption) – nahelegt, kann die Differenz zwischen Person und Werk namhaft gemacht werden, der zufolge der Mensch mehr ist als die Summe seiner Wohltaten und Untaten. Diese Differenz verweist bekanntlich auf eine insbesondere in der lutherischen Tradition betonte Aufgabe,[60] der gerecht zu werden zugleich bedeutet, sich am Versöhnungsanspruch des Evangeliums zu orientieren (vgl. dazu das in Anm. 55 [S. 228] nachgewiesene Zitat). Gott nimmt, so heißt es bereits in Luthers früher Römerbrief-Vorlesung (1515/16), nicht die Person an wegen der Werke, sondern die Werke wegen der Person.[61] Lebenspraktisch entspricht dem das Erfordernis einer Unterscheidung „zwischen dem, was Gottes Werk konstituiert, und den Werken, die er [scil. der Mensch] von sich aus in und vor der Welt hervorbringt.“[62] Anders formuliert: „Ein Mensch ist mit dem, was er geleistet oder nicht geleistet hat, nicht identisch. Gottes Gnade unterscheidet zwischen Person und Werk. Sie lehrt uns, ebenso zu unterscheiden und auf diese Weise gnädig zu sein."[63] – Wo es gelingt, diesen Grundsatz mit Leben zu füllen, dort kann jener schlichte Freund-Feind-Dualismus überwunden werden, der die politische Kultur Deutschlands im Schatten des Rechtspopulismus zunehmend bestimmt und als die *eigentliche* Gefahr für die freiheitlich-demokratische Rechtsordnung des Grundgesetzes und den gesellschaftlichen Zusammenhang gelten kann.

Anmerkungen

Anmerkungen zu Martin Fritz: Im Bann der Dekadenz (S. 9)

1 Dieser Beitrag ist die Kurzfassung einer umfangreicheren Auseinandersetzung, die bei der Evangelischen Zentralstelle für Weltanschauungsfragen (Berlin) in der Reihe „EZW-Texte" erscheinen wird.

2 https://assets.jungefreiheit.de/2019/07/17-Leitbild-der-JF.pdf [Aufruf am 28.11.2020].

3 Vgl. Bednarz, Liane, Die Angstprediger. Wie rechte Christen Gesellschaft und Kirchen unterwandern, München: Droemer 2018. Unbeschadet dessen, dass der Titel insgesamt etwas reißerisch geraten ist und dass die suggestive Unterwanderungsthese im Untertitel wohl übertrieben sein dürfte, ist das Buch eine unschlagbare Einführung ins Thema und bietet auf dem betreffenden Feld wertvolle Orientierung. Vgl. ferner (vor allem als Materialsammlung) Teidelbaum, Lucius, Die christliche Rechte in Deutschland. Strukturen – Feindbilder – Allianzen, Münster: Unrast 2018; Thielmann, Wolfgang (Hg.), Alternative für Christen? Die AfD und ihr gespaltenes Verhältnis zur Religion, Neukirchen-Vluyn: Neukirchener Verlag 2017; Michael Lühmann: Meinungskampf von rechts. Über Ideologie, Programmatik und Netzwerke konservativer Christen, neurechter Medien und der AfD, in: Weiterdenken, Heinrich-Böll-Stiftung Sachsen, Dresden 2016 (online: https://tinyurl.com/sa9cdj8k). Die theologische Literatur zum Thema ist bisher überschaubar: Höhne Florian/Meireis Torsten (Hg.), Religion and Neo-Nationalism in Europe, Baden-Baden: Nomos 2020; Hempelmann, Reinhard/Lamprecht, Harald (Hg.), Rechtspopulismus und christlicher Glaube (EZW-Texte 256), Berlin: EZW 2018; Lesch, Walter (Hg.), Christentum und Populismus – Klare Fronten?, Freiburg/Basel/Wien: Herder 2017; Strube, Sonja (Hg.), Rechtsextremismus als Herausforderung für die Theologie, Freiburg: Herder 2015.

4 Dirsch, Felix/Münz, Volker/Wawerka, Thomas (Hg.), Rechtes Christentum? Der Glaube im Spannungsfeld von nationaler Identität, Populismus und Humanitätsgedanken, Graz: Ares Verlag 2018. Der Band wird in den summarischen Fußnoten lediglich mit der römischen Ziffer I bezeichnet. Bei Seitenangaben im Text entfällt diese Sigle der Kürze halber (anders als bei Band II).

5 Dirsch, Felix/Münz, Volker/Wawerka, Thomas (Hg.), Nation, Europa, Christenheit. Der Glaube zwischen Tradition, Säkularismus und Populismus, Graz: Ares Verlag 2019. Im Folgenden verweist die Sigle „II“ in den summarischen Fußnoten und bei Seitenangaben im Text auf diesen Band. Generell erfolgt im Falle summarischer Belege in den Fußnoten lediglich die Band- und Seitenangabe, ohne Nennung des jeweiligen Beitrags.

6 Dirsch, Felix/Münz, Volker/Wawerka, Thomas, Einleitung, in: dies. (Hg.), Rechtes Christentum, 7–16, 15.

7 Chatschadorian, Jaklin, Chrislam. Wie der christlich-islamische Dialog zur Islamisierung unserer Gesellschaft führt, in: Dirsch/Münz/Wawerka (Hg.), Nation, Europa, Christenheit, 174–188.

8 Z. B. Michaelis, Godehard, Biblisch-theologische Grundlegung II: Volk und Nation, in: Dirsch/Münz/Wawerka (Hg.), Nation, Europa, Christenheit, 49–63.

9 Z. B. Wawerka, Thomas, Christ sein und rechts sein. Versuch einer biblisch-theologischen Grundlegung, in: Dirsch/Münz/Wawerka (Hg.), Rechtes Christentum, 173–189.

10 Z. B. Mack, Lothar, Untergang und Neuanfang nach dem Dritten Reich im Spiegel theologisch-politischer Literatur. Stimmen für die aktuelle Diskussion, in: Dirsch/Münz/Wawerka (Hg.), Rechtes Christentum, 204–229; ders., Geisterstunde über Deutschland. Eugen Rosenstock-Huessys Analyse aus dem Jahr 1919, in: Dirsch/Münz/Wawerka (Hg.), Nation, Europa, Christenheit, 102–121.

11 Münz, Volker, Die Bundesvereinigung ‚Christen in der AfD‘ und ihre Bedeutung innerhalb der Partei, in: Dirsch/Münz/Wawerka (Hg.), Rechtes Christentum, 160–172.

12 Führing, Daniel, Vernunftgemäßes Ordnungsdenken und aktuelle Gefahren seiner Deformierung, in: Dirsch/Münz/Wawerka (Hg.), Nation, Europa, Christenheit, 203–226.

13 Engels, David, Der Untergang des Abendlandes, der Aufstieg des Islams und die Zukunft des Christentums. Kulturmorphologische

Überlegungen, in: Dirsch/Münz/Wawerka (Hg.), Rechtes Christentum, 145–159.

14 Z.B. Zöllner, Daniel, Das christliche Europa – Kontinent der Säkularisierung, in: Dirsch/Münz/Wawerka (Hg.), Nation, Europa, Christenheit, 122–142.

15 Sommerfeld, Caroline, „Gegen *Allahu akbar* hilft nur *Deus vult*!" Christentum und identitäre Bewegung, in: Dirsch/Münz/Wawerka (Hg.), Rechtes Christentum, 190–203.

16 Lichtmesz, Martin, Notizen über Christentum, Populismus und die Religion des Globalismus, in: Dirsch/Münz/Wawerka (Hg.), Rechtes Christentum, 90–116.

17 Matussek, Matthias, Das katholische Abenteuer. Ein Bekenntnis, in: Dirsch/Münz/Wawerka (Hg.), Rechtes Christentum, 117–144.

18 Thiele, André, Das Kreuz ist die Grenze. Auf dem Weg von Athen nach Jerusalem, in: Dirsch/Münz/Wawerka (Hg.), Nation, Europa, Christenheit, 143–149.

19 Schneider, Athanasius, Die Hoffnungslosigkeit einer Stadt des Menschen ohne Gott. Mahnwort an die Christen Deutschlands, in: Dirsch/Münz/Wawerka (Hg.), Nation, Europa, Christenheit, 227–237.

20 Zum schwierigen Begriffsfeld „(neu-)rechts" und „(rechts-)konservativ" siehe Bednarz, Angstprediger, 26–33.

21 Vgl. Seubert, Harald, Der konservative Protestantismus und seine Stellung innerhalb der heutigen evangelischen Kirche, in: Dirsch/Münz/Wawerka (Hg.), Rechtes Christentum, 52–74, 70f; vgl. auch 67 f.

22 I, 10. 13. 91. 96. 98. 99. 169; II, 9. 12. 18. 88. 191. 227. 236.

23 I, 7. 13. 32. 36. 92. 97. 99. 111. 155; II, 10. 11. 15. 17. 18. 19. 66. 78. 88. 106. 148. 191.

24 I, 33. 52. 59. 66. 67. 69. 71. 169; II, 16. 44. 45. 76.

25 I, 13. 14. 40. 58. 60. 61. 66. 102. 125. 161. 174; II, 17. 43. 99.

26 I, 9. 36. 169; II, 76.

27 I, 147. 148. 155. 157. 216; II, 12. 78. 80. 177. 188. 191. 217. 237.

28 I, 38. 39. 104. 138. 160. 162. 241; II, 138. 159. 176.

29 I, 52. 59. 66. 67. 69. 71.

30 I, 58. 60. 61. 66.

31 I, 15. 54. 70 f. 176–179. 234; II, 35. 122.

32 Vgl. I, 59. 71. 137. 139. 161; II, 7 f. 32. 59. 83 f. 155. 199. 216. 233. Sum-

marisch II,10: „Die 1968er-Folgen liegen nach wie vor wie Mehltau über unserem Land – und das schon seit rund fünf Jahrzehnten."

33 Vgl. I, 35. 71; II, 107.

34 I, 8; II, 40. 198.

35 I, 8. 32. 33. 92. 96. 97. 98. 101. 103. 147. 169. 198. 241; II, 14. 15. 19. 90. 192.

36 In diesem Zusammenhang wird wiederholt die These eines „von internationalen Mächten geplanten Bevölkerungsaustausch[s]" (II, 86) angebracht: I, 35. 97. 99. 181; II, 86f.

37 I, 160; II, 8.

38 I, 13; II, 33.

39 II, 113; vgl. I, 67. 69; II, 33f. 213.

40 Vgl. I, 11. 69. 92; II, 79. 137. 216; vgl. auch II, 76: „Diktatur auf leisen Sohlen" (Wilhelm Hankel).

41 II, 8. 83. 92; vgl. II, 84.

42 I, 148. 151. 152; II, 90. 232. 233. 236.

43 I, 32; II, 8; vgl. I, 39. 147; II, 215.

44 I, 25. 31. 110; II, 83. 84. 92. Vgl. I, 32; II, 8: „Individualisierung".

45 I, 21; II, 84; vgl. II, 227. 228. 236: „Egoismus"; II, 148: „Vergötzung des Selbst", „Egozentrik".

46 Vgl. I, 7. 169; II, 7. 76–78. 92. 99. 106.

47 Siehe dazu unten Teil 3: Das Dilemma populistischen Christentums.

48 Prägnant Engels, Untergang des Abendlandes, 156.

49 Vgl. z.B. I, 8. 145. 148–150; II, 14. 179. 189. 232.

50 Vgl. I, 92–95. 148; II, 122. 179. 232.

51 I, 102; II, 92.

52 Vgl. I, 125; II, 15. 19. 166. 236.

53 Vgl. I, 95. 121. 132f. 140. 145. 149f. 198. 200; II, 17. 151. 165f. 232–234.

54 Vgl. Seubert, Der konservative Protestantismus, 56. 60f. 66f; vgl. Michaelis, Volk und Nation, 58.

55 Seubert, Der konservative Protestantismus, 66. Seubert übergeht in seinem Bild der protestantischen Theologie die signifikante Grunddifferenz zwischen den prinzipientheologisch eher konservativen „Linksprotestanten" (56) und den theologisch „liberalen" „Kultur"- oder „Neuprotestanten", eine Differenz, die jedenfalls im jeweiligen Selbstverständnis in der Regel eine Schlüsselrolle spielt.

56 Vgl. I, 56. 61. 63. 66. 68. 70f. 117. 198. 216; II, 22. 31f. 44f. 92. 151.

57 Vgl. Lichtmesz, Notizen, 102.

58 Vgl. I, 32 f. 61. 102. 104. 117. 198–201; II, 144. 150. 181–188.
59 I, 101. 120; II, 87. 183.
60 Siehe dazu BEDNARZ, Angstprediger, 146–149.
61 I, 200; vgl. II, 87.
62 I, 8. 9. 11. 32. 40. 96. 111. 145. 146. 151. 156. 198; II, 22. 177. 184.
63 Vgl. I, 150. 237.
64 Siehe dazu vor allem CHATSCHADORIAN, Chrislam; ferner I, 127 f. 241; II, 135 f.
65 Vgl. REUTER, HANS-RICHARD, Nation and Religion in the Thought of the German New Right, in: Höhne/Meireis (Hg.), Religion and Neo-Nationalism, 115–129, 125. Vgl. ENGELS, Untergang des Abendlandes, 151.
66 Vgl. dazu bes. MÜNZ, Christen in der AfD, 160.
67 ENGELS, Untergang des Abendlandes, 147; vgl. zum Thema I, 9. 37. 39. 61. 148. 160. 162. 166 f. 180; II, 17. 156. 192. 194. 198. 208.
68 I, 7. 38 f. 48. 67. 70. 147. 160. 167. 180; II, 17. 78 f. 192. 215 f. 218. 233.
69 MICHAELIS, Volk und Nation, 60; vgl. zur Kritik an der Gender-Theorie, „Genderismus" oder „Gender-Mainstreaming": I, 7. 9 f. 21. 37 f. 48. 61. 66. 148. 160. 162. 166 f. 169; II, 17. 78 f. 109. 186. 193. 198. 215 f. 218. 220. 234
70 Vgl. ENGELS, Untergang des Abendlandes, 151. 153.
71 CHATSCHADORIAN, Chrislam, 185f; vgl. auch ENGELS, Untergang des Abendlandes, 150.
72 WAWERKA, Christ sein, 181. Vgl. I, 180. 196; II, 51. 197 f. 220.
73 DIRSCH, FELIX, Entwicklungslinien des Rechtskatholizismus von der Französischen Revolution bis zu aktuellen Diskussionen. Versuch einer Typologie, in: Dirsch/Münz/Wawerka (Hg.), Rechtes Christentum, 17–51, 20.
74 DIRSCH, Rechtskatholizismus, 31; FÜHRING, Ordnungsdenken; vgl. THIELE, Kreuz, 147; vgl. ferner I, 54; II, 17. 234.
75 Vgl. I, 20; II, 206 f. 219.
76 Vgl. FÜHRING, Ordnungsdenken, 208.
77 FÜHRING, Ordnungsdenken, 211 (auch STEGHERR, MARC, Katholischer Traditionalismus in Europa: Ein Überblick, in: Dirsch/Münz/Wawerka (Hg.), Nation, Europa Christenheit, 150–173, 165); vgl. zur „Relativismus"-Diagnose I, 186. 241; II, 146. 159. 236. 237.
78 Vgl. z. B. TANNER, KLAUS, Der lange Schatten des Naturrechts. Eine fundamentalethische Untersuchung, Stuttgart: Kohlhammer 1993.
79 WAWERKA, Christ sein. Wawerka positioniert den ethischen Be-

griff der „Ordnung“ kritisch gegen den Wertbegriff, der allerdings ansonsten in den „blauen Bänden“ reichlich in Anspruch genommen wird.

80 Vgl. Wawerka, Christ sein, 180 f.

81 I, 7. 8. 11. 13. 20. 35. 47. 50. 244; II, 33. 66. 88. 92. 199. 218.

82 I, 33. 70. 71. 204; II, 112.

83 I, 20. 47. 91. 104. 106; II, 46. 199.

84 Vgl. zur Kritik am „Gesinnungsethischen“ I, 8. 9. 33. 61. 66. 98. 99. 204. 242.

85 Die Max Weber'sche Unterscheidung von Gesinnungs- und Verantwortungsethik aus dem berühmten Vortrag *Politik als Beruf* von 1919 wird in Anspruch genommen: I, 70. 169 f. 231. 236; II, 197.

86 Gehlen, Arnold, Moral und Hypermoral. Eine pluralistische Ethik, Wiesbaden: Athenaion [4]1981. Gehlen beschreibt in seinem Spätwerk von 1969 den „Humanitarismus oder die zur ethischen Pflicht gemachte unterschiedslose Menschenliebe“ (79) als Universalisierung einer ehemaligen Sippen- oder Stammesmoral und wertet diese „Moralhypertrophie“ (141), „mit und ohne Begleitung religiöser Motive“ (79), als Zeichen einer gleichmacherischen Dekadenz (vgl. 82).

87 Vgl. z. B. Zöllner, Daniel, Christlicher Glaube und die Krise des Universalismus in Zeiten der Massenmigration, in: Dirsch/Münz/Wawerka (Hg.), Rechtes Christentum, 230–247, 230.

88 Vgl. I, 100. 108. 110–112. 147; II, 33. 92. 157. 214 f.

89 Vgl. zum Selbstgefälligkeitsvorwurf gegenüber den Moralisten I, 101. 106. 184. 236. 240; II, 36

90 I,7; vgl. I, 61 f. 66. 162. 168 f. 173 f. 179. 235 f.

91 Münz, Christen in der AfD, 169. Vgl. Wawerka, Thomas, Biblisch-theologische Grundlegung I: Nächstenliebe und Barmherzigkeit, in: Dirsch/Münz/Wawerka (Hg.), Nation, Europa, Christenheit, 31–48, 38.

92 Vgl. Wawerka, Christ sein, 173 f.

93 Vgl. I, 184. 236. 240; II, 44. 66.

94 Wawerka, Nächstenliebe; ders., Christ sein. Dabei steht auch ein apologetisches Interesse im Hintergrund, nämlich der Abweis einer „rechten Christentumskritik“ (106). Die Limitierung der Geltung des Liebesgebots soll auch den von neurechten Intellektuellen geäußerten Verdacht ausräumen, dass „die Christen-Moral eine Wurzel des Übels der gegenwärtigen deutschen Migrations- und Flüchtlingspolitik“ (231) sein könnte. Das Beweisziel: Nicht die

„Christenmoral“ per se ist von Übel, sondern nur ihre hypermoralische Überdehnung.

95 WAWERKA, Nächstenliebe, 40. Die Unterscheidung stammt in dieser Terminologie von dem österreichischen Ökonomen und Liberalismus-Theoretiker Friedrich August von Hayek; vgl. ebd., 38.

96 Vgl. ZÖLLNER, Christlicher Glaube, 243 f.

97 Vgl. WAWERKA, Nächstenliebe, 45; vgl. DIRSCH, Rechtskatholizismus, 34; MICHAELIS, Volk und Nation, 53 f. 56f; FÜHRING, Ordnungsdenken, 219 f.

98 So lautet der Terminus für die von Wawerka geschmähte „Jedermannsliebe“ in der deutschen Aufklärung. Wie sich die (für selbstverständlich christlich gehaltene) Forderung eines *amor universalis* zu dem psychologischen Gesetz verhält, dass lebendige Liebe immer persönliche Kenntnis und folglich eine gewisse Nähe des Umgangs voraussetzt, wird dort breit diskutiert. Es wird dabei auch selbstverständlich der *ordo amoris* in Rechnung gestellt – ohne aber das Ideal der „allgemeinen Menschenliebe“ aufzugeben. Vgl. FRITZ, MARTIN, Die Barmherzigkeit in der deutschen Aufklärungsethik, in: Roderich Barth/Ute E. Eisen/Martin Fritz (Hg.), Barmherzigkeit. Das Mitgefühl im Brennpunkt von Ethik und Religion (in Vorbereitung).

99 Vgl. WAWERKA, Nächstenliebe, 43 f.

100 DIRSCH, Rechtskatholizismus, 46; vgl. LICHTMESZ, Notizen, 106: „pathologischer, selbstmörderischer Altruismus“. Vgl. MÜNZ, Christen in der AfD, 170: „unzulässige Vermischung von Individual- und Sozialethik“.

101 Vgl. ZÖLLNER, Christlicher Glaube, 233–235, der stärker die unüberwindliche Spannung zwischen Universalismus und Partikularismus in der christlichen Ethik betont.

102 I, 11. 22; II, 21. 83. 92.

103 II, 17; vgl. I, 13. 25. 93. 99; II, 18. 74 f. 77. 83. 92. Vgl. zur antisemitischen Herkunft der Theorie die kritischen Ausführungen zu Wolfgang Gedeon bei WINCKLER, STEFAN, Lehrer und AfD: ein problematisches Verhältnis?, in: Dirsch/Münz/Wawerka (Hg.), Rechtes Christentum, 75–89, 77. SOMMERFELD, Deus vult, 200, spricht – man weiß nicht, ob mehr aus rhetorischer Zuspitzungslust oder rechtskatholischem Obskurantismus – von einer „satanischen Weltregierung“.

104 Vgl. MICHEALIS, Volk und Nation, 60: „Derartige Ideologien haben sehr einflußreiche Förderer“. Dabei finden mehrfach auch die Frei-

maurer Erwähnung: II, 18. 74. 87; im Übrigen auch im Zusammenhang der sexuellen Revolution: II, 233.

105 I, 25. 90. 92. 95. 99. 102. 103. 107. 115; II, 66. 77. 82. 87. 88. 91. 189. 190. 198.

106 Führing, Ordnungsdenken, 220. Vgl. I, 112. 220; II, 195: „Ein Volk ist eine wie auch immer geartete und begründete Einheit."

107 Vgl. zu Schmitt: I, 110; zu Böckenförde I, 163. 242; II, 138. 195 f. 218.

108 Vgl. Münz, Christen in der AfD, 164f; vgl. Dirsch, Felix, Der Glaube und die politische Gesäßgeografie. Linkes und rechtes Christentum im Widerspruch einer globalisierungsaffinen und einer heimatnahen Variante. Ein Gang durch die Geschichte, in: Dirsch/Münz/Wawerka (Hg.), Nation, Europa, Christenheit, 64–101, 90f; Lichtmesz, Notizen, 111; vgl. ebd., 99.

109 I, 11. 109. 145. 164; II, 197.

110 Mack, Geisterstunde, 102. Vgl. II, 55. 90 (mit Rekurs auf Papst Johannes Paul II.).

111 Michalis, Volk und Nation, 55; vgl. I, 32. 40. 56. 63. 71; II, 55. 56. 57. 81. 112.

112 Vgl. Dirsch, Gesäßgeografie, 79: „rechtes, also volks- und heimatnahes Christentum". Hier gewinnt die Thematik förmlich den Status eines Definitionselementes; vgl. die bereits zitierte Bestimmung in der Einleitung von Bd. I, 10: „rechtes, also nationales und konservatives Gedankengut".

113 Vgl. Dirsch, Gesäßgeografie, 92: „Selbstredend bestreitet niemand die universale Dimension des Christentums, die in biblischen Zeugnissen eindeutig zur Geltung kommt, und die Pflicht zur Nächstenliebe in allen Teilen der Welt."

114 Vgl. Michaelis, Volk und Nation. Aus der Bibel wird von Michaelis neben den meist alttestamentlichen *dicta probantia* für den „Ethnokreationismus" auch das Beispiel Jesu angeführt. Auch der „Heiland" fühlte, „Liebe zu seinem irdischen Vaterland" (ebd., 52; mit Papst Pius XII.; vgl. ebd., 56), wie seine Tränen ob der künftigen Zerstörung Jerusalems offenbaren. Ein Gang durch die Theologiegeschichte fördert dann etliche Zeugnisse für die besagte Zusammenbestehbarkeit zutage.

115 Vgl. Dirsch, Rechtskatholizismus, 32; Mack, Geisterstunde, 112: „Dem Wahn eines ehemaligen Nationalismus entspricht die Maßlosigkeit eines heutigen Moralismus." Macks historische Lektüren (auch der Beitrag in Bd. I) sind sachlich der Gegenwartsproblema-

tik „einer neuen nationalen Besinnung“ (ebd.,116) vor dem Hintergrund der nationalen Untergänge von 1918 und 1945 gewidmet.

116 Vgl. LICHTMESZ, Notizen, 107.

117 Vgl. DIRSCH, Gesäßgeografie, passim.

118 DIRSCH, Gesäßgeografie, 91. Siehe dazu BEDNARZ, Angstprediger, 142–144.

119 Vgl. LICHTMESZ, Notizen, 107.

120 Vgl. ebd.

121 Vgl. I, 11. 40. 96f; II, 76. 193.

122 Vgl. LICHTMESZ, MARTIN, Die Verteidigung des Eigenen. Fünf Traktate, Schnellroda: Verlag Antaios 2011.

123 I, 201; II,137.

124 Vgl. Dirsch, Gesäßgeographie, 79.

125 I, 11. 36. 103; II, 90. Vgl. I, 104: „Migranteninvasion“. Vgl. I, 120: „Großangriff des Islam auf den Westen“; I, 207: „Ansturm auf Europa“.

126 Vgl. I, 11: „schleichende Islamisierung“; II, 137: „schleichende Eroberung der christlichen Zivilisation durch den Islam“.

127 Vgl. SOMMERFELD, Deus vult.

128 SOMMERFELD, Deus vult, 195. Genannt werden die Schlacht am Kahlenberg (190f) und die Seeschlacht von Lepanto (200).

129 SOMMERFELD, Deus vult, 199. Vgl. z.B. CHATSCHADORIAN, Chrislam, 182.

130 Vgl. SOMMERFELD, Deus vult, 196.

131 Vgl. neben der Rede von der „schleichenden“ islamischen Eroberung (I, 11; II, 137) das Leonard Cohen-Zitat, das Sommerfeld ihrem Text als Motto voranstellt: SOMMERFELD, Deus vult, 190: „Why don’t you come on back to the war… I didn’t even know there was a war.“ Vgl. dazu den Hinweis auf die apokalyptischen Figuren bei der Neuen Rechten bei SCHIEDER, ROLF, The Political Theology of the New Right in Germany, in: Höhne/Meireis (Hg.), Religion and Neo-Nationalism, 217–232, 224–226.

132 Es ist außerdem zu notieren, dass bei feinsinniger Lektüre die Bewertung des Islams zu oszillieren scheint: Der Islam ist nicht nur das gefürchtete, sondern als Inbegriff einer wehrhaften Religion auch das heimlich *bewunderte* oder *beneidete* Gegenbild des Christentums. Vgl. SCHIEDER, Political Theology, 217. 229.

133 LICHTMESZ, Notizen, 108. Vgl. I, 194. 202.

134 I, 160. 165; II, 196.

135 Vgl. dazu den analogen Vorwurf einer pseudoreligiösen Vergöt-

zung von „rechtsstaatlicher Demokratie und Menschenrechten" bei liberalen Intellektuellen: LICHTMESZ, Notizen, 112.

136 Vgl. LICHTMESZ, Notizen, 108: „Gegen die bloß ‚kulturelle', ‚ästhetische' Auffassung von Religion oder gar ihre Indienstnahme als politische Ordnungsmacht haben religiöse, auf das Absolute gerichtete Naturen immer wieder leidenschaftlich protestiert".

137 LICHTMESZ, Notizen, 115. Vgl. die gegen die Neue Rechte gerichteten kritischen Bemerkungen bei SEUBERT, Der konservative Protestantismus, 70f.

138 Vgl. LICHTMESZ, Notizen, 107.

139 SOMMERFELD, Deus vult, 202.

140 Siehe oben Anm. 50.

141 I, 21. 25. 28. 29. 32. 39. 92. 93. 95. 98. 104. 108. 110. 151; II, 15. 33. 35. 36. 83. 84. 89. 138. 144. 146. 155. 184. 214. 218.

142 Siehe oben Anm. 77.

143 Es findet sich in den Bänden auch eine interessante Stimme, die von dieser geläufigen Beurteilung der modernen Säkularisierung signifikant abweicht: ZÖLLNER, Das christliche Europa, 124, deutet die moderne „Entsakralisierung" des Weltverhältnisses mit Friedrich Gogarten nicht als Abfall vom Christentum, sondern als dessen Verwirklichung.

144 I, 36. 148. 150; II, 156. Vgl. I, 104; II, 165: Selbstrelativierung; II, 159: „Glaubensrelativismus"; II, 166: „säkularistische Entkernung der kirchlichen Botschaft"; I, 27; II, 236: „Glaubensverlust".

145 Vgl. I, 65f; II, 164.

146 Vgl. LICHTMESZ, Notizen, 102.

147 STEGHERR, Katholischer Traditionalismus. Vgl. dazu die häufige Kritik am Zweiten Vaticanum: siehe Anm. 53.

148 Vgl. THIELE, Kreuz, 146: „Gehorsam gegenüber der Offenbarung".

149 SEUBERT, Der konservative Protestantismus, 68. Vgl. die analoge Formulierung bei dem Katholiken Stegherr, die Kirche müsse endlich wieder selbstbewusst den „Anspruch" erheben, „die Wahrheit zu verkünden" (STEGHERR, Katholischer Traditionalismus, 167).

150 Vgl. DIRSCH, Gesäßgeografie, 69: „rechts im Sinne der Rechtgläubigkeit"; ferner DIRSCH, FELIX/MÜNZ, VOLKER/WAWERKA, THOMAS, Einleitung. Ein kurzer Blick auf die Bedeutung des Christentums in aktuellen politischen Debatten, in: DIES. (Hg.), Nation, Europa, Christenheit, 7–30, 23: „Die Bezeichnung ‚rechtes Christentum'" verweist demnach auch auf den Aspekt „des rechten Bekenntnisses im Sinne der Orthodoxie".

151 Siehe dazu Fritz, Martin, Mitgefühl als Schlüssel zur Toleranz? Moralpsychologische Überlegungen im Anschluss an Martha Nussbaum, in: Thiemo Breyer/Marcus Held/Michael Roth (Hg.): Fundamentalismus und Empathie, Heidelberg: Universitätsverlag Winter 2021 (in Vorbereitung).

152 Diese Position hat Paul Tillich mit dem Theorem des „protestantischen Prinzips" zum Ausdruck gebracht. Vgl. Fritz, Martin, Selbstkritische Affirmation. Tillichs ‚protestantisches Prinzip' als Kennzeichen pluralismusfähiger Religion, in: Raymond Asmar u. a. (Hg.): Reformation und Revolution im Denken Paul Tillichs (Tillich Research 18), Berlin/Boston: De Gruyter 2019, 131–171.

153 Vgl. dazu die Formulierung aus der Einleitung von Bd. II, wonach der „christliche Glaube […] zur Annahme bestimmter Glaubensinhalte [verpflichtet]" (Dirsch/Münz/Wawerka, Einleitung, 15). Christentum als Verpflichtung zum Fürwahrhalten von Glaubensgehalten – jeder Protestant sollte bei einer solchen Bestimmung erschaudern. Vgl. dazu die klassische Kritik bei Herrmann, Wilhelm, Der Verkehr des Christen mit Gott im Anschluss an Luther dargestellt, Stuttgart/Berlin: Cotta [5/6]1908, 1–14.

154 Vgl. Seubert, Der konservative Protestantismus, 59. 65.

155 Peter L. Berger hat diesen Umstand pointiert als „Zwang zur Häresie" (von griech. *hairesis*, Wahl) bezeichnet (Berger, Peter L., Der Zwang zur Häresie. Religion in der pluralistischen Gesellschaft, Frankfurt a. M.: Fischer 1980): Weltanschaulich-religiöse Pluralität innerhalb der eigenen Lebenswelt unterläuft grundsätzlich die Selbstverständlichkeit einzelner Geltungsansprüche und erweckt das nur mit Mühe zu verdrängende Bewusstsein, dass der eigenen Position ein Moment optionaler Beliebigkeit und damit, gemessen an den Ansprüchen jeder Orthodoxie, ein Moment von „Häresie" anhaftet. Diesem Bewusstsein ist auch mit neoorthodoxen Objektivitätssetzungen nicht beizukommen (und ebenso wenig mit der beständigen Verunglimpfung der „Beliebigkeit" anderer Positionen).

156 Vgl. Sommerfeld, Deus vult, 197 f.

157 Vgl. Dirsch, Rechtskatholizismus, 21. 32.

158 Münz, Volker, Zwischen Globalismus und Extremismus: Populismus als Lösung?, in Dirsch/Münz/Wawerka (Hg.), Nation, Europa Christenheit, 189–202. Vgl. auch Lichtmesz, Notizen, bes. 93; außerdem die Untertitel der beiden Bände: „Der Glaube im Spannungsfeld von nationaler Identität, Populismus und Humanitätsge-

danken"; „Der Glaube zwischen Tradition, Säkularismus und Populismus".

159 Vgl. Dirsch, Gesäßgeographie, 87.

160 Vgl. Führing, Ordnungsdenken, 206.

161 Drei Beispiele für eine populistische Rhetorik der Verzeichnung: Seubert führt Transformationen im immer stärker links- oder neuprotestantisch dominierten Protestantismus der Nachkriegszeit nicht zuletzt auf den „opportunistischen Willen" zurück, „*up to date* um jeden Preis zu sein" (Seubert, Der konservative Protestantismus, 71) – die Möglichkeit, dass auch linke oder liberale Protestanten „‚mit Ernst Christen' sein wollen" (Wawerka, Nächstenliebe, 47), wird damit rhetorisch unterschlagen. Engels schreibt Kirchenkritikern „die *genüssliche* Verbreitung verschiedenster sexueller oder finanzieller Skandale" (Engels, Untergang des Abendlandes, 149; Hvhg. M. F.) zu – die Möglichkeit eines ernsthaften rechts- und gerechtigkeitsgeleiteten und daher berechtigten Aufklärungsinteresses wird damit implizit in Abrede gestellt, mindestens ausgeblendet. Wawerka sagt von der „Ehe für alle", sie sei „*vorgeblich* um einer ‚Gleichberechtigung' von Homosexuellen willen" (Wawerka, Christ sein, 180; Hvhg. M. F.) eingeführt worden – und suggeriert damit eine Täuschungsabsicht, die auch seine sich anschließenden Ausführungen zur Gleichberechtigung nicht von ferne belegen.

162 Derartige Marginalisierungsgefühle und Diskreditierungserfahrungen werden des Öfteren ausdrücklich angesprochen: I, 9. 14. 70. 102. 109. 161. 169. 183. 239; II, 36. 150. 162. 190f. 193–195. 227.

163 Vgl. dazu Fritz, Martin, Säkularisierung, Pluralisierung, Radikalisierung – Die neue Unübersichtlichkeit der religiösen Lage in Europa, in: Jörg Dittmer/Jan Kemnitzer/Michael Pietsch (Hg.), Christlich-jüdisches Abendland? Perspektiven auf Europa (Theologische Akzente 9), Stuttgart: Kohlhammer 2020, 289–308.

164 Hier wäre nicht zuletzt die christliche Tugend der Sanftmut zu nennen. Siehe dazu Fritz, Martin, Zorn und Sanftmut. Erinnerung an ein exemplarisches Stück klassischer Tugendethik, in: Journal of Ethics in Antiquity and Christianity 2 (2020), 7–25 (online: https//tinyurl.com/y27f8vra).

165 Vgl. Barth, Ulrich/Danz, Christian/Graf, Friedrich Wilhelm (Hg.), Aufgeklärte Religion und ihre Probleme. Schleiermacher – Troeltsch – Tillich, Berlin/New York: De Gruyter 2013.

166 Vgl. Seubert, Der konservative Protestantismus, 69.

Anmerkungen zu Andreas Kubik: Inszenierung der Empörung (S. 65)

1 Überarbeitete und stark erweiterte Version eines Textes, der bereits in: Praktische Theologie. Zeitschrift für Praxis in Kirche, Gesellschaft und Kultur 54 (2019), 87–92, erschienen ist. Ich danke Herrn Dr. Thomas Dürr für die kritische Durchsicht.

2 Die Entscheidung, sich aus diesen Gründen der AfD anzuschließen, wird vermutlich 2013 politisch anders zu bewerten gewesen sein als im Jahr 2020.

3 Vgl. Jung, Martin H., Der Protestantismus in Deutschland von 1870 bis 1945, Leipzig: Evangelische Verlagsanstalt 2002, 124–128: „Das deutsch-protestantische Herz schlug in der Regel auf der rechtsliberalen, konservativen, ja reaktionären Seite." (124)

4 Vgl. Dirsch, Felix/Münz, Volker/Wawerka, Thomas (Hg.), Rechtes Christentum? Der Glaube im Spannungsfeld von nationaler Identität, Populismus und Humanitätsgedanken, Graz: Ares Verlag 2018.

5 Vgl. die materialreiche Reportage von Bednarz, Liane, Die Angstprediger. Wie rechte Christen Gesellschaft und Kirchen unterwandern, München: Droemer 2018, die allerdings auf diese Traditionslinien nicht eingeht.

6 Vgl. Butterwege, Christoph, Die zerrissene Republik. Wirtschaftliche, soziale und politische Ungleichheit in Deutschland, Weinheim/Basel: Beltz Juventa 2020; Decker, Oliver/Kiess, Johannes/Brähler, Elmar (Hg.), Die enthemmte Mitte. Autoritäre und rechtsextreme Einstellung in Deutschland: die Leipziger „Mitte"-Studie 2016, Gießen: Psychosozialverlag [2]2016.

7 So zumindest in Deutschland; zur davon verschiedenen Situation in den USA vgl. Gorski, Philip S., Right-Wing Populism and Religious Conservativism, in: Florian Höhne/Torsten Meireis (Hg.), Religion and Neo-Nationalism in Europe, Baden-Baden: Nomos 2020, 333–345.

8 Vgl. Wagner, Thomas, Die Angstmacher. 1968 und die Neuen Rechten, Berlin: Aufbauverlag [2]2017; Kessler, Patrick, Die „Neue Rechte" in der Grauzone zwischen Rechtsextremismus und Konservatismus? Protagonisten, Programmatik und Positionierungsbewegungen (Politikwissenschaft 210), Berlin: LIT Verlag 2018.

9 www.einprozent.de [Aufruf am 14.08.2020]

10 Als Quelle dient der bearbeitete Mitschnitt der Veranstaltung, der unter dem Titel „AKTUELL: MAHNWACHE FÜR DIE OPFER IN BERLIN" bereits kurz nach der Veranstaltung veröffentlicht wurde (https://tinyurl.com/y7mxqupj, [Aufruf: 20.11.2020]). Wer genau für den Mitschnitt und die Bearbeitung sorgte, ist unklar. Die Authentizität des benutzten Videomaterials unterliegt dennoch keinem Zweifel. Zitate aus diesem Video werden im Folgenden im Haupttext mit Angabe des Zeitstempels ausgewiesen.

11 Vgl. Lichtmesz, Martin, Die Hierarchie der Opfer, Schnellroda: Verlag Antaios 2017.

12 Zumindest die Zusammenfassung unter dem Stichwort „Gedenken" im entsprechenden Wikipedia-Artikel legt nahe, dass dieser Vorwurf nicht völlig aus der Luft gegriffen oder nur politisch motiviert war, sondern die Zurückhaltung der Regierung auch in der gesellschaftlichen Mitte mit Befremden notiert wurde; vgl. https://de.wikipedia.org/wiki/Anschlag_auf_den_Berliner_Weihnachtsmarkt_an_der_Gedächtniskirche [Aufruf am 20.11.2020] – Hingegen setzt die Forderung, es sei auch „deutschen Opfern" hinreichend zu gedenken, einen ethnisch bestimmten Sinn von „deutsch" voraus, insofern unter den Opfern des „Nationalsozialistischen Untergrunds" auch deutsche Staatsbürger mit Migrationshintergrund waren. Der Publizist Lichtmesz, Martin, Die Verteidigung des Eigenen. Fünf Traktate, Schnellroda: Verlag Antaios 2011, zitiert einen Auszug von Heinrich von Kleist über die Liebe zum Vaterlande (vgl. 21f). Diese Überlegungen laufen darauf, dass man sich wechselseitig als Deutscher schon erkennt: „Jeder Deutsche (der nicht nur ein bloßer deutscher Staatsbürger ist) weiß im Grunde, wer oder was ein Deutscher ist und wer oder was nicht." (21) Lichtmesz ist Österreicher; insofern ist plausibel, dass diese Herleitung des „Eigenen" sich gelegentlich auch über das gemeinsame Weiß-Sein versichert (vgl. a. a. O., 56 u. ö.). Björn Höcke hat in einer Rede 2017 geäußert: „Deutsche Opfer gab es nicht mehr, sondern es gab nur noch deutsche Täter. Bis heute sind wir nicht in der Lage, unsere eigenen Opfer zu betrauern." (dokumentiert auf www.tagesspiegel.de am 19.01.2017). Die von den Nazis Ermordeten – z. B. die deutschen Juden – sind in seinem Sinne nicht als „unsere eigenen Opfer" anzusehen.

13 Das Landeskirchenamt hatte – wie bei Nichtübernahme üblich – keine öffentliche Begründung abgegeben. Zu Wawerkas eigener Sicht der Dinge vgl. das Interview von Ellen Kositza mit Thomas

Wawerka vom 7.10.2016 (https://sezession.de/55952/thomas-wawerka-warum-haben-sie-keine-gemeinde-mehr-ein-gespraech; [Aufruf am 20.11.2020]). Derzeit arbeitet Wawerka m. W. im Büro des AfD-Bundestagsabgeordneten Volker Münz.

14 Vgl. de Benoist, Alain, Heide sein zu einem neuen Anfang. Die europäische Glaubensalternative, Tübingen: Grabert 1982; vgl. dazu Böhm, Michael, Alain de Benoist und die Nouvelle Droite. Ein Beitrag zur Ideengeschichte im 20. Jahrhundert, Münster: LIT Verlag 2008, 223–244.

15 Allerdings darf die evangelikale Bewegung keineswegs *in toto* als politisch rechts verbucht werden; vgl. Pally, Marcia, Die neuen Evangelikalen in den USA. Freiheitsgewinne durch fromme Politik, Berlin: Berlin University Press 2010.

16 Vgl. Strube, Sonja (Hg.), Rechtsextremismus als Herausforderung für die Theologie, Freiburg: Herder 2015.

17 So etwa der neurechte Publizist Thorsten Hinz: „Zur evangelischen Amtskirche. Da hab ich Haßgefühle. Was diesen Apparat betrifft, der auf der politischen Schleimspur dahingleitet und seinen Opportunismus dann theologisch verpackt. […] Ich überleg jedes Jahr bei der Steuererklärung, ob ich austreten soll. […] Aber dann will ich doch nicht aufs Abendmahl, auf die Möglichkeit der Vermittlung, verzichten. Deswegen bleib ich doch in der Kirche drin." (Kositza, Ellen/Kubitschek, Götz (Hg.), Tristesse droite. Die Abende von Schnellroda, Schnellroda: Verlag Antaios 2015, 165.) Nach diesen Erinnerungen ist Hinz 1987 durch Christian Führer („eine echte Persönlichkeit", ebd.) in Leipzig getauft worden.

18 Vgl. etwa die kurze Ankündigung von Götz Kubitschek und die Foristenkommentare auf https://sezession.de/56934/morgen-mahnwache-vor-dem-kanzleramt-ein-aufruf [Aufruf am 08.12.2018].

19 Dementsprechend darf man dem Aufruf, sich „nicht provozieren" zu lassen (01:34) eine wichtige strategische Bedeutung zumessen.

20 Vgl. v. Scheliha, Arnulf, Rechtspopulismus als Herausforderung für die protestantische Ethik des Politischen, in: Ders., Religionspolitik. Beiträge zur politischen Ethik und zur politischen Dimension des religiösen Pluralismus, Tübingen: Mohr Siebeck 2018, 341–364.

21 Vgl. die Erwägungen zur liturgischen Eröffnung bei Klie, Thomas, Seine Rolle finden – die Salutatio, in: Ders., Fremde Heimat Liturgie. Ästhetik gottesdienstlicher Stücke, Stuttgart: Kohlhammer 2010, 51–65.

22 Auch „Lügenpresse“ oder „Lückenpresse“; zur Herkunft des Begriffs und zur politischen Relevanz heute vgl. LILIENTHAL, VOLKER/NEVERLA, IRENE (Hg.), Lügenpresse. Anatomie eines politischen Kampfbegriffs, Köln: Kiepenheuer & Witsch 2017; GEUCHEN, ANNA/WALTHER, CHRISTIAN (Hg.), Von wegen: Lügenpresse. Analysen und Ansichten zur Renaissance eines Kampfbegriffs, Frankfurt a. M.: Peter Lang 2018.

23 Vgl. KERNER, HANNS, Stille als Dimension evangelischer Gottesdienste, in: Alexander Deeg/Christian Lehnert (Hg.), Stille. Liturgie als Unterbrechung, Leipzig 2020, 149–166.

24 Zur räumlichen Situierung von Predigten vgl. KLIE, THOMAS, Das Wort verorten – die Predigt und ihr Raum, in: Ders., Liturgie, 79–101, dessen Einsichten sich hier unschwer übertragen lassen.

25 BIERITZ, KARL-HEINRICH, Liturgik, Berlin: De Gruyter 2004, 188.

26 Zumindest Teile der Neuen Rechten lehnen dabei den Volksbegriff des Grundgesetzes (Art. 116) ab und wollen ihn durch einen rein ethnisch bestimmten Volksbegriff ersetzen; vgl. PFEIFFER, THOMAS, „Wir lieben das Fremde – in der Fremde.“ Ethnopluralismus als Diskursmuster und -strategie im Rechtsextremismus, in: Jennifer Schellhöh u. a. (Hg.), Großerzählungen des Extremen: Neue Rechte, Populismus, Islamismus, War on Terror, Bielefeld: transcript 2018, 35–55. Ob dies für Wawerka auch zutrifft, geht aus dem vorliegenden Quellenmaterial nicht hervor. – Vgl. zu einer vorläufigen, gegenwärtigen christlichen Reflexion auf den Volksbegriff ECKHOLT, MARGIT/KUBIK, ANDREAS (Hg.), Volk. Kanzelreden im Wintersemester 2018/19, Universität Osnabrück 2020.

27 Dies war das einzige Musikstück, das von einem nicht-europäischen Komponisten stammt. Möglicherweise war seine Wahl gleichwohl anspielungsreich. Laut Wikipedia wurde dies Stück auch „am ersten Jahrestag der Anschläge des 11. September 2001 in New York aufgeführt, als die Namen der Verstorbenen verlesen wurden.“ (https://de.wikipedia.org/wiki/Adagio_for_Strings [Aufruf am 22.12.2018]).

28 Sowohl Björn Höcke (Niemals zweimal in denselben Fluss. Björn Höcke im Gespräch mit Sebastian Henning, Lüdinghausen/Berlin: Manuscriptum 2018) als auch Alexander Gauland (https://www.pro-medienmagazin.de/politik/2016/05/25/afd-vize-gauland-wir-sind-keine-christliche-partei/ ; Aufruf am 20.11.2020) haben kürzlich ihre persönliche Distanz zum Christentum öffentlich bekundet; wollte man ihre Anwesenheit nicht *nur* unter politischem Ge-

sichtspunkt betrachten, so ermöglichte gerade der hybride Charakter der Mahnwache religiöse Anschlussfähigkeit auch für Konfessionslose.

29 Vgl. https://www.tagesspiegel.de/berlin/gottesdienst-fuer-die-opfer-eine-wunde-in-der-stadt/19159940.html [Aufruf am 22.12.2018]. Auch hier wurde in gewisser Weise die leitkulturelle Funktion des Christentums unterstrichen, insofern die Veranstaltung eben als ökumenischer Gottesdienst in einer Kirche stattfand, allerdings mit interreligiöser Öffnung.

30 Vgl. auch die Ausführungen von Ellen Kositza und Götz Kubitschek über den Eindruck einer Aufführung von Johannes Brahms' „Deutschem Requiem" in Dresden: „Kubitschek: Also, man kann das Geheime Deutschland ja finden. Ganz überraschend. [...] Kositza: Oder nimm das *Requiem*, da waren wir grad wieder. Ein Segen! Kubitschek: *Deutsches Requiem*. In Dresden. [...] Das ist magisch. Kositza: Da ist Deutschland wieder gut. [...] Kubitschek: Und das in einer Stadt, wo man weiß, daß diese Worte hundert Jahre vor der Bombardierung vertont wurden, und wo die Bombardierung komplett drin ist in dem Stück. ‚Denn alles Fleisch, es ist wie Gras' [Jes 40, 6-8]. Und dieses ‚Tod, wo ist dein Stachel?' [1Kor 15, 54f] – die ist ungeheuerlich, diese Wirkung. [...] Kositza: [...] Und das sind so Sachen, die einen in die Höhe heben." (KOSITZA/KUBITSCHEK, Tristesse droite, 163 f.). Man kann fragen, ob die religiöse Energie nicht weit mehr über das mystische Empfinden des ‚Volks' als über die Bibeltexte vermittelt ist. – Die nähere Christlichkeit des *Deutschen Requiem* ist freilich umstritten; vgl. jetzt aber LOTT, R. ALLEN, Brahms' A German Requiem. Reconsidering its biblical, historical, and musical contexts, Rochester: University of Rochester Press 2020. Der Ausdruck „geheimes Deutschland", der für Kubitschek eine große Rolle spielt, geht zurück auf ein Gedicht Stefan Georges; zu seiner kulturpolitischen Ausmünzung vgl. KRAUS, HANS-CHRISTOF, Das Geheime Deutschland. Zur Geschichte und Bedeutung einer Idee, in: Historische Zeitschrift 291 (2010), 385–417.

31 Zeitstempel 02:56–09:00. Auf Einzelnachweise wird im Folgenden verzichtet.

32 Ob Wawerka den deuteropaulinischen Charakter des zweiten Timotheusbriefs bestreitet oder hier lediglich didaktisch reduziert, muss offen bleiben.

33 Die auf den ersten Blick nahe liegende Interpretation, den Aus-

druck auf den Terroranschlag zu beziehen, ergäbe bei näherem Hinsehen wenig Sinn, denn er ist ja bereits geschehen. Gegen ihn kann man nichts mehr tun. Eher scheint Wawerka auf die politische Entwicklung anzuspielen, welche nach seiner Überzeugung den Terroranschlag als furchtbare Konsequenz hervorgebracht hat. Dann würde sich das „Man will gern etwas tun […] und man weiß doch nicht, was man tun soll" eigentlich auf politischen Handlungsdruck beziehen, der dann – siehe unten – später noch spezifiziert wird.

34 Ob Wawerka mit diesem Zitat zum Ausdruck bringen will, dass die politische Situation als ähnlich dramatisch einzuschätzen sei wie das Hitlerdeutschland, muss hier offenbleiben. – Die *invocatio* konservativer Widerständler gegen Adolf Hitler gehört zum intellektuellen Kernbestand der Neuen Rechten (vgl. Wagner, Angstmacher, 2017, 207). Vgl. zum „20. Juli" im Kontext des Widerstands gegen Hitler allgemein Benz, Wolfgang, Im Widerstand. Größe und Scheitern der Opposition gegen Hitler, München: C.H. Beck 2018, 416–429; speziell zu Stauffenberg vgl. Karlauf, Thomas, Stauffenberg. Porträt eines Attentäters, München: Blessing 2019.

35 Dieser nach einer allgemeinen Regel klingende Satz ist gleichwohl rhetorisch genau kontextualisiert, indem er anlässlich der Opfer eines islamistischen Terroranschlags geäußert wird, während vergleichbare Äußerungen von der Neuen Rechten angesichts etwa der Opfer von rechtsextremem Terror nicht vorgenommen wurden. Auf der Internetplattform *sezession.de* finden sich jeweils ganz anders gelagerte Einordnungen solcher Ereignisse (Utøya, NSU, Christchurch, Halle, Hanau), welche in der Regel darauf hinauslaufen, es handele sich hier um aufmerksamkeitsheischende Einzeltäter, die fundamentale Prinzipien der Neuen Rechten verraten hätten.

36 Eine Recherche in verschiedenen Bibliothekskatalogen ergab auch kein Ergebnis.

37 Besonders eindrucksvolle Exemplare hängen etwa im Rittersaal von Burg Neuhaus in Gais (prominenter als die Mistgabeln sind dort allerdings Sensen abgebildet); online gut einsehbar ist das Gemälde zur Illustration des entsprechenden Artikels unter https://de.wikipedia.org/wiki/Tiroler_Volksaufstand [Aufruf am 05.09.2020].

38 Dazu noch einige aktuelle Verwendungsweisen: Die soziale Protestbewegung in Italien aus dem Jahre 2013 gab sich selbst den Na-

men „Forconi" (= Mistgabeln). Ein amerikanischer Blogger, der sich selbst als Superreicher vorstellt, konnte einem Artikel über die zunehmende soziale Schere und die Erwartung des Zurückschlagens der Abgehängten die apokalyptische Überschrift geben: „Ich sehe Mistgabeln" (https://independent24.wordpress.com/2014/07/03/ich-sehe-mistgabeln/ [Aufruf am 10.09.2020, 20:00 Uhr]. Dieselbe rhetorische Figur wie bei Wawerka findet sich auch bei WEGNER, NILS, Heidenau – das große ostsächsische Schaukeln, https://sezession.de/51080/heidenau-das-grosse-ostsaechsische-schaukeln [Aufruf am 12.09.2020, 13:15 Uhr]: Nach einer Darlegung, warum Demonstrationen der Neuen Rechten nichts nützen können, schiebt Wegner die Frage ein: „Und jetzt? Fackeln und Mistgabeln können es ja nun nicht sein". Abwarten und Sich-Bereithalten werden als geeignete Haltungen beschrieben.

39 Von Wawerka allerdings irrtümlich als ein „Wort Jesu" bezeichnet.

40 Dieses Argument, wenn öffentlich geäußert, enthält einen performativen Selbstwiderspruch: In einem repressiven System droht der devianten Meinung nicht der Widerspruch des „Mainstream", sondern wenigstens das Gefängnis. Von daher verbieten sich entsprechende Gleichsetzungen von selbst; vgl. dazu auch die differenzierten Ausführungen von Rochus Leonhardt in diesem Band. – Hält man dies fest, so kann man zugestehen, dass die Frage der Ausgestaltung der Meinungsfreiheit (Stichwort: *cancel culture*) derzeit durchaus die Debatte lohnt; vgl. etwa KERMANI, NAVID, In aller Offenheit, in: DIE ZEIT (10.09.2020). – Zur Selbsteinschätzung der Neuen Rechten als zumindest ‚teilverfolgter' Gruppierung mit „Demütigungen und gekappte[n] Lebensmöglichkeiten […] oder zerschossene[n] Karrieren" (KOSITZA/KUBITSCHEK, Tristesse droite, 179) vgl. etwa KUBITSCHEK, GÖTZ, Repression – ein Aufruf, https://sezession.de/58634/repression-ein-aufruf [Aufruf am 12.09.2020, 13:30 Uhr])

41 DIRSCH, FELIX /MÜNZ, VOLKER/WAWERKA, THOMAS, Einleitung, in: dies. (Hg.); Rechtes Christentum, 7–16, 8.

42 An anderer Stelle beruft sich Wawerka auf Werner Elert; vgl. DERS., Christ sein und rechts sein. Versuch einer biblisch-theologischen Grundlegung, in: Dirsch/Münz/Wawerka, Rechtes Christentum, 173–189.

43 VGL. LEONHARDT, ROCHUS/VON SCHELIHA, ARNULF (Hg.), Hier stehe ich, ich kann nicht anders! Zu Martin Luthers Staatsverständnis (Staatsverständnisse; Bd. 82), Baden-Baden: Nomos 2015. Das

Gewaltmonopol des Staates schließt ein, dass ein gewalttätiger Widerstand gegen die Obrigkeit sich nach Luther schlechterdings verbietet, passiver gewaltfreier Widerstand aber in Frage kommt.

44 Die Diskussion um den Widerstand gegen die Obrigkeit hat im Protestantismus eine lange Vorgeschichte, die z. T. bis zu Luther selbst zurückreicht, im 19. Jahrhundert aber zum vollen Austrag kommt; vgl. Dörfler-Dierken, Angelika, Widerstand, in: Leonhardt/v. Scheliha, Hier stehe ich, 137–167. Speziell zu lutherisch-konservativen Widerstandspositionen während der Weimarer Republik vgl. Leonhardt, Rochus, Religion und Politik im Christentum. Vergangenheit und Gegenwart eines spannungsreichen Verhältnisses, Baden-Baden: Nomos 2017, 326–338.

45 Zur Gewaltlosigkeit als politischer Strategie innerhalb der Neuen Rechten vgl. Wagner; Angstmacher, 261–266.

46 Vgl. Bednarz, Liane, Vier Fäuste statt Halleluja. Wie rechte Christen im öffentlichen Diskurs agieren, in: zeitzeichen (11/2018), 8–11.

47 Wawerka, Thomas, Das Recht des Fremdlings, in: Sezession 77 (April 2017), 10–13, 13.

48 Bednarz, Vier Fäuste, 8. – Nach dem Verständnis der Neuen Rechten handelt es sich bei den entsprechenden Bevölkerungsgruppen allerdings nicht um „Geflüchtete", sondern um Wirtschaftsmigranten, welche die ökonomischen Chancen, die Deutschland ihnen bietet, nachvollziehbarerweise ausnutzen.

49 Vgl. die brillante Skizze der Aufgaben und Abgründe politischer Predigt durch Engemann, Wilfried, Einführung in die Homiletik, Tübingen: Francke ^{2}2011, 295–303.

50 In diesem Zusammenhang sind selbstverständlich auch theologische Kurzschlüsse von Bibelstellen wie Lev 19,33 oder Mt 25,35 auf eine bestimmte Form der Flüchtlingspolitik kritisierbar. Für diese Kritik braucht es allerdings nicht erst die Einlassungen der Neuen Rechten, sie ist von Theologen wie Richard Schröder, Reiner Anselm oder Ulrich H. J. Körtner mehrfach öffentlich vorgetragen worden.

51 Die Eingabe de Stichworts „Bürgerkrieg" in der Suchmaske von sezession.de erbringt weit über 400 Artikel, in denen das Stichwort auftaucht [Aufruf am 5.9.2020].

52 Sie konturieren sich selbst als „Gegenbewegung zur Herrschaft von Eliten […], deren grundlegende Ziele […] nicht den Interessen der Mehrheit der Bevölkerung entsprechen." (Dirsch/Münz/Wawerka, Einleitung, 7). Doch woher wissen die Autoren eigentlich, wel-

che Interessen der Mehrheit der Bevölkerung entsprechen? Aus Wahlen und Abstimmungen sicherlich nicht. Von hier aus ist es nur noch ein kurzer Schritt, einen „wahren Volkswillen" (Schmid, Josef, Die Moralgesellschaft. Vom Elend der heutigen Politik, München: Herbig 1999, 13) zu postulieren, von welchem das Volk durch die „Eliten" planmäßig entfremdet wird und der deshalb der Hermeneutik durch den neurechten Philosophen bedarf. Vielleicht zeigt sich die Faschismusanfälligkeit der Neuen Rechten nirgends so deutlich wie in der Denkfigur des „wahren Volkswillens", den man selbst kennt und zu dem hin „das Volk" wieder ent-entfremdet werden muss. Demgegenüber hat das Bundesverfassungsgericht bereits 1952 im Vorspruch zum Urteil betreffs des Verbots der Sozialistischen Reichspartei die „Selbstbestimmung des Volkes" durch die Bestimmung „nach dem Willen der jeweiligen Mehrheit" (https://www.servat.unibe.ch/dfr/bv002001.html) präzisiert. Eine andere Näherbestimmung müsste auf eine völlig unkontrollierbare Volksmystik hinauslaufen.

53 Allerdings muss darauf hingewiesen werden, dass die Imagination einer dauernden Widerstands-Situation in der Bundesrepublik auch eine linke Vorgeschichte hat.

54 Personal, Texte und Ablauf sind notiert bei Arnold, Jochen u.a., In Trauer und Schmerz zusammenstehen, in: ders. u.a. (Hg.), Öffentliche Liturgien. Gottesdienste und Rituale im gesellschaftlichen Kontext, Leipzig: Evangelischer Verlagsanstalt 2018, 135–140.

55 Leitlein, Hannes, In Stille vereint, in: DIE ZEIT (21.12.2016): „Thomas Franken, der Vikar der Gemeinde, ist seit dem Morgen hier. Er war auf großen Seelsorgebedarf eingestellt, doch vielen Leuten sei nicht nach reden zumute gewesen. ‚Die Menschen wollten heute offenbar eher ihre Ruhe oder eine Kerze anzünden', sagt er. Lediglich ein Gespräch habe er geführt. Auch darüber hinaus war wenig zu tun. ‚Uns wurde schnell alles aus der Hand genommen – freundlich, aber bestimmt', sagt der Vikar. Den Gottesdienst habe Bischof Dröges Büro vorbereitet, die Sicherheit habe die Polizei übernommen, die vor dem Gedenkgottesdienst kein Risiko eingehen wollte." (https://www.zeit.de/gesellschaft/zeitgeschehen/2016-12/berlin-anschlag-kirche-trauer-gottesdienst; [Aufruf am 17.11.2020]).

56 Dass es sich um einen Terroranschlag handelte, bei dem der Täter sich auf den Islam berief, war zu jenem Zeitpunkt noch nicht klar, wenn auch vermutet worden.

57 Arnold, Jochen u.a., Praktisch-theologische Einleitung, in: dies. (Hg.), Öffentliche Liturgien, 15–25, hier: 20.

58 Vgl. Morgenthaler, Christoph, Seelsorge, Gütersloh: Gütersloher Verlagshaus 2009, 247; freilich mit dem Ziel, dass sich eine „offene Selbstexploration“ (ebd.) anschließt.

59 Arnold, In Trauer, 137.

60 Der katholische Erzbischof Heiner Koch erwähnt einmal eher *en passant* die „Wut“ (Arnold, In Trauer, 137); ansonsten werden im Gottesdienst mehrfach „Ratlosigkeit, Ohnmacht und Trauer“ (136) benannt, aber auch „Verzweiflung“ (137), „Angst und Schrecken“ (139).

61 Mit dieser These ist freilich noch gar keine Vorentscheidung darüber getroffen, was daraus liturgisch-gestalterisch zu folgen hätte.

62 Vgl. Rössler, Dietrich, Grundriß der praktischen Theologie, Berlin: De Gruyter 1986, 78–99; zu Rösslers Christentumstheorie vgl. Kubik, Andreas, Theologische Kulturhermeneutik impliziter Religion. Ein praktisch-theologisches Paradigma der Spätmoderne, Berlin/Boston: De Gruyter 2018, 324–331.

63 Elke Pieck (Pieck, Elke, Die Deutsche Evangelische Allianz und ihre „rechte“ Identitätssuche – eine stigmatheoretische Analyse, in: Strube (Hg.), Rechtsextremismus, 145–162) hat überzeugend dargelegt, dass manche kommunikativen Erfahrungen von politisch stark Konservativen und evangelikalen Christen sich überschneiden und als Stigmatisierungserfahrungen ausgelegt werden, weswegen es dann auch zu personellen und organisatorischen Übereinkünften kommt, die von Haus aus nicht unbedingt nahe lagen: „Für manchen erscheint so das rechte Lager als eine Fortsetzung der eigenen christlichen In-Group.“ (158)

64 Einleitend dazu: Kaiser, Klaus-Dieter, Die kirchliche Meinungsbildung zum Thema Rechtspopulismus. Ein kybernetischer Essay, in: Praktische Theologie. Zeitschrift für Praxis in Kirche, Gesellschaft und Kultur 54 (2019), 99–104.

Anmerkungen zu Johann Hinrich Claussen: Politische Theologie als Kultur der Niederlage (S. 85)

1 Erheblich überarbeitete und stark erweiterte Fassung eines Textes, der in der Broschüre *Einsprüche: Studien zur Vereinnahmung von*

Theologie durch die extreme Rechte der „Arbeitsgemeinschaft Kirche und Rechtsextremismus“ 2020 erschienen ist. Ich danke vor allem Henning Flad für viele Anregungen und Einsichten.

2 Schäfer, Gerhard, Karlheinz Weißmann: Gildenschafter zwischen Konservatismus und Rechtsextremismus, in: Christoph Butterwegge/Gudrun Hentges, Alte und neue Rechte an den Hochschulen, Münster: Agenda Verlag 1999, 130–146, 130.

3 Vgl. Reuter, Hans-Richard, Nation and Religion in the Thought of the German New Right, in: Florian Höhne/Torsten Meireis (Hg.), Religion and Neo-Nationalism in Europe, Baden-Baden: Nomos 2020, 115–129.

4 Schivelbusch, Wolfgang, Die Kultur der Niederlage. Der amerikanische Süden 1865 – Frankreich 1871 – Deutschland 1918, Frankfurt: Fischer Taschenbuch Verlag ^{2}2007.

5 Stern, Fritz, Kulturpessimismus als politische Gefahr. Eine Analyse nationaler Ideologie in Deutschland, Neuausgabe von 2005, Stuttgart: Klett-Cotta ^{3}2018, 59.

6 Weissmann, Karlheinz, Der Weg in den Abgrund. Deutschland unter Hitler 1933 bis 1945 (Propyläen Geschichte Deutschlands Bd. 9), Berlin: Propyläen Verlag 1995. Zu seiner Geschichts- und Ideenpolitik sehr überzeugend Weber, Niklas: Rückruf aus den Neunzigern, in: Merkur Dezember 2020.

7 Weissmann, Weg in den Abgrund, 9–12.

8 A. a. O., 430.

9 A. a. O., 422–432.

10 A. a. O., 432.

11 A. a. O., 470.

12 Ulrich, Volker, Acht Tage im Mai. Die letzte Woche des Dritten Reiches, München: C. H. Beck 2020, 40. Ähnliche Aussagen gibt es von Albert Speer (ebd., 98 f.) und Alfred Jodl (ebd., 200).

13 Dieser zeigt sich auch in seiner Kritik an einer Predigt, die Heinrich Bedford-Strohm zum 8. Mai 2020 im Berliner Dom gehalten hat. Vgl. Weissmann, Karlheinz, Theologischer Niveauverlust, in: Junge Freiheit am 9. Mai 2020.

14 Zu diesem Thema sehr zu empfehlen ist jetzt Schildt, Axel, Medien-Intellektuelle in der Bundesrepublik, hg. von Gabriele Kandzora und Detlef Siegfried, Göttingen: Wallstein Verlag 2020, bes. S. 9–608.

15 Weissmann, Karlheinz, Deutschtum und Christentum, in: Sezession 44 (2011).

16 Schivelbusch, Kultur der Niederlage, 85 f.
17 A. a. O., 109.
18 Eine sehr erhellende zeitgenössische Deutung bietet Schiefler, Gisela, Restauration in der Evangelischen Kirche Deutschlands, in: Freimut Duve (Hg.), Die Restauration entlässt ihre Kinder oder Der Erfolg der Rechten in der Bundesrepublik, Reinbek: Rowohlt 1968, 111–122.
19 Stern, Kulturpessimismus, 7.
20 Schiefler, Restauration, 120.
21 Weiss, Volker, Die autoritäre Revolte. Die Neue Rechte und der Untergang des Abendlandes, Stuttgart: Klett-Cotta 2018, 12.
22 Kubitschek, Götz/Weissmann, Karl, Unsere Zeit kommt. Götz Kubitschek im Gespräch mit Karlheinz Weißmann, Schnellroda: Verlag Antaios 2006, 122 f.
23 „So zeigt sich, dass die Neue Rechte in vielen Dingen eine sehr alte Rechte ist" (Weiss, Die autoritäre Revolte, 13).
24 Kubitschek/Weissmann, Unsere Zeit kommt, 124–133.
25 Vgl. Weissmann, Karlheinz, Die preußische Dimension. Ein Essay, München: Herbig 2001, bes. S. 97–178.
26 Vgl. insgesamt hierzu Kubitschek/Weissmann, Unsere Zeit kommt.
27 Stern, Kulturpessimismus.
28 Hierzu Weiss, Die autoritäre Revolte, 44 ff.
29 Eine bündige neuere Zusammenfassung der Hauptmotive seiner Kirchenkritik findet sich in Weissmann, Karlheinz: Kanzelschwalben und „Halleluja-Schwalben". Der Rücktritt des sächsischen Landesbischofs und der Niedergang des Protestantismus durch Politisierung, in: Cato 3 (2020/1), 44–51.
30 Vgl. de Lagarde, Paul, Über das Verhältnis des deutschen Staates zu Theologie, Kirche und Religion, in: ders., Schriften für das deutsche Volk, Bd. 1: Deutsche Schriften, München: Lehmann 1924, 45–90.
31 Weissmann, Karlheinz, Deutschtum und Christentum, in: Sezession 44 (2011).
32 Vgl. Assel, Heinrich, Emanuel Hirsch. Völkisch-politischer Theologe der Luther-Renaissance, in: Manfred Gailus/Clemens Vollnhaus (Hg.), Für ein artgemäßes Christentum der Tat. Völkische Theologen im „Dritten Reich", Göttingen: Vandenhoeck & Rupprecht 2016, 42–67.
33 Vgl. www.emanuel-hirsch.net.

34 Vgl. WEISSMANN, KARLHEINZ, 125. Geburtstag Emanuel Hirsch, in: Sezession 54 (2013) (Wiederveröffentlichung aus Erik Lehnert/Karlheinz Weißmann (Hg.), Staatspolitisches Handbuch, Bd.3: Vordenker, Schnellroda: Verlag Antaios 2012).
35 WEISS, Die autoritäre Revolte, 67.
36 http://www.jf-archiv.de/archiv06/200602010661.htm [Aufruf am 18.01.2020].
37 KUBITSCHEK/WEISSMANN, Unsere Zeit kommt, 124f.
38 WEISSMANN, KARLHEINZ, Erwachen im Untergrund. Neuheiden unter uns, in: Materialdienst der EZW 54 (1991), 99–112. DERS., Der Mythos Atlantis, in: Materialdienst der EZW 55 (1992), 1–6. Diese Mitarbeit beim EZW führte zu Protesten und wurde nicht weitergeführt.
39 Droste Verlag, Düsseldorf 1991.
40 Herder, Freiburg im Breisgau 1991.
41 Edition Antaios, Dresden 2002.
42 Zum Beispiel WEISSMANN, KARLHEINZ, Deutsche Religion?, in: Sezession 16 (2007).
43 Zum Beispiel WEISSMANN, KARLHEINZ, Irminsul (Kleine Schriften zur politischen Symbolkunde Bd. 4), 2012. Weitere dieser Schriften widmen sich der Doppelaxt, dem Rutenbündel, Hammer und Schwert.
44 So treffend Martin Lichtmesz in einer Sammelrezension: Autorenporträt Karlheinz Weißmann, in: Sezession 66 (2015).
45 „RIWAL, DOMINIQUE“, Der Gegenaufklärer. Eine Einführung in das Werk Karlheinz Weißmanns, in: Dieter Stein (Hg.), Festschrift für Karlheinz Weißmann zum sechzigsten Geburtstag, Berlin: Junge Freiheit 2019, 31–48, hier 32.
46 RIWAL, Gegenaufklärer, 47.
47 KUBITSCHEK/WEISSMANN, Unsere Zeit kommt, 10f.
48 WEISS, Die autoritäre Revolte, 150.
49 In einem Luther-Buch für Jugendliche hat Weißmann als Repräsentanten seines „geheimen Deutschlands“ diese Figuren aufgeführt: Arminius – Widukind – Luther – Bismarck – Stauffenberg – die Aufständischen des 17. Juni 1953 (WEISSMANN, KARLHEINZ, Martin Luther für junge Leser. Prophet der Deutschen, Berlin: Junge Freiheit 2017, 18f.).

Anmerkungen zu Arnulf von Scheliha: Volk ohne Religion (S. 113)

1 Gerlach, Siegfried, Zauberlehrlinge und Winkeladvokaten, in: Sezession 91 (2019), 26–31, 30.
2 Ebd.
3 Vgl. von Scheliha, Arnulf, Rechtspopulismus als Herausforderung für die protestantische Ethik des Politischen, in: Ders., Religionspolitik. Beiträge zur politischen Ethik und zur politischen Dimension des religiösen Pluralismus, Tübingen: Mohr Siebeck 2018, 341–364.
4 Mohler, Armin/Weissmann, Karlheinz, Die konservative Revolution in Deutschland 1918–1932, Graz: Ares Verlag [6]2005.
5 Mohler/Weissmann, Die konservative Revolution, 82. In dem Zitat gemeint ist der frühe Thomas Mann, der gegen den späten ausgespielt wird.
6 Wichtige Hinweise zu dieser Verbindung finden sich auch bei Reuter/Hans-Richard, Nation and Religion in the Thought of German New Right, in: Florian Höhne/Torsten Meireis (Hg.), Religion and Neo-Nationalism in Europe, Baden-Baden: Nomos 2020, 115–129.
7 Zu Kubitschek vgl. Fuchs, Christian/Middelhoff, Paul, Das Netzwerk der Neuen Rechten, Reinbek: Rowohlt 2019, 47–54.
8 Gerlach, Zauberlehrlinge und Winkeladvokaten, 30 f.
9 Kaiser, Benedikt, Der europäische Hindernisparcours, in: Sezession 86 (2018), 16–21, S. 18.
10 Kaiser, Der europäische Hindernisparcours, 17.
11 Kubitschek, Götz, Das gespaltene Volk, in: Sezession 88 (2019), 1.
12 Dirsch, Felix, Deutschland – nur noch ein Siedlungsgebiet?, in: Sezession 88 (2019), 38–41, 40 f.
13 Dirsch, Deutschland, 41.
14 Ebd.
15 Kleine-Hartlage, Manfred, Volksverhetzung, in: Sezession 88 (2019), 61–63, 63.
16 Kubitschek, Das gespaltene Volk, 1.
17 Kaiser, Benedikt, Ethnizität und Exterritorialität, in: Sezession 88 (2019), 22–27, 23 f.
18 Sommerfeld, Caroline, Wer gehört zu uns?, in: Sezession 88 (2019), 33–37, 36 f.

19 Krah, Maximilian, Volk – Volkssouveränität – Verfassung, in: Sezession 88 (2019), 28–30, 29.

20 Mousavi, Seyed Alireza, Carl Schmitt und die Identitätspolitik, in: Session 91 (2019), 22–24, 24. In seiner Jenenser Dissertation liest Mousavi Schmitt als einen „Vorläufer der Globalisierungskritiker" (264) und als Kronzeugen der „Entmächtigung der Staatssouveränität" (ebd.) u. a. durch das Menschenrechtsdenken. Vgl. Mousavi, Seyed Alireza, Die Globalisierung und das Politische. Überlegungen zur Aktualität von Carl Schmitt (Beiträge zur politischen Wissenschaft; Bd. 190), Berlin: Duncker & Humblot 2017.

21 Vgl. z. B. Weissmann, Karlheinz, Nation?, Bad Vilbel: Verlag Antaios 2001.

22 Straub, Eberhard, Kulturvolk, in: Sezession 88 (2019), 47–51, 51.

23 So bei von Waldstein, Thor, Volk – ein deutscher Begriff, in: Sezession 88 (2019), 4–9, der die Verstaatlichung des Volksbegriffs bei Hegel erkennt, die Ausgrenzung der Juden kritisiert und den Nationalsozialisten vorwirft, durch den Rassegedanken den ethnischen Volksbegriff zerstört zu haben.

24 So, eher implizit, bei Straub, Kulturvolk, 47–51.

25 Engels, David, Über die Versöhnung abendländischer Schicksalsgemeinschaften, in: Sezession 86 (2018), 10–15, 10.

26 Engels, Über die Versöhnung, 12.

27 Auch in Weißmanns Darstellung „Nation" kommen die christlichen Konfessionen so gut wie nicht vor.

28 Vgl. den Beitrag von Johann Hinrich Claussen.

29 Emanuel Hirsch (1888–1972) wird von Mohler im Darstellungsteil an zwei Stellen prominent zitiert, Friedrich Gogarten wird einmal genannt. Paul Althaus wird wie die beiden anderen Theologien im bibliographischen Teil ausführlich behandelt (vgl. Mohler/Weissmann, Die konservative Revolution, 87. 104. 197. 480. 481 f. 482 f.).

30 Hirsch, Emanuel, Deutschlands Schicksal. Staat, Volk und Menschheit im Lichte einer ethischen Geschichtsansicht, Göttingen: Vandenhoeck & Ruprecht [3]1925, 79 f.

31 Hirsch, Deutschlands Schicksal, 80.

32 A. a. O., 149.

33 A. a. O., 150.

34 Alle Zitate ebd.

35 „Unsre ganze persönliche Eigenart wurzelt nun aber in der unsers Volkes. Wir sind in unserm Denken und Fühlen nicht frei, sondern

durch eine von unserm Dasein unablösliche Notwendigkeit national gebunden. Darum erkennen wir in den großen Schöpfungen unsers Volks ein Stück unsrer eignen Seele wieder." (Hirsch, Deutschlands Schicksal, 81).

36 Hirsch, Emanuel, Die Liebe zum Vaterlande, Langensalza: Beyer ^{3}1924, 6.

37 Hirsch, Liebe zum Vaterland, 8.

38 A.a.O., 9.

39 Vgl. a.a.O., 9f.

40 Hirsch, Deutschlands Schicksal, 83.

41 Ebd.

42 A.a.O., 84.

43 Vgl. a.a.O., 150.

44 Alle Zitate ebd.

45 A.a.O., 151.

46 Ebd.

47 A.a.O., 157.

48 A.a.O., 158.

49 Ebd. Vgl. auch die Formulierung: „Der ganze persönliche Ernst des Glaubens dringt doch erst da auf uns ein, wo wir bemerken, daß Gott zu unsrer Person ein besondres Verhältnis sich gibt, welches dem zum Kreatürlichen auch nicht von Ferne zu vergleichen ist, daß er mit uns nicht allein verkehrt durch seinen verborgnen Rat, sondern durch sein eigenstes persönliches Wesen." (Hirsch, Deutschlands Schicksal, 165).

50 Hirsch, Deutschlands Schicksal, 16.

51 Ebd.

52 „Wo das Licht des Ewigen wahrhaft scheint, da macht es die Gestalten dieser Erde durchsichtig, daß in ihnen allen die ewige Verantwortung uns ansieht. Jedes irdische Verhältnis ist nun aus Gott und zu Gott, – wenn wir die richtige Entscheidung treffen." (Hirsch, Deutschlands Schicksal, 22).

53 „Darum ist die geheiligte Vaterlandsliebe allein die wahre, obwohl, oder gerade weil sie die Kraft hat, dem eignen Volke im Namen des Heiligen auch bittere Wahrheiten zu sagen." (Hirsch, Deutschlands Schicksal, 27).

54 Althaus, Paul, Grundriß der Ethik. Neue Bearbeitung der „Leitsätze", Erlangen: Merkel 1931, 87.

55 A.a.O., 94 (Kursivdruck hier und in den folgenden Zitaten im Original gesperrt).

56 Ebd.
57 ALTHAUS, PAUL, Religiöser Sozialismus. Grundfragen der christlichen Sozialethik, Gütersloh: Bertelsmann 1921, 49.
58 Ebd.
59 Ebd. Neben die Kritik der als „westlich" apostrophierten, auf dem Individualismus aufruhenden Demokratie tritt die Kritik an der kapitalistischen Wirtschaftsweise, die mit einer gewissen Sympathie mit dem sozialistischen Anti-Kapitalismus vorgetragen wird: „Die Christenheit kann nur fordern, daß in einer neuen Wirtschaftsform der Gemeinschaftsgedanke ebenso kräftig zum Ausdruck komme wie die Selbständigkeit des einzelnen. Sie kehrt ihre Kritik ebenso gegen den ungebundenen Privatkapitalismus wie gegen den starren Sozialismus. Sie wehrt sich ebenso gegen eine anarchische Tyrannei der großen Kapitalsmächte wie gegen die gleichmachende Diktatur im folgerichtig-sozialistischen Staate. Sie verlangt Eingrenzung und Einordnung des Kapitals in die Lebensnotwendigkeiten des Volksganzen, starke und soziale und vaterländische Bindung der privatwirtschaftlichen Kräfte durch energisch gehandhabte Gesetze" (ALTHAUS, Religiöser Sozialismus, 54).
60 ALTHAUS, Grundriß der Ethik, 95.
61 A.a.O., 96.
62 Vgl. a.a.O., 111–113.
63 A.a.O., 94.
64 Ebd.
65 A.a.O., 95.
66 A.a.O., 95f.
67 Vgl. zum Antijudaismus der Vertreter dieser theologischen Richtung: VON SCHELIHA, ARNULF, Das junge nationale Luthertum nach dem Ersten Weltkrieg und die Juden, in: Dorothea Wendebourg/Andreas Stegmann/Martin Ohst (Hg.), Protestantismus, Antijudaismus, Antisemitismus, Tübingen: Mohr Siebeck 2017, 361–376.
68 ALTHAUS, Grundriß der Ethik, 95.
69 Ebd.
70 A.a.O., 97.
71 A.a.O., 98.
72 A.a.O., 103.
73 GOGARTEN, FRIEDRICH, Politische Ethik. Versuch einer Grundlegung, Jena: Diederichs 1932.
74 A.a.O., 109.

75 A.a.O., 210.

76 A.a.O., 210f.

77 A.a.O., 211.

78 „Wenn das Nationale es wäre, das den Staat begründet und zu dessen Dienst und Erhaltung der Staat da ist, dann bedürfte es gar nicht mehr einer Staatshoheit im eigentlichen Sinne, die jene dämonische Macht des Bösen bannt und so dem Menschen die Existenz ermöglicht. Denn dann hätte der Mensch seine Existenz aus dem Nationalen als seinem höchsten Wert. Und das ist ja in der Tat die Auffassung des Nationalismus. Von daher leiten die Nationalisten das Recht ab, sich der Staatsgewalt zu bemächtigen und sie zur Durchsetzung ihrer Ideen und Ziele zu benutzen. Das kann man aber nur wenn, man dem Nationalen, in dem man den Staat begründet sein läßt und das also dem Staat übergeordnet wird, höchste religiöse Dignität zuspricht. [...] So wird aber der Staat, eben indem man ihm die allerhöchste Macht und Bedeutung geben will, zum Diener einer ihm fremden Sache. Es werden dem Staat priesterliche Funktionen zugemutet, und er gerät damit unter ein fremdes Gesetz, bei dem seine Hoheit genau so leidet, wie wenn z.B. das Papsttum des Mittelalters die Herrschaft über die deutschen Kaiser beanspruchte. Es ist für die Souveränität des Staates ganz gleich, ob das Religiöse sich seiner von außen oder von innen her bemächtigt, ob der Priester König zu sein beansprucht oder der König Priesters sein will." (a.a.O., 212f.).

79 „Und aus dem Evangelium von der Gotteskindschaft des Sünders, der im Vertrauen auf den Gott, der ihm, dem bösen Menschen gut ist, in Freiheit er selbst sein kann, wird die ‚europäische Idee der Persönlichkeit, ihres ewigen göttlichen Rechtes' [Troeltsch]. [...] Aber für die ‚europäische Idee der Persönlichkeit' ist gerade das Verhältnis des Menschen zu sich selbst das Entscheidende. Nach ihr hat der Mensch als Persönlichkeit, als einer, der an und für sich ist, ein ewiges göttliches Recht. Das heißt, er hat ein Recht auf sich selbst. [...] Das gibt es erst unter der Einwirkung des christlichen Glaubens." (a.a.O., 215).

80 Gogarten, Friedrich, Ist Volksgesetz Gottesgesetz? Eine Auseinandersetzung mit meinen Kritikern, Hamburg: Hanseatische Verlagsanstalt 1934, 23.

81 A.a.O., 28.

82 A.a.O., 24.

83 A.a.O., 216.

84 Vgl. Mousavi, Die Globalisierung und das Politische, 264.

85 Im Verhältnis der Völker ist für Althaus das „*Konfliktgesetz* […] elementarer als in den menschlichen Willen begründet; es gehört mit dem Todeslose alles Lebendigen zusammen, das das christliche Gewissen der Sünde der Menschheit zugeordnet weiß; […] Darin ist die Unvermeidlichkeit des *Krieges* begründet." (Althaus, Grundriß der Ethik, 107).

86 Vgl. exemplarisch Hirsch, Deutschlands Schicksal, 145.

87 Vgl. dazu die Beispiele bei Schieder, Rolf, The Political Theology of the New Right in Germany, in: Florian Höhne/Torsten Meireis (Hg.), Religion and Neo-Nationalism in Europe, Baden-Baden: Nomos 2020, 217–232.

88 Vgl. EKD, Evangelische Kirche und freiheitliche Demokratie. Der Staat des Grundgesetzes als Angebot und Aufgabe. Eine Denkschrift der Evangelischen Kirche in Deutschland, Gütersloh: Gütersloher Verlagshaus 1985. Vgl. dazu: von Scheliha, Arnulf, Der deutsche Protestantismus auf dem Weg zur Demokratie, in: Hermann-Josef Große Kracht/Gerhard Schreiber (Hg.), Wechselseitige Erwartungslosigkeit? Die Kirchen und der Staat des Grundgesetzes – Gestern, Heute, Morgen, Berlin/Boston: De Gruyter 2019, 57–78.

89 Vgl. von Scheliha, Arnulf, Protestantische Ethik des Politischen, Tübingen: Mohr Siebeck 2013, 197–218.

90 Vgl. von Scheliha, Arnulf, Politische Flüchtlingskrise und öffentlicher Protestantismus, in: ZEE 61 (2017), 264–273.

91 Dörr, Oliver, Zugehörigkeit, Mitwirkung, Rechte, in: Margit Eckholt/Andreas Kubik (Hg.), Volk. Kanzelreden im Wintersemester 2018/19, Osnabrück 2020, 22–31, 25.

92 Boehl, Henner J. /Hobe, Stephan, in: Karl H. Friauf/Wolfram Höfling (Hg.), Berliner Kommentar zum Grundgesetz, 29. Erg.-Lfg. (2009), Präambel, Rn. 115.

93 Herdegen, Matthias, in: Theodor Maunz/Günter Dürig (Begr.), Grundgesetz. Kommentar, 74. Erg.-Lfg. (2015), Präambel, Rn. 51.

94 Vgl. Hillgruber, Christian, in: Ders./Volker Epping (Hg.), Beck'scher Online-Kommentar Grundgesetz, 43. Ed. 15.05.2020, Präambel, Rn. 17, 17.1.

95 Wagner, Matthias, Kulturelle Integration und Grundgesetz (Münsterische Beiträge zur Rechtswissenschaft – Neue Folge; Bd. 53), Baden-Baden: Nomos 2020, 77 f.

96 Dreier, Horst, in: Ders. (Hg.), Grundgesetz-Kommentar, Bd. I, [3]2013, Präambel, Rn. 86.

97 „Der Wille, Menschen mit unterschiedlichen kulturellen Identitäten in die deutsche Gesellschaft einzufügen und ihnen dort einen Raum zur freien Entfaltung zu gewähren, begleitete bereits die Arbeit des Parlamentarischen Rates, als er verfassungsrechtliche Lösungen im Umgang mit den bereits in Deutschland angekommenen und noch zu erwartenden Flüchtlingen suchte." (Wagner, Kulturelle Integration, 499).

98 Vgl. Leonhardt, Rochus/von Scheliha, Arnulf (Hg.), Hier stehe ich, ich kann nicht anders! Zu Martin Luthers Staatsverständnis (Staatsverständnisse; Bd. 82), Baden-Baden: Nomos 2015.

99 Das „Nationalgefühl" wird „uns am fühlbarsten in dem Verhältnis, wie wir es damit zu vergangenem Leben gewinnen" (Hirsch, Liebe zum Vaterlande, 8 f.).

100 Eine einseitige Betonung der internationalistischen Ressourcen im protestantischen Denken greift zu kurz, vgl. Meireis, Torsten, Religious Internationalism? German Protestantism, Neo-Nationalism and Populism, in: Florian Höhne/Torsten Meireis (Hg.), Religion and Neo-Nationalism in Europe, Baden-Baden: Nomos 2020, 391–406, 402.

Anmerkungen zu Rochus Leonhardt: Die politische Kultur Deutschlands im Schatten des Rechtspopulismus (S. 147)

1 https://www.klonovsky.de/2020/02/7-februar-2020/ [Aufruf am 6. April 2021].

2 Zürich: Kein und Aber 2005; Reinbek bei Hamburg: Rowohlt 2009; Waltrop – Leipzig: Manuscriptum 2015, [2]2019.

3 https://politwelt.de/2018/09/27/enrico-komning-rede-vom-27-09-2018/ [Aufruf am 6. April 2021].

4 https://www.klonovsky.de/?s=Heute+haben+sie+im+Bundestag+%C3%BCber+einen+Antrag+der+AfD+debattiert [Aufruf am 6. April 2021].

5 Vgl. dazu die Populismus-Bestimmung von Müller, Jan-Werner, Was ist Populismus? Ein Essay, Berlin: Suhrkamp [5]2017, bes. 42–53. Auf eine Formel gebracht lautet sie: Populismus = Elitenkri-

tik + Alleinvertretungsanspruch. In Müllers Worten: „Die Kritik an Eliten ist […] nur ein notwendiges, kein hinreichendes Kriterium populistischer Rhetorik […]. Hinzukommen muss noch der dezidiert moralische Anspruch, dass einzig die Populisten das wahre Volk vertreten" (a.a.O., 43f.).

6 Ingolf Bossenz über Gerd Mielke am 12. November 2015 in der Zeitung *Neues Deutschland.*

7 https://www.fr.de/frankfurt/frankfurt-wegen-afd-treffen-ruecktritt-hans-joachim-mendig-gefordert-zr-13010421.html [Aufruf am 6. April 2021].

8 Das Zitat stammt aus dem Offenen Brief von Paul Kaiser und Hans-Peter Lühr an die Dresdener Buchhändlerin Susanne Dagen vom November 2018, https://elbhangkurier.de/2018/11/offener-brief-von-paul-kaiser-und-hans-peter-luehr-reaktionen-von-susanne-dagen-und-uwe-tellkamp/ [Aufruf am 6. April 2021].

9 Biskamp, Floris, Wider die Mär vom Rechtsruck. Die AfD mobilisiert bestehendes Potenzial, in: Tagesspiegel online (15. November 2019), https://www.tagesspiegel.de/politik/wider-die-maer-vom-rechtsruck-die-afd-mobilisiert-bestehendes-potenzial/25234450.html [Aufruf am 6. April 2021].

10 Von Scheliha, Arnulf, Rechtspopulismus als Herausforderung für die protestantische Ethik des Politischen, in: ders., Religionspolitik. Beiträge zur politischen Ethik und zur politischen Dimension des religiösen Pluralismus, Tübingen: Mohr Siebeck 2018, 341–364, 347.

11 Anselm, Reiner, Die Elitendemokratie überwinden. Zur Aufgabe der Kirchen in der Demokratie, in: ders./Christian Albrecht, Differenzierung und Integration. Fallstudien zu Präsenzen und Praktiken eines Öffentlichen Protestantismus, Tübingen: Mohr Siebeck 2020, 41–58, 49.

12 Vgl. dazu: Füller, Christian, Sexuelle Befreiung, in: FAZ online (14. September 2019), https://www.faz.net/aktuell/politik/inland/paedophilie-vorwuerfe-sexuelle-befreiung-12573910.html [Aufruf am 6. April 2021].

13 Lohre, Matthias, Links oder Realo?, in: TAZ online (21. Mai 2011), https://taz.de/Warum-Gruene-den-Richtungskampf-pflegen/!5120246/ [Aufruf am 6. April 2021].

14 So hat, um wenigstens ein Beispiel zu nennen, das Landgericht Berlin in einem Strafurteil vom 9. Juli 1982 im Blick auf den späteren prominenten Grünen-Politiker Hans-Christian Ströbele konsta-

tiert, dass dessen Verstrickung in die RAF als ein „besonders schwerer Fall“ von Unterstützung zu bewerten sei, da die von ihm unterstützte Vereinigung darauf ausgerichtet war, „Straftaten des Mordes und Sprengstoffdelikte zu begehen“. Insbesondere sei zu berücksichtigen, „dass der Angeklagte mit der festgestellten recht erheblichen Straftat seine Verteidigerrechte als Rechtsanwalt in besonders einschneidender Weise missachtet hat“ (zitiert nach: Cicero-Redaktion, Tief verwickelt, in: Cicero online (25. Januar 2017), https://www.cicero.de/innenpolitik/hans-christian-stroebele-und-die-raf-tief-verwickelt [Aufruf am 6. April 2021]).

15 Vgl. Bundesministerium des Innern, für Bau und Heimat, Verfassungsschutzbericht 2019, 167–170: https://www.verfassungsschutz.de/download/vsbericht-2019.pdf [Aufruf am 6. April 2021].

16 Drobinski, Matthias u. a., „Ich frage mich, welche Bedrohung der Verfassungsschutz herbeihalluziniert“, in Süddeutsche Zeitung online (12. Februar 2020), https://www.sueddeutsche.de/politik/gohlke-linke-afd-verfassungsschutz-1.4795496 [Aufruf am 6. April 2021].

17 Vgl. Hofmeier, Lisa, „Die Einschätzung des Verfassungsschutzes ist für mich kein Maßstab“, in: Welt online (11. Oktober 2020), https://www.welt.de/politik/deutschland/article217536998/Linke-Politikerin-Wissler-Verfassungsschutz-fuer-mich-kein-Massstab.html [Aufruf am 6. April 2021].

18 Lübbe, Hermann, Politischer Moralismus. Der Triumph der Gesinnung über die Urteilskraft (entstanden 1984, erstmals publiziert 1987), Münster: LIT Verlag 2019, 71.

19 http://print.wdr.de/2018-07_08/44-45/ [Aufruf am 6. April 2021].

20 Strate, Gerhard, Wenn „Haltung“ mehr zählt als Wahrhaftigkeit, in: Cicero online (27. Dezember 2018), https://www.cicero.de/kultur/fall-claas-relotius-spiegel-journalismus-haltung-georg-restle [Aufruf am 6. April 2021].

21 Vgl. Antwort der Bundesregierung auf die Kleine Anfrage der Abgeordneten Martin Hess, Dr. Bernd Baumann, Dr. Gottfried Curio, weiterer Abgeordneter und der Fraktion der AfD – Drucksache 19/9862 – Angriffe auf Parteibüros und Politiker im Jahr 2018 und im ersten Quartal 2019 (22. Mai 2019), https://dip21.bundestag.de/dip21/btd/19/104/1910403.pdf [Aufruf am 6. April 2021].

22 So die Zusammenfassung der Antwort der Bundesregierung: https://www.bundestag.de/presse/hib/644838-644838 [Aufruf am 6. April 2021].

23 Graw, Ansgar, Holt die AfD zum Anti-Hass-Treff, in: Welt online (30. Januar 2020), https://www.welt.de/debatte/kommentare/article205480689/Gewalt-gegen-Politiker-Holt-die-AfD-zum-Anti-Hass-Treff.html [Aufruf am 6. April 2021].

24 Zur Orientierung: Während der 16. Legislaturperiode des Deutschen Bundestages (2005 bis 2009) wurden von den 53 Mitgliedern der Linksfraktion 27 durch das Bundesamt für Verfassungsschutz beobachtet.

25 Vgl. zur Charakterisierung der Partei „Die Linke" als linkspopulistisch Hartleb, Florian, Linkspopulismus – ein vernachlässigtes Phänomen? (27. Februar 2017), https://www.bpb.de/dialog/netzdebatte/261244/linkspopulismus-ein-vernachlaessigtes-phaenomen [Aufruf am 6. April 2021]: „Viele linke politische Gruppierungen, wie die Partei Die Linke in Deutschland, sind zwar stark antifaschistisch ausgerichtet, bleiben dabei aber selbst nicht frei von Charakteristika, die man gemeinhin mit dem Rechtspopulismus verbindet."

26 Ebenso wenig hat der erste signifikante Erfolg des Rechtspopulismus in Deutschland, die Regierungsbeteiligung der (2007 aufgelösten) „Partei Rechtsstaatlicher Offensive" („Schill-Partei") in Hamburg in den Jahren 2001 bis 2003, die demokratische Kultur in der Hansestadt auch nur annähernd ernsthaft gefährdet; vgl. zur Geschichte des deutschen Rechtspopulismus bis 2002: Decker, Frank, Perspektiven des Rechtspopulismus in Deutschland am Beispiel der „Schill-Partei", in: Aus Politik und Zeitgeschichte (B 21/2002), https://www.bpb.de/apuz/26907/perspektiven-des-rechtspopulismus-in-deutschland-am-beispiel-der-schill-partei?p=all [Aufruf am 6. April 2021].

27 „Die Beobachtung ist ein politisches Instrument". Ein Interview mit Petra Pau (7. Dezember 2020), https://www.cicero.de/innenpolitik/petra-pau-afd-verfassungsschutz-beobachtung-politisches-instrument-linke-innenministerkonferenz/plus [Aufruf am 6. April 2021]. Die Entscheidung Kölner Verwaltungsgerichts vom 5. März 2021 zum Vorgehen des Bundesamtes für Verfassungsschutz gegen die AfD ist übrigens geeignet, den Verdacht einer politischen Instrumentalisierung des der Dienst- sowie Fachaufsicht des Bundesinnenministeriums unterstehenden Inlandsgeheimdienstes zu bestärken. Der Verfassungsschutz habe, so die Begründung für den von der AfD beantragten Erlass einer Zwischenentscheidung, „in unvertretbarer Weise in die verfassungsrechtlich gewährleistete

Chancengleichheit politischer Parteien eingegriffen" (VG Köln, Beschluss vom 05.03.2021 – 13 L 105/21, https://openjur.de/u/2331302.html [Aufruf am 6. April 2021]).

28 Deutscher Bundestag – 18 Wahlperiode – 237 Sitzung Berlin, Donnerstag, den 1. Juni 2017, Anlage 17, 24242 D, http://dip21.bundestag.de/dip21/btp/18/18237.pdf [Aufruf am 6. April 2021].

29 Schuster, Jacques, „Die AfD kann keinen Honig aus ihren Attacken saugen, in: Welt online (20.12.2020), https://www.welt.de/politik/deutschland/article222862460/Joachim-Gauck-Die-AfD-kann-keinen-Honig-aus-ihren-Attacken-saugen.html [Aufruf am 6. April 2021].

30 Lübbe, Politischer Moralismus, 55.

31 Müller, Was ist Populismus?, 95f. Es ist keine Frage, dass dieser Grundsatz im (in Abschnitt 1 fokussierten) zivilgesellschaftlichen Kontext ebenso gelten sollte. Vgl. dazu Hubacher Haerle, Pablo/Beckstein, Martin, Das Paradox der Toleranz zwischen politischer Theorie und zivilgesellschaftlicher Praxis. Soll man PopulistInnen zu Podiumsdiskussionen einladen?, in: Zeitschrift für Politische Theorie 10 (2019), 169–192.

32 Vgl. Bock, Michael, „Meine CDU ist nicht braun", in: Volksstimme.de (4. Dezember 2020), https://www.volksstimme.de/sachsen-anhalt/stahlknecht-meine-cdu-ist-nicht-braun [Aufruf am 6. April 2021].

33 Herms, Eilert, Systematische Theologie. Das Wesen des Christentums: In Wahrheit und aus Gnade leben [3 Teilbände], Tübingen: Mohr Siebeck 2017, [Teilband II], 2340 (= 2338): § 84, Satz 1.

34 Herms, Systematische Theologie II, 2340, § 84; Satz 1. Dass Herms im Blick auf die Regierten von „Untertanen" spricht, ist seiner Orientierung an der lutherischen Tradition geschuldet.

35 Vgl. dazu von Scheliha, Arnulf, Protestantische Ethik des Politischen, Tübingen: Mohr Siebeck 2013, 11–218; Leonhardt, Rochus, Religion und Politik im Christentum. Vergangenheit und Gegenwart eines spannungsreichen Verhältnisses, Baden-Baden: Nomos 2017, 123–395.

36 EKD, Evangelische Kirche und freiheitliche Demokratie. Der Staat des Grundgesetzes als Angebot und Aufgabe. Eine Denkschrift der Evangelischen Kirche in Deutschland, Gütersloh: Gütersloher Verlagshaus [4]1990 (https://www.ekd.de/ekd_de/ds_doc/evangelische_kirche_und_freiheitliche_demokratie_1985.pdf [Aufruf am 6. April 2021].

37 Herms, Systematische Theologie II, 2363 (= 2339): § 84, Satz 6.

38 Herms, Systematische Theologie II, 2365: § 84, Satz 6.

39 Anselm, Die Elitendemokratie überwinden, 41.

40 Böckenförde, Ernst-Wolfgang, Die Entstehung des Staates als Vorgang der Säkularisation (1964/1967), in: ders., Recht, Staat, Freiheit. Studien zur Rechtsphilosophie, Staatstheorie und Verfassungsgeschichte, Frankfurt am Main: Suhrkamp [6]2016, 92–114, 112. Böckenförde fährt fort: „Das ist das große Wagnis, das er, um der Freiheit willen, eingegangen ist. Als freiheitlicher Staat kann er einerseits nur bestehen, wenn sich die Freiheit, die er seinen Bürgern gewährt, von innen her, aus der moralischen Substanz des einzelnen und der Homogenität der Gesellschaft, reguliert. Anderseits kann er diese inneren Regulierungskräfte nicht von sich aus, das heißt mit den Mitteln des Rechtszwanges und autoritativen Gebots, zu garantieren suchen, ohne seine Freiheitlichkeit aufzugeben und – auf säkularisierter Ebene – in jenen Totalitätsanspruch zurückzufallen, aus dem er in den konfessionellen Bürgerkriegen herausgeführt hat“ (a.a.O., 112f.). Vgl. zur Deutungsgeschichte des Böckenförde-Diktums Dreier, Horst, Staat ohne Gott. Religion in der säkularen Moderne, München: C.H. Beck 2018, 189–214, bes. 199–208.

41 Anselm, Die Elitendemokratie überwinden, 42.

42 A.a.O., 43.

43 A.a.O., 44.

44 A.a.O., 50.

45 Ebd.

46 EKD, Evangelische Kirche und freiheitliche Demokratie, 32.

47 A.a.O., 44.

48 „Die Parteien wirken bei der politischen Willensbildung des Volkes mit.“

49 EKD, Evangelische Kirche und freiheitliche Demokratie, 33.

50 Ebd.

51 Ebd.

52 Konsens und Konflikt: Politik braucht Auseinandersetzung. Zehn Impulse der Kammer für Öffentliche Verantwortung der EKD zu aktuellen Herausforderungen der Demokratie in Deutschland, Hannover 2017, https://www.ekd.de/ekd_de/ds_doc/20170814_konsens_und_konflikt.pdf [Aufruf am 6. April 2021]. Von der Denkschrift wird hier gesagt „sie konnte den politischen Konflikt

noch problematisieren und thematisierte die Demokratie vorrangig als Verfahren, um Konsens in politischen Fragen zu erreichen."

53 Albrecht, Christian/Anselm, Reiner, Öffentlicher Protestantismus. Zur aktuellen Debatte um gesellschaftliche Präsenz und politische Aufgaben des evangelischen Christentums (Theologische Studien – Neue Folge 4), Zürich: Theologischer Verlag 2017, 27.

54 Albrecht/Anselm, Öffentlicher Protestantismus, 32; vgl. auch Leonhardt, Rochus, Evangelische Spiritualität und Prophetie, in: Peter Zimmerling (Hg.), Handbuch Evangelische Spiritualität, Band 2: Theologie, Göttingen: Vandenhoeck & Ruprecht 2018, 566–590, bes. 579 ff.

55 Albrecht/Anselm, Öffentlicher Protestantismus, 32.

56 Anselm, Die Elitendemokratie überwinden, 58.

57 Vgl. Anselm, Die Elitendemokratie überwinden, 53.

58 Graf, Friedrich Wilhelm, Einleitung, in: ders./Heinrich Meier (Hg.), Politik und Religion. Zur Diagnose der Gegenwart, München: C. H. Beck 2013, 7–45, 37.

59 Ebd.

60 Vgl. Ebeling, Gerhard, Luther. Einführung in sein Denken, Tübingen: Mohr 1964, 157–177.

61 „Deus […] non personam propter opera, Sed opera propter personam […] acceptat" (WA 56, 268,4–6).

62 Ebeling, Gerhard, Das rechte Unterscheiden: Luthers Anleitung zu theologischer Urteilskraft. Karin Bornkamm zum 60. Geburtstag am 21. Juni 1988, in: Zeitschrift für Theologie und Kirche 85 (1988) 219–258, 256.

63 Rechtfertigung und Freiheit. 500 Jahre Reformation 2017. Ein Grundlagentext des Rates der Evangelischen Kirche in Deutschland (EKD), Gütersloh: Gütersloher Verlagshaus [4]2015, 68.

Personenregister

Angaben zu den Autoren

Prof. Dr. Johann Hinrich Claussen, Kulturbeauftragter des Rates der Evangelischen Kirche in Deutschland, Honorarprofessor für Systematische Theologie an der Theologischen Fakultät der Humboldt Universität zu Berlin.

PD Dr. Martin Fritz, Wissenschaftlicher Referent bei der Evangelischen Zentralstelle für Weltanschauungsfragen (Berlin), Privatdozent für Systematische Theologie an der Augustana-Hochschule Neuendettelsau.

Prof. Dr. Andreas Kubik, Professor für Praktische Theologie und Religionspädagogik an der Universität Osnabrück, Mitglied des interreligiösen Graduiertenkollegs „Religiöse Differenzen gestalten".

Prof. Dr. Rochus Leonhardt, Professor für Systematische Theologie unter besonderer Berücksichtigung der Ethik an der Theologischen Fakultät der Universität Leipzig.

Prof. Dr. Arnulf von Scheliha, Direktor des Instituts für Ethik und angewandte Sozialwissenschaften (IfES) und Principal Investigator am Exzellenzcluster „Religion und Politik" der Westfälischen Wilhelms-Universität Münster.